Theory and Application of Seismic Vulnerability Analysis for Bridge Structures

桥梁结构地震易损性分析理论与应用

李立峰　吴文朋　胡思聪　编著

人民交通出版社

北京

内 容 提 要

本书针对土木工程抗震分析中的易损性问题,全面、详细地介绍了各类易损性曲线构建方法和流程,重点讨论了易损性分析中关键的不确定性问题和时变效应问题,并提供了相应的典型算例。全书内容通俗易懂,系统全面,针对性强,实用性好,极具参考价值。

全书共分 9 章,主要内容包括:易损性分析理论概述;桥梁结构理论地震易损性分析;基于 OpenSees 的桥梁结构非线性有限元模型;桥梁地震易损性中的不确定性;桥梁结构不确定性量化与地震易损性分析;桥梁结构系统地震易损性分析;基于易损性曲线的桥梁抗震性能评估实例;考虑时变效应的桥梁结构地震易损性分析;基于全寿命周期的服役桥梁抗震加固策略优化。读者通过研读本书,可以快速全面掌握土木工程抗震中的易损性分析方法,从而提高解决工程结构实际问题的能力。

本书可供从事工程结构抗震领域相关工作的工程技术人员和科研人员等参考,也可作为高等院校土木、水利等工科专业高年级本科生或研究生教材。

图书在版编目(CIP)数据

桥梁结构地震易损性分析理论与应用 / 李立峰,吴文朋,胡思聪编著. — 北京:人民交通出版社股份有限公司, 2024.11. — ISBN 978-7-114-19884-7

Ⅰ.U443

中国国家版本馆 CIP 数据核字第 2024H4Q453 号

Qiaoliang Jiegou Dizhen Yisunxing Fenxi Lilun yu Yingyong

书　名:	**桥梁结构地震易损性分析理论与应用**
著 作 者:	李立峰　吴文朋　胡思聪
责任编辑:	袁倩倩　卢俊丽
责任校对:	赵媛媛　刘　璇
责任印制:	刘高彤
出版发行:	人民交通出版社
地　　址:	(100011)北京市朝阳区安定门外外馆斜街 3 号
网　　址:	http://www.ccpcl.com.cn
销售电话:	(010)58285911
总 经 销:	人民交通出版社发行部
经　　销:	各地新华书店
印　　刷:	北京建宏印刷有限公司
开　　本:	787×1092　1/16
印　　张:	16
字　　数:	381 千
版　　次:	2024 年 11 月　第 1 版
印　　次:	2024 年 11 月　第 1 次印刷
书　　号:	ISBN 978-7-114-19884-7
定　　价:	98.00 元

(有印刷、装订质量问题的图书,由本社负责调换)

前言

我国位于世界上两个主要地震带之间,绝大部分位于地震烈度Ⅵ度以上地区,地震活动频繁。桥梁作为交通生命线的枢纽工程,在震时避难、震后救援方面都发挥了十分重要的作用。桥梁一旦遭到破坏,不仅需要花费巨大的社会资源去修复、加固乃至重建,更为重要的是可能造成交通运输的中断,延误震后救灾工作的开展,从而带来巨大的经济损失及社会负面影响。

基于历次桥梁震害,学者们积极地开展桥梁抗震理论的研究,探究桥梁损伤机理,寻求可靠的抗震措施,以保证桥梁在地震作用下的可靠性。为确保结构在不同等级地震作用下的抗震性能水平达到预期的抗震性能目标,并通过全寿命周期的费用-效益分析使结构安全可靠、经济合理,基于性能的抗震设计思想应运而生,并逐渐应用于各国抗震规范中。其中,地震易损性分析理论是基于性能的抗震设计思想中的重要分析方法之一,通过建立结构或构件在不同地震动强度水平下的损伤超越概率曲线,从概率角度来描述结构或构件的损伤情况与地震动强度之间的关系。易损性分析方法具有高效、直观的优点,对评估桥梁抗震性能、指导桥梁抗震策略优化设计,进而保证桥梁在地震中的安全性和震后韧性具有重要意义。

基于此,为进一步推动易损性分析理论的应用,本书系统地介绍了桥梁构件和系统易损性曲线的构建方法和分析流程,重点讨论了易损性分析中关键的不确定性问题和时变效应问题,并提供了相应的典型算例。全书共9章,各章主要内容如下:

第1章为易损性分析理论概述。全面阐述了易损性分析理论发展历程、主要内容和关键问题。

第2章阐述了桥梁结构理论地震易损性分析。介绍了采用云图法、需求能力比法、缩放法、极大似然估计法和机器学习法来构建理论易损性曲线的分析原理和计算流程。

第3章阐述了基于OpenSees的桥梁结构非线性有限元模型。介绍了OpenSees分析平台基本原理及桥梁结构中构件、边界和阻尼的模拟方法。

第4章阐述了桥梁地震易损性中的不确定性。介绍了易损性分析中桥梁建模相关、地震波相关和损伤指标相关的不确定性因素的主要内涵、传递方法和对易损性曲线的影响规律。

第5章为针对桥梁结构不确定性量化与地震易损性分析。介绍了各类建模相关不确定性重要程度量化分析方法、地震波相关不确定性对概率性地震需求模型和对地震动强度指标选择的影响规律等。

第6章为桥梁结构系统地震易损性分析。介绍了界限估计法、蒙特卡罗方法和条件边缘乘积法,讨论了各种不同系统易损性分析方法的适用性和合理性。

第7章为基于易损性曲线的桥梁抗震性能评估实例。介绍了3类结构体系桥梁的地震易损性评估过程。

第8章为考虑时变效应的桥梁结构地震易损性分析。介绍了氯离子扩散规律、钢筋锈蚀机理及保护层锈胀机理,总结了现有的钢筋及混凝土力学性能退化模型,并基于地震易损性分析理论建立了桥梁时变地震易损性分析流程。

第9章为基于全寿命周期的服役桥梁抗震加固策略优化。介绍了退化桥梁抗震加固策略优化理论,提出一种基于等效截面参数模型及抗震可靠度模型的桥梁抗震可靠度退化规律的计算思路。

本书是作者研究团队共同的成果,全书由李立峰全面统筹、指导和定稿,吴文朋、胡思聪撰写了初稿,唐嘉豪完成了整理、修改和校对工作,吴钊华、陈明玉、尹会娜、胡睿、李名华、赵智、王柠等参与了本书的算例分析、绘图等工作。

由于水平有限,本书难免有错误和不足之处,恳请读者批评指正,以供今后修订时借鉴。

李立峰
2024 年 5 月于岳麓山下

目 录

1 易损性分析理论概述
1.1 桥梁抗震设计理念演变 …… 001
1.2 桥梁地震易损性分析 …… 004
1.3 本书主要内容 …… 007
1.4 易损性分析的研究展望 …… 008

2 桥梁结构理论地震易损性分析
2.1 理论地震易损性构建方法 …… 011
2.2 桥梁结构非线性有限元模型 …… 030
2.3 地震波选取与地震动强度指标 …… 031
2.4 桥梁损伤状态与损伤指标 …… 037
2.5 本章结语 …… 044

3 基于 OpenSees 的桥梁结构非线性有限元模型
3.1 OpenSees 基本框架介绍 …… 045
3.2 桥梁动力非线性模型 …… 053
3.3 算例桥梁分析 …… 065
3.4 本章结语 …… 071

4 桥梁地震易损性中的不确定性

- 4.1 易损性函数中的不确定性 …… 072
- 4.2 建模相关的不确定性 …… 075
- 4.3 地震波相关的不确定性 …… 079
- 4.4 损伤指标相关的不确定性 …… 081
- 4.5 易损性中不确定性的传递 …… 082
- 4.6 不确定性对易损性曲线的影响规律 …… 086
- 4.7 本章结语 …… 088

5 桥梁结构不确定性量化与地震易损性分析

- 5.1 桥梁建模相关不确定性的重要性分析 …… 089
- 5.2 地震波相关的不确定性的影响与评价 …… 102
- 5.3 考虑不确定性的桥梁地震易损性分析 …… 118
- 5.4 本章结语 …… 130

6 桥梁结构系统地震易损性分析

- 6.1 桥梁系统可靠度理论 …… 132
- 6.2 界限估计法 …… 134
- 6.3 联合概率性地震需求模型法 …… 135
- 6.4 基于PCM近似算法的桥梁系统易损性分析 …… 137
- 6.5 桥梁系统地震易损性分析 …… 140
- 6.6 本章结语 …… 144

7 基于易损性曲线的桥梁抗震性能评估实例

- 7.1 连续刚构桥易损性评估 …… 146
- 7.2 大跨径混凝土斜拉桥易损性评估 …… 169
- 7.3 高墩多塔斜拉桥易损性评估 …… 178
- 7.4 本章结语 …… 188

8 考虑时变效应的桥梁结构地震易损性分析

- 8.1 氯离子侵蚀过程与作用机理 …… 190
- 8.2 氯离子扩散模型及钢筋锈蚀模型 …… 193

8.3	材料性能退化模型	200
8.4	一致锈蚀作用下的服役桥梁时变易损性评估	203
8.5	非一致锈蚀作用下的服役桥梁时变易损性评估	205
8.6	时变易损性曲线扩展方法	212
8.7	本章结语	215

9 基于全寿命周期的服役桥梁抗震加固策略优化

9.1	桥梁抗震加固策略优化理论	216
9.2	基于响应面的抗震可靠度模型建立	225
9.3	抗震加固策略优化流程	229
9.4	抗震加固策略优化分析	231
9.5	本章结语	239

参考文献 241

1 易损性分析理论概述

1.1 桥梁抗震设计理念演变

1.1.1 抗震设计思想发展历程

近百年来,全世界范围内发生了多次影响很大的地震,这些地震给人类社会带来了沉重的伤痛和巨大的经济损失,桥梁结构震害使得桥梁和结构工程师一次次地吸取教训、分析原因并总结经验,从而促进了桥梁结构抗震理论的不断发展和完善。桥梁抗震设计理论经历了从基于强度设计到基于位移设计,再到基于性能设计的发展历程,抗震性能指标从单一构件强度和位移等力学指标逐步变成多级、全面且灵活的性态目标,使桥梁结构在地震作用下能够实现预期功能。

基于强度的抗震设计方法采用承载能力表征结构抗震性能,通过反应谱或等效静力法计算结构的地震作用效应,再根据地震效应进行结构验算或设计,即认为结构的抗震性能可以通过构件强度保证。但对以往桥梁的震害调查显示,基于强度设计有两点不足:第一,部分桥梁结构在超过其设计地震动强度下仍能基本维持其初始强度,并未发生严重破坏或倒塌;第二,某些桥梁的地震破坏是由变形能力不足导致的,地震作用效应远未达到构件设计强度。随着对桥梁震害发生机理认识的加深,工程师认识到结构塑性变形能力对其抗震能力的重要性,基于强度的抗震设计开始转向基于位移的抗震设计。

在强度设计的基础上,基于位移的抗震设计要求结构的塑性变形能力满足预期地震作用下的变形要求,也被称为延性设计。采用延性设计的桥梁结构需要根据其体系特点确定合理抗震体系,其关键步骤是明确结构允许发生塑性变形的构件或区域。在延性设计中,允许塑性变形的构件需要保证其变形能力满足预期要求,而其余构件通过强度设计保证其不发生破坏。我国《公路桥梁抗震设计规范》(JTG/T 2231-01—2020)体现了基于位移的抗震设计方法和理念,允许部分构件在地震作用下发生塑性变形,并通过能力保护构件和延性设计保证桥梁的抗震性能。

基于强度和位移的抗震设计均以结构地震响应为控制目标,然而抗震设防的根本目的应是减少地震带来的人员伤亡和经济损失。为了发展能更直观地满足客观功能需求和主观要求的设计方法,基于性能的抗震设计(Performance Based Seismic Design,PBSD)思想逐渐兴起。PBSD 由美国、日本和欧洲各国于 20 世纪 90 年代提出,其抛弃了传统抗震设计中的力学指标,而强调根据结构物的重要程度,采用合理的抗震性能目标(如可修复性、维护成本和使用寿命等)和合适的抗震设防措施(如减隔震措施等)进行结构抗震设计,使结构在不同等级地震作用下的破坏和损失都为能够承受的,并通过全寿命周期的费用-效益分析使结构安全可靠、经济合理。因此,相较于传统的抗震设计方法,基于性能的抗震设计方法可以更精准地要求结构的抗震性能,从而有效地减少地震中的生命和财产损失。

1.1.2 基于性能的抗震设计思想

基于性能的抗震设计思想目标是为决策者或业主提供在不同设防等级的地震作用下结构抗震性能的可靠信息,继而使其基于预期抗震性能,对工程设计和建造进行合理的资源配置。PBSD 主要实现过程是将工程建设的合理科学决策与地震动发生传播机理、结构抗震性能评估、震后损失分析三部分内容建立关联的设计过程。因此,PBSD 在实际运用中涉及地质学、工程学和社会科学等学科的交叉和融合,如图 1-1 所示。其中,通过地震学和地质学来量化结构可能遭受的地震动水平;通过结构工程学和动力学来量化结构在地震作用下的实际响应和地震损伤;通过工程经济学以及相应的国家政策法规对这些损伤带来的社会危害和经济损失进行定量的评估;最后,综合场地地震危险性、结构响应危险性、结构损伤和损失风险对桥梁抗震性能进行全面一致的评价。

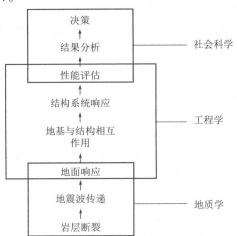

图 1-1 基于性能的抗震设计中的多学科交叉特征

目前,基于性能的抗震设计思想在各国主流抗震设计规范中均有不同程度的体现,其中最受关注的是由美国太平洋地震工程研究中心(Pacific Earthquake Engineering Research Center,PEER)提出的基于性能的全概率抗震设计框架,其不仅可以基于量化的性能指标,以概率的形式直观地体现桥梁的抗震性能,具备适应性强的特点,同时还能够联动考虑桥梁设计、建设和服役过程中的各种不确定性因素,如图 1-2 所示。

1 易损性分析理论概述

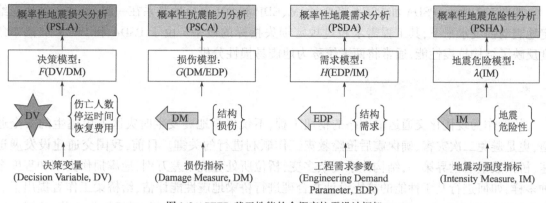

图 1-2 PEER 基于性能的全概率抗震设计框架

如图 1-2 所示，PEER 分析框架可以分解为 4 个相互独立的子模块，各子模块分别被用来量化以下 4 个中间变量：地震动强度指标 IM、工程需求参数 EDP、损伤指标 DM 和决策变量 DV。假定这 4 个变量之间是相互独立的，则可用三重积分表示决策变量年超越概率的分布函数：

$$P_{DV}(\text{IM}) = \iiint F(\text{DV}|\text{DM}) | dG(\text{DM}|\text{EDP}) | dH(\text{EDP}|\text{IM}) | d\lambda(\text{IM}) \qquad (1\text{-}1)$$

式中：$\lambda(\text{IM})$——以 IM 表示的地震动事件在给定环境下发生的年超越概率；

$H(\text{EDP}|\text{IM})$——给定 IM 时，结构需求超过指定需求值的概率；

$G(\text{DM}|\text{EDP})$——给定 EDP 时，结构损伤超过指定极限状态的概率；

$F(\text{DV}|\text{DM})$——给定 DM 时，决策变量超过规定值的概率；

$P_{DV}(\text{IM})$——决策变量超过规定值的年超越概率。

鉴于 4 个变量之间的相互独立性，式(1-1)可离散成 4 个独立的过程：

(1) 概率性地震危险性分析(Probabilistic Seismic Hazard Analysis, PSHA)：建立地震危险性曲线，确定不同强度地震在一定时期的发生概率和不同设防水准地震动强度指标，为 PSDA 中地震波的选取和 PSCA 中时变损伤期望分析模型的建立打下基础。

(2) 概率性地震需求分析(Probabilistic Seismic Demand Analysis, PSDA)：建立概率性地震需求模型(PSDM)，描述地震动强度指标(IM)与工程需求参数(EDP)之间的概率关系。

(3) 概率性抗震能力分析(Probabilistic Seismic Capacity Analysis, PSCA)：建立概率性抗震能力模型(PSCM)，描述给定工程需求水平下，结构达到或超越损伤状态的条件概率，因此 PSCA 重点在于定义和划分构件的损伤状态。

(4) 概率性地震损失分析(Probabilistic Seismic Loss Analysis, PSLA)：基于 PSHA 所建立的地震危险性曲线及 PSCA 所建立的结构构件或系统易损性曲线，建立不同损伤状态下，构件或结构发生特定损失的超越概率。这些损失可能包括经济损失，如直接损失、间接损失、抢险救灾费用等，还包括非经济损失，如人员伤亡。

上述 4 个独立过程分别获得式(1-1)中 4 种变量的超越概率分布函数，并依次建立方变量 IM、EDP、DM 和 DV 的联系。因此在 PEER 分析框架下，工程师可根据建设方要求灵活选择决策变量 DV，从概率分析的角度全面地进行结构抗震性能和损失评估，确保结构在不同等级地震激励作用下的损失可被业主接受。

如图 1-2 所示，PSDA 和 PSCA 将变量 IM、EDP 和 DM 有机地联系在一起，反映了结构在给定地震动强度水平下，其工程需求超过规定损失指标的概率。由于 PSDA 和 PSCA 从概率角度反映了结构抗震性能，通常将两者统称为地震易损性分析。

1.2 桥梁地震易损性分析

桥梁作为现代化交通运输网络的枢纽工程，不仅仅是地震发生时灾区人民逃生的安全通道，更是避免二次灾害、确保震后抢险救灾工作顺利进行的关键。目前，我国交通建设发展迅速，桥梁数量居世界第一，结构体系复杂多变，桥位所处环境千差万别，地震损伤类型和程度多种多样，如何进行基于性能的抗震设计并合理进行桥梁地震性能评估，给桥梁工作者提出了一个全新的课题和方向。桥梁易损性分析可以为综合交通可靠性分析、桥梁损伤评估、桥梁加固评价和地震应急决策提供重要依据，是防震减灾工作的必要工作，因此开展桥梁易损性分析具有重大现实意义和理论价值。

1.2.1 易损性分析方法

地震易损性表示在不同地震动水平下结构发生各种损伤状态的概率，通常可用易损性指数和易损性函数表示。易损性指数的计算需要收集大量的历史震害数据，其表现形式为破坏概率矩阵。易损性函数是用一个合理的方程来表示结构或构件失效超越概率与地震动强度指标间的函数关系。易损性曲线由于在形式上直观易懂，是当前易损性分析的主要表现形式。

地震易损性分析需要获得结构或构件的地震响应，并以此建立结构或构件的易损性曲线。根据获取数据的途径可将地震易损性分析方法分为 4 类：基于专家意见的地震易损性分析、基于震害调查的经验地震易损性分析、基于数值模拟的理论地震易损性分析和混合地震易损性分析。不同分析方法的数据类型限制了其使用范围，故需根据已有数据选择适当的分析方式。

(1) 基于专家意见的地震易损性分析。其分析数据来自专家对桥梁在不同损伤状态的评估意见。该方法依赖于专家意见的统计结果，存在较强的主观性。此外，专家意见的反馈率以及桥梁结构形式的分类都对分析结果影响很大，因此目前已很少应用该方法。

(2) 基于震害调查的经验地震易损性分析。其分析数据来源于同一地区桥梁历史震害调查报告以及相应的地震动强度空间分布信息。该方法主要适合于有较完整的震害调查数据和地震动记录数据的地区，如美国加利福尼亚地区、日本神户地区和中国西部地区。显然，该方法直接基于地震灾区的桥梁破坏统计数据，分析过程简单明了，建立的地震易损性曲线对于其统计区域的桥梁来说具有重大的实用价值。然而，一方面世界上大部分地区目前仍缺乏历史震害统计数据或地震动强度空间分布信息；另一方面单一类型的桥梁结构往往会因为调查样本的不足而影响易损性分析结果的可靠性。因此，该方法在使用和推广上也受到了一定的限制。

(3) 基于数值模拟的理论地震易损性分析。其分析数据来源于数值模拟的理论计算结果。与前两种方法相比，该方法最大的不同是其所需的分析数据完全可控，即分析人员可以选择不同数量的地震波或建立不同数量的分析模型来进行分析。正是由于其较好的可控性,该方法已成为目前应用最广泛的桥梁地震易损性分析方法之一。特别是对那些缺乏桥梁震害调查数据和地震动记录数据的地区,采用基于数值模拟的理论分析方法建立地震易损性曲线是一个很好的选择。

(4)混合地震易损性分析。其分析数据有多种来源,可以是以上三种分析方法或任意两种分析方法的综合。由于基于专家意见的数据带有较强的主观性,基于震害调查的数据非常少且有区域局限性,基于数值模拟的数据对结构建模过程以及计算方法等客观条件较敏感,混合地震易损性分析从理论上可以弥补以上三种方法的缺陷。混合地震易损性分析方法主要是通过补充结构震害数据,对理论易损性曲线或专家意见易损性曲线进行修正。然而,不同数据源之间的交集毕竟有限,混合地震易损性分析方法在目前的应用仍然很少。

1.2.2 易损性分析的不确定性

在结构地震风险评估过程中会涉及各类不确定性因素,其根据来源的不同可分为偶然的不确定性和认知的不确定性两大类型。偶然的不确定性是事物或事件本身所固有的且不可预测的属性。例如,地震事件的震级和断层距、钢筋的弹性模量、混凝土抗压强度等,因此这类不确定性是无法彻底消除的。认知的不确定性是人类目前掌握的知识水平不足所导致的,例如,在分析过程中采用的各种模型假定(能力模型、需求模型)或收集数据的不完整性等。因此,当人类的认知水平较高或收集的数据量足够大时,这类不确定性在理论上是可以避免的。

不确定性在一定程度上反映了对结构动力响应结果的预测精度,从理论上来讲,考虑的不确定性因素越全面,结构动力响应结果越贴合实际,而在传统抗震分析方法中,通常仅部分地考虑了地震动的不确定性。相比于传统确定性的结构抗震分析方法,地震易损性分析的优势在于可从地震波、结构建模参数和构件抗震能力等多方面考虑不确定性对分析结果的影响,从而更精确地预测结构在不同设防水准地震动下的失效超越概率。

(1)地震波的不确定性。地震波相关的不确定性对结构抗震分析的影响最大。地震波相关的不确定性是由地震灾害发生机制和工程场地类型等因素的差异性导致的。其主要来自两个方面,一方面是地震波库(Ground Motion Bin)的选择导致的不确定性,在桥梁结构概率性地震需求分析中,选择的地震波既要尽量与桥址处的场地危险性分析结果保持一致,又要保持地震波之间固有的差异性。另一方面是地震波频谱特性等相关的不确定性。一般在桥梁地震易损性分析中主要考虑后一种不确定性的影响。

(2)结构建模的不确定性。结构建模的不确定性可分为结构层次、材料层次和边界层次三类不确定性。其中,结构层次建模参数的不确定性反映的是桥梁几何尺寸的变异性,宏观上主要指的是直接影响结构质量、刚度和阻尼矩阵的建模参数的不确定性,如桥梁跨度、材料重度、构件宏观尺寸、混凝土保护层厚度和阻尼比等,此类不确定性产生的主要原因可以归纳为现场施工条件的复杂性及施工管理的不规范性,如支模不符合设计要求、钢筋绑扎不到位和保护层垫块缺失等。

材料层次建模参数的不确定性主要指的是各类材料在加工或配制过程中不可避免地会产

生一定的偶然误差，材料参数指标存在着一定的离散性，由此导致材料层次建模参数的不确定性。在结构地震易损性分析中，一般考虑钢筋和混凝土材料参数的变异性，如钢筋屈服强度、弹性模量，混凝土强度、弹性模量、峰值应力和应变等。

边界层次建模参数的不确定性主要指的是影响桥梁约束条件方面的不确定性，此类不确定性因素产生的主要原因在于桥梁工程通常具有十分复杂的边界约束条件，如支座-挡块边界、桥台-台后填土作用和桩-土作用效应等，一方面由于如支座、挡块等构件的制造、施工安装等会存在一定的偶然误差，另一方面人们对于像台后填土、桩-土作用的力学动力特性认识还不够充分。在结构地震易损性分析中一般考虑边界条件参数的变异性。

（3）构件抗震能力的不确定性。构件抗震能力的不确定性也是由构件尺寸变异性和材料变异性导致的，一般可通过假定各损伤状态下相应的损伤指标均服从对数正态分布来考虑构件抗震能力的不确定性，具体以各损伤状态下损伤指标所对应的对数标准差来体现。该值通常是基于大量的试验数据而得到的统计参数，但在缺乏试验资料的情况下，基于经验对该值进行假定也是可行的。

对于地震波的不确定性，需要结合桥址处场地特征来选取合适的强度峰值、频谱特性、持续时间、数量的地震波，以考虑地震波的差异性，具体选取原则及对评估的影响详见本书 2.4 节和 5.3 节等内容；对于结构建模参数的不确定性和构件抗震能力的不确定性，可基于变量的概率分布函数和统计参数等采用拉丁超立方抽样方法进行抽样分析，详见本书 4.6 节内容。

1.2.3　系统易损性分析

桥梁结构是由许多不同作用且相互联系的不同构件组成的复杂系统，在地震作用下，很多构件的损伤都可能导致桥梁功能的失效，因此，相比于单个构件的易损性，桥梁整体失效超越概率更高。桥梁工程师通常也更关注桥梁整体系统的易损性，原因在于桥梁系统易损性一方面可以帮助他们直观地了解和对比不同桥型或桥梁抗震体系设计方案在各设防水准下的系统失效超越概率，另一方面可以帮助他们在地震发生后马上定量地评估灾区各桥梁系统的损伤程度，从而能迅速地制定相关的震后救援路线和策略。此外，对桥梁结构进行概率性地震风险评估时，也需要建立系统的地震易损性曲线。

在获得桥梁各构件易损性曲线后，主要可以采用理论方法和数值算法两种分析思路进行系统易损性分析。理论方法中最常用的为界限估计法，包括一阶界限法和二阶界限法，其中，基于一阶界限法的系统地震易损性曲线的上、下界限有时会太宽，而由二阶界限法得到的上、下界限宽度比一阶界限法宽度要小得多，能更准确地预测桥梁系统的失效超越概率，但由于其下界限对构件的排列较敏感，当实际的构件失效模式较多时分析过程可能会比较复杂。数值算法中较常用的为 Nielson 等提出的基于联合概率性地震需求模型和蒙特卡罗方法的桥梁系统易损性分析方法。该方法首先建立不同构件单独的概率性地震需求模型，并考虑各种失效模式之间的相关性以建立它们的联合概率性地震需求模型，然后采用蒙特卡罗方法计算桥梁结构在不同水准地震作用下的系统失效超越概率，计算结果为一系列离散点，最后对这些离散的失效超越概率点进行对数回归拟合，由此获得光滑的系统易损性曲线。

1.2.4 时变效应

近年来,地震易损性评估方法得到快速发展和应用,但现阶段的易损性理论主要面向新建桥梁,其中抗震能力及地震需求都是基于桥梁初始状态确定的,并未考虑桥梁抗震性能、地震响应在整个服役年限内的时变特性。然而,桥梁的设计使用年限都比较长,且多数桥梁服役环境恶劣,导致在整个服役年限内桥梁的各类材料性能会发生不同程度的退化,桥梁抗震性能呈现时变退化的特点。因此,在抗震设计中,桥梁的抗震性能在整个服役年限内的时变效应不容忽视。

一般来说,引起桥梁性能退化的环境因素包含氯离子侵蚀、混凝土碳化、冻融循环侵蚀、水流冲刷等,且往往是多种因素的复合作用。其中,氯离子侵蚀会引起钢筋锈蚀,导致钢筋的截面面积及强度下降,同时,纵筋锈胀会导致保护层混凝土开裂、剥落,箍筋锈蚀还可能降低其对混凝土的约束作用;混凝土碳化会降低混凝土对钢筋的保护作用;冻融循环侵蚀会导致混凝土损伤的不断累积,造成混凝土结构开裂、剥蚀;水流冲刷作用会将基础附近的泥沙掏空,不断侵蚀基础,降低结构承载能力。既往研究表明,相较于其他时变作用,氯离子引起的钢筋锈蚀问题是导致钢筋混凝土结构性能退化的首要原因,因此,考虑氯离子侵蚀作用下材料及结构的时变效应,建立桥梁时变地震易损性评估方法,探究锈蚀桥梁地震损伤特性的时变规律,对掌握桥梁在整个服役年限内的抗震性能具有重要意义。

随着服役桥梁抗震性能的不断退化,地震损伤风险也将持续上升。为了保证其抗震性能满足设计初期的既定目标,有必要对退化桥梁进行抗震加固。然而,不合理的抗震加固策略不仅会导致资金的浪费,还可能使得退化桥梁面临较大的潜在地震损伤风险。在这种情况下,如何制定科学、合理的加固策略,确定最优的加固措施、合适的加固时间就显得尤为重要。因此,考虑服役桥梁地震易损性的时变特征,进而建立基于时变地震损伤的桥墩抗震加固策略优化设计方法,是保障桥梁在整个服役年限内安全运营的重要措施,也是基于全寿命抗震设计理论的重要体现。

1.3 本书主要内容

本书以桥梁结构易损性分析理论为切入点,系统阐述桥梁结构易损性分析的基本原理和计算方法,并探讨易损性分析中所涉及的不确定性、时变效应、加固策略等关键科学问题,以进一步推动桥梁结构易损性分析在我国防震减灾工作中的发展与应用。

为使读者充分掌握桥梁结构各类理论易损性分析原理及分析流程,各章节的主要内容及编排逻辑如下:第2章重点归纳并总结了5种不同的理论易损性函数的基本原理与易损性曲线的构建流程;第3章介绍基于OpenSees源代码分析平台的桥梁结构精细化非线性有限元建模理论及方法,为基于数值分析的理论易损性分析奠定基础;为充分考虑地震这类随机运动和结构抗震分析中的各类不确定性因素,提高分析结果的适用性,第4、5章系统介绍了桥梁抗震分析中各类不确定性的概率分布特征、影响机理以及敏感性分析;第6章则将构件易损性的概念延伸至桥梁整个系统的易损性,研究了桥梁结构抗震分析中系统与各构件之间的相互联系,基于系统可靠度理论,提出了桥梁系统易损性曲线的多种构建方法,并横向对比了其中的差异;基于第 2~6 章所述的各类分析方法,第 7 章对一些典型桥梁结构开展了易损性分析,并探讨了其中的关键问题,以使读者充分了解易损性分析在各类常见桥型中的应用;第 8、9 章则是在第 1~7 章的基础上,综合考虑桥梁服役过程中的材料劣化、抗震性能退化,系统阐述了由氯离子侵蚀导致的钢筋混凝土材料性能退化的作用机理和计算模型,建立了考虑时变效应的桥梁结构易损性分析流程,并提出了桥梁抗震加固策略的优化理论,以满足桥梁结构抗震性能评估和加固的重大需求。

1.4 易损性分析的研究展望

PEER 基于全概率抗震设计框架,于 2007 年展开针对美国加利福尼亚州交通系统的抗震研究,以期减少加利福尼亚州地震灾害对公路、铁路、桥梁和机场等的影响,其研究成果被美国联邦紧急事务管理署(Federal Emergency Management Agency, FEMA)、美国建筑科学研究院(National Institute of Building Sciences, NIBS)联合应用,并开发了地震灾害损失风险评估软件 HAZUS,表明桥梁地震易损性研究成果在美国已经可指导实际工程的应用。近年来,我国也正在开发类似的针对我国实际情况的地震灾害损失风险评估软件 HAZ-China。显然,研究地震易损性分析理论具有重要的理论价值和社会意义。为充分发挥桥梁结构在国民经济、社会生活、救援抗灾中的作用,针对易损性分析还有如下方面有待将来进一步研究:

(1)建立一套更加完善并能系统考虑多种不确定性的桥梁地震易损性分析方法和流程。综合既往各种分析方法的特点,全面考虑多种不确定性因素的影响,如桥梁结构设计、施工质量、养护条件、结构建模、工程场地危险性、地震波频谱特性等相关的不确定性因素,并基于概率统计分析方法来量化每一类不确定性因素的相对大小,并研究各种不确定性之间的联动效应,进一步完善基于性能的桥梁抗震设计方法。

(2)建立某区域某类桥梁的易损性曲线。目前桥梁地震易损性研究多针对某个特定桥梁抗震性能评价,难以反映区域之间、桥与桥之间差异性的影响,评价结论的普适性不强。因此,今后研究可根据我国最新抗震设防区域的划分对现有桥梁工程进行系统统计和明确分类,建立全国性或区域性的桥梁信息数据库,对每一类桥梁(如混凝土梁桥、钢-混组合桥梁、钢桥等)进行区域性的地震易损性分析。

(3)基于全寿命周期的桥梁时变易损性曲线研究。桥梁材料性能存在自然退化过程,不良使用环境和养护条件对其退化程度的影响会进一步加剧。随着结构服役时间的增长,大气环境中氯离子侵蚀效应、混凝土碳化效应等会导致结构抗震性能逐渐退化。今后的研究中,需要将桥梁全寿命周期设计的理念与基于性能的抗震设计理念相结合,进一步深入探讨桥梁结构在服役期内的时变抗震性能,建立桥梁结构的时变地震易损性曲线。

(4)多灾害下的桥梁易损性研究。我国幅员辽阔、地质地理环境条件复杂多变,桥梁结构在整个服役期间可能面临各种各样的自然或人为灾害。当前我国规范认为多灾害作用应单独考虑,而实际上,这些灾害对桥梁结构的作用并非相互独立而是相互耦合的。如何考虑多灾害作用的耦合效应对地震易损性分析的影响以及建立多灾害作用下的地震易损性分析框架是未来研究的重点。

(5)建立我国不同场地的地震危险性曲线。作为结构风险分析的前提条件,准确全面的地震危险性分析对采用基于性能的抗震设计的实际工程至关重要,因此,基于现有的地震记录，建立我国不同场地的地震危险性曲线非常重要和迫切。

(6) 开展概率性地震损失分析研究。前人研究集中于概率性地震需求和概率性抗震能力分析，而概率性地震损失分析很少涉及。通过引入与社会经济相关的决策变量，开展概率性地震损失分析，将大大扩展基于性能的抗震设计方法在实际工程中的应用，这也是桥梁工作者下一步工作的重点。

2 桥梁结构理论地震易损性分析

桥梁结构地震易损性分析的目标是形成结构或构件的易损性函数(易损性曲线),易损性函数描述了在地震作用下结构或构件的地震需求达到或超过规定损伤极限状态的概率,一般情况下该函数的自变量为表征地震强度大小的地震动强度指标,例如峰值地震加速度、谱加速度等。

目前,不同学者采用不同的方法和途径建立地震易损性函数进行分析,而在众多的地震易损性分析方法中,由于数值模拟的方法可以综合考虑结构的各项非线性因素,精度高加上计算能力与效率不断提高,基于数值模拟的理论地震易损性分析方法逐渐脱颖而出,是目前地震易损性分析中最常采用的分析方法。其总体流程可划分为五个部分,分别为:桥梁结构非线性有限元建模、地震动输入与地震动强度指标选择、参数分析或概率性地震需求模型的建立、桥梁损伤状态与损伤指标的确定、地震易损性曲线的构建(图 2-1)。本章将针对以上五部分内容进行详细介绍。

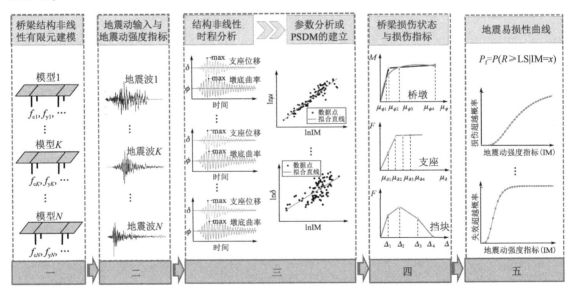

图 2-1　基于数值模拟的理论地震易损性分析基本流程图

μ_ϕ 和 μ_δ 分别表示曲率和位移延性系数;Δ 表示挡块位移;δ 表示支座位移;M 表示弯矩;F 表示力

2.1 理论地震易损性构建方法

通过数值模拟获得了桥梁的地震响应以及地震动强度指标数据以后，一般可采用参数化方法(Parametric Approach)或非参数化方法(Non-Parametric Approach)来构建地震易损性曲线。

参数化方法是先假定易损性曲线的形状，如符合两参数的正态累积分布函数或对数正态累积分布函数。过去的研究中常采用两参数对数正态累积分布函数来表示结构地震易损性：

$$P_f(S_d \geqslant S_{eILS} | IM = x) = \Phi\left(\frac{\ln IM - \ln \theta}{\beta}\right) = \Phi\left[\frac{\ln(IM/\theta)}{\beta}\right] \tag{2-1}$$

式中：$P_f(S_d \geqslant S_{eILS} | IM = x)$——$IM = x$ 的地震动作用下结构的需求响应(S_d)超过其抗震能力(S_{eILS})的概率；

$\Phi[\cdot]$——标准正态累积分布函数(CDF)；

θ——易损性函数的均值(失效超越概率为50%时对应的 IM 水平)；

β——易损性函数的对数标准差(表示易损性函数的不确定性)。

由式(2-1)可知，估计两个易损性参数 θ 和 β 的值是建立易损性函数的关键。基于式(2-1)所给的易损性函数形式，可以采用不同的统计学方法对这两个参数进行估计，并建立桥梁的理论地震易损性曲线。综合近年来世界各国的桥梁地震易损性分析相关文献，根据不同学者对参数 θ 和 β 的估计方法的不同(即图 2-1 中第三个环节不同)，可将参数化方法中基于非线性动力分析的地震易损性函数分析方法概括为云图法、需求能力比对数回归法、缩放法、极大似然估计法四大类型。

非参数化方法则无须提前假定易损性曲线的形状，避免了假设"易损性函数服从对数正态分布"的模型误差。在非参数化方法中，过去采用得较多的是蒙特卡罗方法，其通过对结构地震需求与抗震能力进行抽样与对比，得到不同 IM 对应的失效超越概率点，从而建立易损性曲线。然而，由于蒙特卡罗方法的计算量较大，其目前主要用于验证各参数化方法的准确性和效率性。随着算法理论的不断发展，基于机器学习的算法由于计算效率高、数据利用率佳、多维拟合能力强等诸多优势逐渐进入人们的视野。

本节将详细介绍几类典型的参数化方法和非参数化方法的基本理论和计算流程(即图 2-1 中第三、五步)，并从动力分析策略、概率性地震需求模型(PSDM)的建立和参数估计三个层面对比各类易损性函数建立方法的异同。

2.1.1 参数化方法

参数化方法的过程是，先假定易损性曲线的形状，然后通过以下两种思路来求解待定参数：一是采用可靠度理论将易损性曲线求解转化为不同地震动强度水平下的可靠度指标求解，再由可靠度指标计算结构在不同地震动强度下的失效超越概率；二是基于最大概率法直接求解分布函数待定参数 θ 和 β。另外，不同的参数估计方法会导致易损性分析方法中动力分析策略和 PSDM 建立过程的差异。根据参数求解思路的不同，参数化方法可分为云图法、需求能力比对数回归法、缩放法和极大似然估计法。

2.1.1.1 云图法易损性函数

(1) 理论介绍

云图法(Cloud Approach)是目前建立地震易损性函数最常用的方法,通过参考物理、化学等学科中的"电子云"概念,以"云图"的形式来描述结构动力响应在某一地震动强度水平下所呈现的随机性特点。云图法的优点是只需几十到几百条地震波即可较准确地预测结构的地震响应。

采用该方法形成地震易损性曲线时,首先要选取一定数量的原始地震波记录或人工地震波。为尽可能准确地描述结构动力响应的概率分布,云图法选择的地震波不仅需要与实际桥梁工程的场地危险性匹配,同时也要能反映桥位处地震动特性(频谱特性、峰值和持时)的概率空间分布。而在地震动的关键特性中,反应谱的随机性对桥梁地震易损性的影响最为显著,且与各类特性存在紧密的相关性,因此,目前云图法广泛使用经过目标谱修正的实际地震波,同时利用震级、震中距等参数较为均匀地选择实际地震波以尽可能考虑地震动特性的随机性影响。例如,Shome 等建议将所选的地震波按震中距(R)、震级(M)和桥址处土体条件等进行分类,形成地震波库,图 2-2 为 Mackie 等人在研究中选波时所采用的方法,即以震级 6.5 级和震中距 30km 作为分界线将地震波分为大震级小震中距(LMSR)、大震级大震中距(LMLR)、小震级小震中距(SMSR)、小震级大震中距(SMLR)四类。每种地震波库代表了一类特殊的地震波,每种地震波库选择相同数量且震中距和震级分布均匀的实际地震波以进一步考虑地震波间的差异。需要注意的是,上述选波方法无法反映地震动特性的实际概率分布以及近场脉冲效应等地震动特殊性质,是一种考虑地震动差异的简化方法。

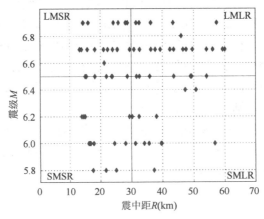

图 2-2 地震动记录在震级-震中距坐标系中的分布

选定地震波库并确定地震动强度指标(IM)后,建立桥梁的有限元模型并进行一系列的非线性时程分析,进而得到工程需求参数(EDP)与地震动强度指标(IM)之间的离散点。根据 Cornell 等的建议,可假定结构的地震需求服从对数正态分布,并认为工程需求参数的中值($\overline{EDP}$)与地震动强度指标(IM)之间满足如下的指数关系:

$$\overline{EDP} = a \cdot IM^b \tag{2-2}$$

式中:a、b——相应的估计参数,可以通过最小二乘回归分析得到。

为了计算的方便,常对式(2-2)进行对数转换得到如下的线性回归函数:

$$\lambda_d = \ln \overline{EDP} = b \cdot \ln IM + \ln a \tag{2-3}$$

式中：a、b——对数线性拟合的参数；

λ_d——工程需求参数的对数场值。

式(2-3)又被称为概率性地震需求模型(PSDM)，该模型能较好地反映工程需求参数与地震动强度指标之间的关系，如图 2-3 所示。图中，离散点为通过非线性时程分析得到的工程需求参数和相应地震动强度指标在对数坐标系中的位置，实线为基于离散点，并按式(2-3)进行线性拟合得到的 PSDM，两条虚线则反映了离散的数据点相对于 PSDM 的离散程度，可用相应的对数标准差 β_d 表示。需要指出的是，通常情况下 PSDM 在不同地震动水平下的对数标准差 β_d 是不同的。然而，为了地震易损性分析的方便，Mackie 等认为可以假定在全部 IM 范围内对数标准差为一个定值，并用下式计算：

$$\beta_d = \sqrt{\frac{\sum_{i=1}^{N}(\ln D_i - \lambda_{d_i})^2}{N-2}} \tag{2-4}$$

式中：β_d——地震响应在给定 IM 范围内的条件对数标准差；

D_i——结构在第 i 条地震波作用下需求响应峰值；

N——进行非线性动力分析的次数。

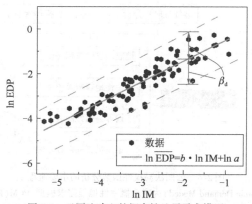

图 2-3 云图法建立的概率性地震需求模型

易损性曲线表示在地震作用下结构需求达到或超过指定损伤极限状态的失效超越概率，如果假定易损性曲线为对数正态累积分布函数，则地震易损性函数还可以表示为式(2-5)：

$$P_f = P\left(\frac{S_d}{S_c} > 1\right) = P\left(\ln \frac{S_d}{S_c} > 0\right) = \Phi\left(\frac{\lambda_d - \lambda_c}{\sqrt{\beta_d^2 + \beta_c^2}}\right) = \Phi(\beta) \tag{2-5}$$

式中：S_c——指定损伤极限状态(抗震能力)的均值；

λ_c——指定损伤极限状态(抗震能力)的对数均值；

β_c——指定损伤极限状态(抗震能力)的对数标准差；

S_d——地震响应的均值。

综上所述，云图法求解易损性曲线是将易损性曲线转化为一系列的可靠度指标 β。为获取不同地震动强度下的可靠度指标，计算的关键是求解动力响应对数均值 λ_d 和对数标准差 β_d。云图法一方面假设地震动强度和结构动力响应呈对数线性相关，从而确定了对数均值 λ_d；另一方面假设不同地震动强度水平下的结构动力响应的离散程度相同,即对数标准差β_d不随地震动强度变化而变化。

(2) 分析流程

云图法建立易损性曲线的关键步骤包括地震波的选择、概率性地震需求模型(PSDM)的建立,其余主要步骤还包括有限元建模、非线性时程分析和损伤状态定义等。云图法易损性函数分析的主要流程如图2-4所示。

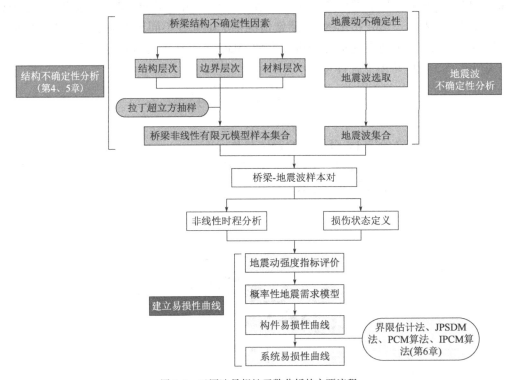

图2-4 云图法易损性函数分析的主要流程

注:JPSDM(Joint Probabilistic Seismic Demand Model)为联合概率性地震需求模型;PCM(Product of Conditional Marginal)为条件边缘乘积法;IPCM(Improved Product of Conditional Marginal)为改进条件边缘乘积法。

① 地震波选择:基于2.3.1节的地震波选取原则,从地震动峰值、地震动频谱特性、地震动持时和地震波数量四个维度选择合适的地震波,形成地震波库,以考虑地震波的不确定性。

② 建立有限元模型:选择合适的单元和材料类型,建立非线性动力有限元分析模型。分析平台可采用OpenSees,参考第3章内容来建模;考虑结构建模相关的不确定性因素时,可参考4.2节内容,并可基于4.5.2节内容,采用拉丁超立方抽样考虑不确定性的传递,抽取与地震波数量相同的桥梁非线性有限元模型样本,然后与所选地震波随机组合形成桥梁-地震波样本对。

③ 非线性时程分析:开展桥梁-地震波样本对的非线性时程分析,根据桥梁受力特点确定典型受力构件,获得其在不同地震波激励作用下的动力响应结果S_d,如连续梁桥应重点考虑桥墩、支座等构件的动力响应结果。

④ 损伤状态与损伤指标定义:基于2.4节内容,定义典型构件在不同损伤程度下的损伤状态,确定损伤指标均值S_c与其对数均值λ_c。当考虑构件抗震能力的不确定性时,可参考4.4节

内容,根据相关试验或研究结果确定损伤指标对数标准差β_c。

⑤IM指标评价:基于2.4.2节内容,从效率性、实用性和充分性等维度对地震波IM进行评价,选择适合分析对象的地震动强度指标。

⑥建立PSDM模型:基于式(2-3)对数线性回归拟合IM与S_d的函数关系,得到λ_d表达式,建立结构概率性地震需求模型,基于式(2-4)计算相应对数标准差β_d。

⑦构件易损性曲线:将计算结果λ_d、λ_c、β_c、β_d代入式(2-5),建立待分析构件在不同损伤状态下的易损性曲线。

⑧系统易损性曲线:基于第6章内容,考虑各构件串并联关系,采用界限估计法、联合概率性地震需求模型法或PCM算法建立桥梁系统易损性模型。

2.1.1.2 需求能力比对数回归法易损性函数

(1)理论介绍

需求能力比对数回归法(简称需求能力比法)是Pan等人在2007年提出的一种用于桥梁地震易损性分析的。该方法关于地震波的选取、桥梁建模以及非线性时程分析的过程与云图法分析思路一致,并且两者在易损性函数的参数估计中都是将易损性曲线的求解转化为可靠度指标的计算,但两者在可靠度指标的计算方式上存在不同。云图法的可靠度指标计算的关键是求解结构动力响应的对数均值和对数标准差,而需求能力比法的可靠度指标计算需要求解的未知参数是需求比(S_d/S_c)的对数均值$\lambda_{d/c}$和对数标准差$\sigma_{d/c}$,即该方法无须先进行概率性地震需求分析(PSDA),而是在定义了结构在不同损伤极限状态下的能力值(Capacity)以后,直接对不同构件的需求能力比(DCR = Demand/Capacity)和地震动强度指标(IM)进行对数回归分析,如图2-5所示。

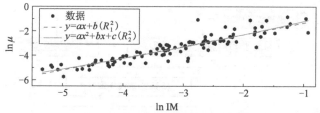

图2-5 需求能力比对数回归法示意图

比较云图法和需求能力比法的PSDM模型可知:①Pan等的研究结果表明采用对数二次回归分析时的拟合系数比一次回归分析时要大(图2-5中$R_2^2 > R_1^2$),因此在桥梁地震易损性分析中采用二次回归分析进行预测更准确;②需求能力比法的因变量$\ln(S_d/S_c)$与云图法的因变量$\ln S_d$相差构件抗震能力的对数均值$\ln S_c$;③由于需求能力比法采用对数二次回归,其考虑了地震动强度与结构动力响应间的非线性关系,导致较大IM下的需求能力比法PSDM模型的预测值可能与云图法的预测结果存在较大的差异。

同理,如果假定易损性曲线符合对数正态累积分布,则此时地震易损性函数可表示为

$$P_f = P\left(\frac{S_d}{S_c} \geq 1\right) = \Phi\left(\frac{\lambda_{d/c}}{\sigma_{d/c}}\right) \tag{2-6}$$

式中:S_d、S_c——分别为结构地震需求和抗震能力;

$\lambda_{d/c}$——回归分析中 $\ln DCR$ 或 $\ln(S_d/S_c)$ 的均值,按式(2-7)计算;

$\sigma_{d/c}$——回归分析中 $\ln DCR$ 或 $\ln(S_d/S_c)$ 的标准差,按式(2-8)计算。

$$\lambda_{d/c} = a(\ln IM)^2 + b\ln IM + c \quad (2\text{-}7)$$

$$\sigma_{d/c} = \sqrt{S_r/(N-2)} \quad (2\text{-}8)$$

式中:a、b、c——回归分析的估计参数;

S_r——各离散点相对于回归曲线的残差平方和,按式(2-9)计算。

$$S_r = \sum_{i=1}^{N}(y_i - \lambda_i)^2 \quad (2\text{-}9)$$

式中:y_i——回归分析中第 i 个离散点的纵坐标;

λ_i——回归分析中第 i 个离散点的横坐标值所对应的回归均值[式(2-7)]。

综上所述,在动力分析方法、地震动随机性的考虑以及易损性函数的参数估计等方面,需求能力比法与云图法类似。两者的差异集中在易损性曲线转化为可靠度指标后的计算上:云图法计算可靠度指标是分开计算地震需求 S_d 和抗震能力 S_c 的分布参数,而需求能力比法直接拟合回归需求比与地震动强度指标的函数关系,并且前者计算 S_d 的对数均值采用的是对数线性回归,后者计算 S_d/S_c 的对数均值采用的是对数二次回归。

(2)分析流程

需求能力比法的分析流程与云图法类似,其关键步骤同样包括地震波的选择、PSDM 的建立,主要差异在于 PSDM 的拟合回归。其主要分析流程如图 2-6 所示。

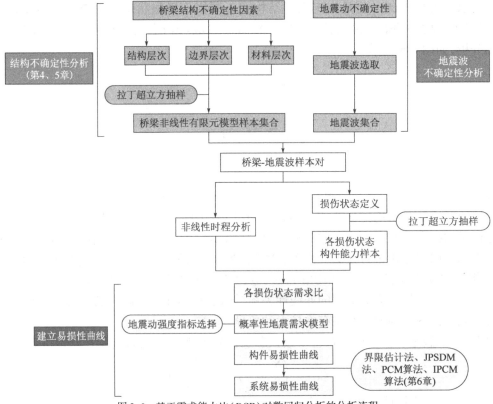

图 2-6　基于需求能力比(DCR)对数回归分析的分析流程

注:JPSDM、PCM 及 IPCM 意义同图 2-4。

①地震波选择:同云图法。
②建立有限元模型:同云图法。
③非线性时程分析:同云图法。
④损伤状态和损伤指标定义:同云图法。
⑤能力需求比计算:根据待分析构件的时程分析结果S_d和相应损伤指标均值S_c计算不同损伤状态下的能力需求比S_d/S_c;当考虑构件抗震能力不确定性时,能力需求比通过计算S_d与构件抗震能力抽样结果之比得到。
⑥IM 指标评价:基于式(2-3)对数线性回归拟合 IM 与S_d的函数关系,得到λ_d表达式,建立结构概率性地震需求模型,基于式(2-4)计算相应对数标准差β_d,基于 2.4.2 节内容,从效率性、实用性和充分性等角度对地震波 IM 进行评价,选择适合分析对象的地震动强度指标。
⑦建立 PSDM 模型:采用对数二次回归拟合所选用的 IM 与能力需求比的函数关系以建立 PSDM,求解$\lambda_{d/c}$和$\sigma_{d/c}$。
⑧构件易损性曲线:将$\lambda_{d/c}$和$\sigma_{d/c}$代入式(2-6),建立待分析构件在不同损伤状态下的易损性曲线。
⑨系统易损性曲线:同云图法。

2.1.1.3 缩放法易损性函数

(1)理论介绍

缩放法(Scaling Approach)采用的是增量动力分析(Incremental Dynamic Analysis,IDA)的方法来建立结构地震易损性曲线。IDA 通过地震动幅值调整得到一组不同强度水平的地震动,然后分批进行非线性时程分析,获取结构动力响应,最终得到地震动强度水平与结构动力响应的关系曲线,即 IDA 曲线。IDA 与传统的非线性静力分析方法(Pushover)均刻画了结构从损伤到破坏的受力过程,但传统的 Pushover 终究是非线性静力分析方法,不能考虑地震动特性、结构动力特性及结构高阶振型对结构动力分析的影响,而基于时程分析的 IDA 可以考虑以上因素对结构动力分析的影响,因此 IDA 目前广泛运用于结构抗震性能的分析与研究中。

如前所述,某一地震动强度水平下的结构动力响应受地震动特性影响而呈现不确定性,因此不同地震动强度水平下得到的 IDA 曲线必然存在差异,表现为结构从损伤到破坏的受力过程的差异。为考虑地震动随机性的影响,目前研究认为 10~20 条地震动记录可满足 IDA 分析的精度要求。从动力分析策略看,云图法采用的是非线性时程分析,其重点是选择合适的地震动输入以反映桥位场地的危险性水平和地震动特性的概率空间分布,而缩放法采用多条地震动记录进行 IDA 分析以考虑地震动导致的动力响应不确定性。缩放法通过 IDA 分析得到的不同地震波作用下的 IDA 曲线如图 2-7 所示。

缩放法同样根据结构可靠度理论把易损性曲线的求解转化为不同地震动强度水平下的结构可靠度指标计算[式(2-5)]。为求解式中概率分布参数,缩放法需要对多条 IDA 曲线进行统计分析:

①求解同一地震动强度下的结构动力响应均值$S_{d_m|IM=x}$、标准差$\beta_{d|IM=x}$、对数均值λ_d、对数标准差β_d。

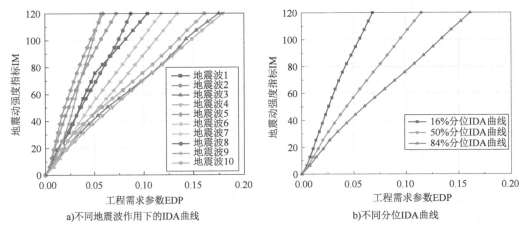

a)不同地震波作用下的IDA曲线　　　　　b)不同分位IDA曲线

图2-7　缩放法 IDA 曲线示意图

$$S_{d_m|IM=x} = \sum_{i=1}^{N} S_{d_i|IM=x}/N \tag{2-10}$$

$$\beta_{d|IM=x} = \sqrt{\sum_{i=1}^{N}(S_{d_i|IM=x} - S_{d_m|IM=x})^2/(N-2)} \tag{2-11}$$

$$\lambda_d = \sum_{i=1}^{N} \ln S_{d_i|IM=x}/N \tag{2-12}$$

$$\beta_d = \sqrt{\sum_{i=1}^{N}(\ln S_{d_i|IM=x} - \lambda_d)^2/(N-2)} \tag{2-13}$$

式中：$S_{d_i|IM=x}$——IM = x 的强度下，结构在第 i 条地震波激励下的需求值；

　　　N——所选地震波条数。

②将不同强度下的 $S_{d_m|IM=x}$ 连线从而获得50%分位的 IDA 曲线，如图2-7b)所示。

③将不同强度下的 $S_{d_m|IM=x} \pm \beta_{d|IM=x}$ 连线从而获得84%分位和16%分位的 IDA 曲线，如图2-7b)所示。

完成 IDA 曲线的统计分析后，结构动力响应的分布参数可直接由50%分位 IDA 曲线和 $\beta_{d|IM=x}$ 确定，即将50%分位 IDA 曲线作为 PSDM 直接代入式(2-5)。此外，也可假设 $S_{d_m|IM=x}$ 与 IM 呈对数线性关系，通过线性回归拟合得到 PSDM 再代入式(2-5)，但该方法不仅步骤多且容易扩大误差。而对于结构损伤状态的分布参数，可根据50%分位 IDA 曲线确定构件在不同极限状态下的损伤指标对数均值 λ_c，而损伤指标的对数标准差 β_c 可参考试验结果或经验值。

综上所述，缩放法的动力分析策略与云图法截然不同，缩放法选择多条地震动进行 IDA 分析，从而考虑地震动的随机性影响。但在构建易损性函数上，缩放法与云图法均将易损性曲线的求解转化为可靠度指标的计算，但缩放法的 PSDM 可选择50%分位 IDA 曲线或基于50%分位 IDA 曲线的对数线性拟合结果，并且缩放法还可根据不同分位的 IDA 曲线确定不同极限状态下的构件损伤指标 λ_c。

(2)分析流程

缩放法构建易损性函数的关键是 IDA 分析及其统计分析。IDA 分析涉及地震波的选择、地震波调幅及非线性时程分析等步骤，IDA 统计分析包括 PSDM 建立和损伤指标确定等步骤。缩放法的主要分析流程如图2-8所示。

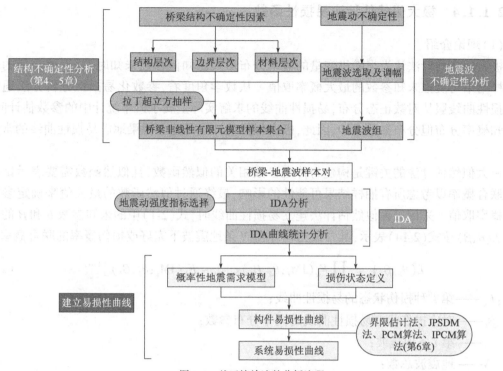

图 2-8 基于缩放法的分析流程
注：JPSDM、PCM 及 IPCM 意义同图 2-4。

①地震波选择与调幅：基于 2.3.1 节地震波的选取原则，从地震动峰值、地震动频谱特性、地震动持时和地震波数量四个维度选择合适的地震波，形成地震波库，以考虑地震波的不确定性，并按地震动强度指标对所选地震波进行调幅，得到多组地震波。

②建立有限元模型：同云图法。

③非线性时程分析：同云图法。

④IM 指标评价：基于式 (2-3) 对数线性回归拟合 IM 与 S_d 的函数关系，得到 λ_d 表达式，建立结构概率性地震需求模型，基于式 (2-4) 计算相应对数标准差 β_d，基于 2.3.2 节内容，从效率性、实用性和充分性等维度对地震波 IM 进行评价，选择适合分析对象的地震动强度指标。

⑤IDA 分析：根据结构时程分析结果，绘制待分析构件在不同地震波激励下的 IDA 曲线，并根据式 (2-10) 和式 (2-11) 计算 $S_{d_m|IM=x}$、$\beta_{d|IM=x}$，基于地震波不同幅值下的 $S_{d_m|IM=x}$ 结果计算 50% 分位 IDA 曲线，基于 $S_{d_m|IM=x} \pm \beta_{d|IM=x}$ 计算 84% 分位和 16% 分位 IDA 曲线。

⑥建立 PSDM 模型：一种方法是将所建立的 50% 分位 IDA 曲线对数化后作为 PSDM，此时对数标准差 β_d 是变化的，由式 (2-13) 计算；另一种方法是基于 50% 分位 IDA 曲线的对数线性拟合结果，此时对数标准差 β_d 是恒定的，由式 (2-4) 计算。

⑦损伤状态和损伤指标定义：同云图法。

⑧构件易损性曲线：将 λ_d 和 β_d 代入式 (2-5)，建立待分析构件在不同损伤状态下的易损性曲线。

⑨系统易损性曲线：同云图法。

2.1.1.4 极大似然估计法易损性函数

(1) 理论介绍

极大似然估计法认为当随机变量的概率分布形式已知但参数未知时,基于该变量的若干次抽样结果可反推未知参数的最大概率取值。从数学角度看,参数化易损性分析方法通常假设易损性曲线服从对数正态分布,易损性曲线的求解实际上属于概率统计中的参数估计问题,即已知概率分布但分布参数未知,因此,极大似然估计法是建立桥梁地震易损性曲线的常用方法之一。

极大似然估计法的关键是构建与待定参数相关的似然函数,且似然函数需要表示试验结果的联合概率以考虑所有抽样结果可能性的影响,最终通过似然函数的最大值来确定参数的最大概率取值。采用极大似然估计法建立易损性曲线时,式(2-1)中的未知参数 θ 和 β 的似然函数 $L(\theta,\beta)$ 按式(2-14)表示,其含义为构件在 N 条地震波下完好或损伤概率的联合概率。

$$L(\theta_k,\beta_k) = \prod_{i=1}^{N} F_k(\mathrm{IM}_i;\theta_k,\beta_k)x_i[1 - F_k(\mathrm{IM}_i;\theta_k,\beta_k)]^{1-x_i} \qquad (2\text{-}14)$$

式中:F_k——第 k 种损伤状态的易损性曲线;

θ_k、β_k——对应损伤状态易损性曲线的概率分布参数;

i——第 i 条地震波;

N——地震波总数;

IM_i——第 i 条地震波的地震动强度指标;

x_i——第 i 条地震波作用下的损伤状态,损伤取 1,未损伤取 0。

根据极大似然估计理论,似然函数最大值对应的参数可作为概率分布函数的实际分布参数。但由于联合概率密度函数表示的似然函数过于复杂,导致难以直接求解函数的最大值。因此可通过似然函数取对数以简化计算,再由对数似然函数导数为零求解未知参数:

$$\frac{\mathrm{d}\ln[L(\theta_k,\beta_k)]}{\mathrm{d}\theta_k} = \frac{\mathrm{d}\ln[L(\theta_k,\beta_k)]}{\mathrm{d}\beta_k} = 0 \qquad (2\text{-}15)$$

通过建立不同损伤状态下的似然函数及对数似然函数,可由式(2-1)分别求解损伤状态 k 对应的概率分布参数 θ_k 和 β_k。但由于不同损伤状态的似然函数的求解过程彼此独立,各损伤状态的标准差 β_k 必然不同。而标准差 β_k 的不同会导致易损性曲线增长趋势的差异,进一步可能导致不同损伤状态的易损性曲线彼此相互交叉,但各损伤状态的易损性曲线应互不相交。为避免上述问题,Shinozuka 等建议不同损伤状态下的对数标准差 β_k 取为固定值,此时各损伤状态的易损性函数对数均值 θ_k 和固定对数标准差 β 需同时进行参数估计。

为同时进行参数估计,需建立考虑不同损伤状态失效超越概率的似然函数。考虑结构发生轻微损伤是出现严重损伤的条件概率,新的似然函数中应当体现不同损伤状态间的这一关联性。如图 2-9 所示,事件 E_0、E_1、E_2、E_3、E_4 的发生概率可按式(2-16)计算,各事件分别表示结构无损伤及发生轻微损伤、中等损伤、严重损伤和完全破坏。观察 $E_0 \sim E_4$ 事件的概率计算公式可知,轻微损伤事件的概率受更高损伤程度事件的概率影响,例如无损伤事件 $P(E_0)$ 与轻微损伤概率 F_1 相关,轻微损伤事件 $P(E_1)$ 与中等损伤概率 F_2 相关。

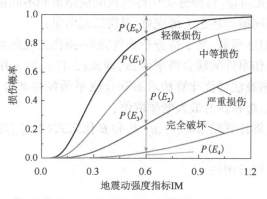

图 2-9　易损性曲线的图解

$$\begin{cases} P(E_0) = 1 - F_1(\theta_1,\beta,\mathrm{IM}_i) \\ P(E_1) = F_1(\theta_1,\beta,\mathrm{IM}_i) - F_2(\theta_2,\beta,\mathrm{IM}_i) \\ P(E_2) = F_2(\theta_2,\beta,\mathrm{IM}_i) - F_3(\theta_3,\beta,\mathrm{IM}_i) \\ P(E_3) = F_3(\theta_3,\beta,\mathrm{IM}_i) - F_4(\theta_4,\beta,\mathrm{IM}_i) \\ P(E_4) = F_4(\theta_4,\beta,\mathrm{IM}_i) \end{cases} \quad (2\text{-}16)$$

得到各事件的概率计算公式后,新似然函数可表示为各损伤事件的联合概率以同时估计不同损伤状态的参数,如式(2-17)所示。

$$L(\theta_1,\theta_2,\theta_3,\theta_4,\beta) = \prod_{i=1}^{N}\prod_{k=0}^{4}[P(E_k)]^{x_k} \quad (2\text{-}17)$$

式中:x_k——当 $\mathrm{IM} = \mathrm{IM}_i$ 时,若事件 E_k 发生,则 $x_k = 1$,否则 $x_k = 0$。

同样需对似然函数取对数以简化计算,再由对数似然函数导数为零求解最大概率的参数,如式(2-18)所示。

$$\frac{\partial \ln[L(\theta_1,\theta_2,\theta_3,\theta_4,\beta)]}{\partial \theta_j} = \frac{\partial \ln[L(\theta_1,\theta_2,\theta_3,\theta_4,\beta)]}{\partial \beta} = 0(j=1,2,3,4) \quad (2\text{-}18)$$

综上所述,基于极大似然估计的易损性分析方法可以根据时程分析的判定结果直接估计已知概率分布形式易损性曲线中的待定参数。此外,该方法的地震波选择不仅要考虑地震动随机性的影响,同时需保证一定的地震波数量用于时程分析。需要说明的是,由于实际中的时程分析次数 N 较大,即使简化后的对数似然函数也无法直接求解最大值的解析解,通常需要采用优化算法求解近似解,例如遗传算法、蚁群算法、和声优化算法和模式搜索算法等。

(2)分析流程

基于极大似然估计的易损性分析方法的关键是构建似然函数,并采用优化算法求解参数的最大概率取值。为获取极大似然估计所需样本,前提步骤还包括地震波选择、结构建模、时程分析和损伤状态定义等。基于极大似然估计的易损性分析方法的主要分析流程如图 2-10 所示。

①地震波选择:同云图法;

②建立有限元模型:同云图法;

③非线性时程分析:同云图法;

④损伤状态与损伤指标定义:同云图法;

⑤建立完好-损伤二元向量:将待分析构件时程响应结果和不同损伤状态下的损伤指标结果相比较,形成构件在不同损伤状态下的完好-损伤二元向量;

⑥建立与求解含参似然函数:基于待分析构件完好-损伤二元向量与式(2-16)所示各事件发生概率关系,建立各损伤事件的联合概率函数,即式(2-17),后采用如遗传算法、蚁群算法、和声优化算法和模式搜索算法等优化算法求解联合概率函数对 θ 和 β 偏导零点近似解,得到不同损伤状态下 θ_1、θ_2、θ_3、θ_4 和 β 的最大概率取值;

⑦构件易损性曲线:将计算结果 θ_1、θ_2、θ_3、θ_4 和 β 代入式(2-1),建立待分析构件在不同损伤状态下的易损性曲线;

⑧系统易损性曲线:同云图法。

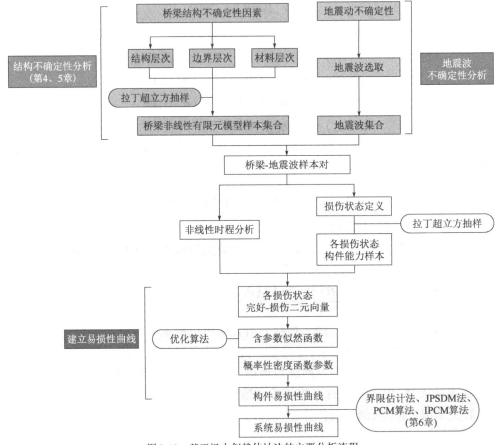

图 2-10 基于极大似然估计法的主要分析流程
注:JPSDM、PCM 及 IPCM 意义同图 2-4。

2.1.2 非参数化方法

上一小节中提到的参数化方法的前提假设是构件的地震易损性函数满足对数正态分布。极大似然估计法直接采用最大概率法估计易损性曲线中的待定参数。云图法、需求能力比法和缩放法的分析结果受 PSDM 预测精度的影响,传统 PSDM 均是关于地震动强度的单变量模型,但实际上影响结构地震需求的变量还包括材料特性相关的、构件能力相关的随机变量等,因此基于单变量 PSDM 的预测精度会受限于模型本身。

非参数化方法无须提前假定地震易损性曲线的形状,有利于提高地震易损性分析的精度和避免模型误差。常用的方法包括条件蒙特卡罗模拟、核密度估计法以及机器学习法等。其中,机器学习法可以对相关变量和地震响应之间的高维非线性关系进行有效量化,从而建立多维 PSDM,提高结构地震响应的预测精度和易损性计算效率。下面将重点介绍基于机器学习的地震易损性分析方法及其采用的机器学习法。

2.1.2.1 基于机器学习的易损性分析流程

采用基于机器学习的易损性分析方法可以使用前文中的任何地震动输入模型,即云图法和缩放法中的任何一种。一方面,机器学习法适用于庞大数据的挖掘和模型建立,可利用合适的算法建立多维概率性地震需求模型(PSDM),以考虑各不确定性因素对结构地震响应的影响,而提高对时程分析数据的利用率和 PSDM 的预测精度。另一方面,考虑多种不确定性因素影响时,构件在地震动作用下是否出现损伤可以视作多元变量相关的二分类问题,此时可采用 Logistic 回归分类算法拟合分类函数并建立参数化的易损性函数,这避免了假设"易损性函数服从对数正态分布"的模型误差。针对适用的场景不同,本书主要介绍以下两种基于机器学习构建桥梁地震易损性函数的常规方法。

(1) 机器学习-Logistic 回归积分法易损性函数

基于机器学习-Logistic 回归积分法构建易损性函数的关键步骤是建立多维 PSDM 和采用 Logistic 回归分类算法建立易损性函数,其余主要步骤还包括地震波和桥梁建模不确定性、拉丁超立方抽样、非线性时程分析、损伤状态及损伤指标的定义等,分析流程如图 2-11 所示。

具体流程:

①地震波选择:基于 2.3.1 节地震波的选取原则,从地震动峰值、地震动频谱特性、地震动持时和地震波数量四个维度选择合适的地震波,形成地震波库,以考虑地震波的不确定性。

②建立有限元模型:选择合适的单元和材料类型,建立反映结构动力特性的有限元分析模型。当采用 OpenSees 建立桥梁结构非线性有限元分析模型时,可参考第 3 章内容进行建模;基于机器学习法建立易损性曲线应考虑结构建模过程中各类不确定性因素,具体可参考第 4.2 节内容来考虑结构、边界、材料三个层次的不确定性因素,并基于 4.5.2 节内容采用拉丁超立方抽样考虑不确定性的传递,抽取与地震波数量相同的桥梁非线性有限元模型样本,后与所选地震波随机组合形成桥梁-地震波样本对。

③选择随机变量:建立多维 PSDM 的前提是选择可影响结构动力响应的随机变量,通常选择的变量包括地震动强度指标和结构不确定性变量,多维随机变量可表示为 $x = [\text{IM}, p_1, p_2, \cdots, p_n]$,IM 和 p 分别表示地震动强度和结构尺寸、材料等随机变量。

④非线性时程分析:开展大量非线性时程分析,根据桥梁类型,获得待分析构件在不同地震波激励作用下的动力响应结果 S_d,如连续梁桥应重点考虑桥墩、支座等构件的动力响应结果。

⑤损伤状态与损伤指标定义:基于 2.4 节内容,定义待分析构件不同损伤程度下的损伤状态,根据相关试验或研究结果确定损伤指标均值 S_c、对数均值 λ_c 和标准差 β_c。

⑥建立多维 PSDM:以步骤④时程分析结果 EDP 为目标变量、以步骤③多维随机变量 x 为输入特征,基于 MATLAB、Python 等平台采用机器学习法建立 EDP 和 x 的函数关系(多维 PSDM)。

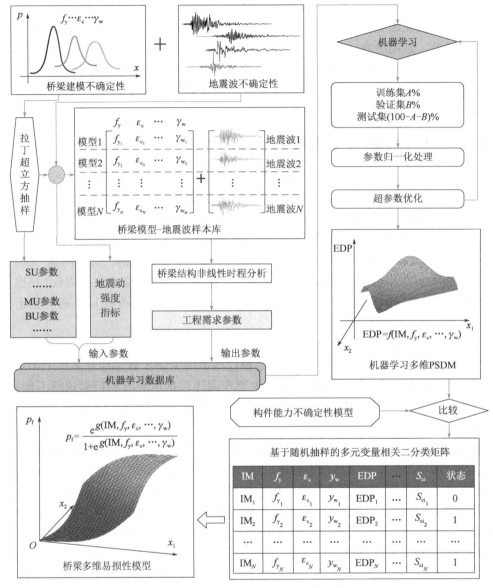

图 2-11 基于机器学习的 Logistic 回归易损性分析流程

⑦获取构件完好-损伤二元向量。

a. 根据多维随机变量 x 各变量的概率分布,随机抽样获取 N 个向量 X;

b. 将 N 个向量 X 输入步骤⑥建立的多维 PSDM 中获取 N 组动力响应预测值;

c. 根据构件抗震能力的概率分布,随机抽样获取 N 组构件抗震能力样本;

d. 对比抗震能力样本和动力响应预测值获取构件完好-损伤二元向量。

⑧采用 Logistic 回归分类算法建立构件与系统易损性函数。

a. 以步骤⑦构件的完好-损伤二元向量为目标变量、以步骤⑦抽样得到的 N 个向量 X 为输入特征,采用 Logistic 回归分类算法估计各构件在不同损伤状态下的逻辑回归系数,以建立各构件参数化的多维易损性函数,如式(2-19)所示;

b. 获得构件参数化的多维易损性函数后，基于单参数的构件易损性函数可表示为其余变量的多重积分形式，例如，构件关于单参数 IM 的地震易损性函数可按式(2-20)计算；

c. 假设系统破坏模式为串联体系模型，即当任意单个或多个构件损伤时，系统认为发生损伤。因此可根据构件完好-损伤二元向量获取系统完好-损伤二元向量。类似地，采用 Logistic 回归分类算法估计桥梁系统在不同损伤状态下的逻辑回归系数，以建立桥梁系统参数化的多维易损性函数或基于单参数 IM 的地震易损性曲线，分别如式(2-21)和式(2-22)所示。

$$\mathrm{PF}_{\mathrm{com}|\mathrm{IM}, x_1, \cdots, x_n} = \frac{\mathrm{e}^{w^{\mathrm{T}} x + \theta}}{1 + \mathrm{e}^{w^{\mathrm{T}} x + \theta}} \tag{2-19}$$

$$\mathrm{PF}_{\mathrm{com}|\mathrm{IM}} = \iint \frac{\mathrm{e}^{\theta_0 + \theta_{\mathrm{IM}} \ln \mathrm{IM} + w'^{\mathrm{T}} x'}}{1 + \mathrm{e}^{\theta_0 + \theta_{\mathrm{IM}} \ln \mathrm{IM} + w'^{\mathrm{T}} x'}} \times f(p_1) \cdots f(p_n) \mathrm{d}p_1 \cdots \mathrm{d}p_n \tag{2-20}$$

式中：$w = [\theta_{\mathrm{IM}}, \theta_{p_1}, \cdots, \theta_{p_n}]$——线性回归的一次系数向量；

θ——线性回归常数；

θ_{IM}——地震动强度指标 IM 的回归系数；

w' 和 x'——不包含 θ_{IM} 和 IM 的向量；

$f(p_1), \cdots, f(p_n)$——构件各输入参数 $p_1, \cdots, p_n$ 的概率密度函数。

$$\mathrm{PF}_{\mathrm{sys}|\mathrm{IM}, x_1 \cdots, x_n} = \frac{\mathrm{e}^{w_{\mathrm{sys}}^{\mathrm{T}} x + \theta_{\mathrm{sys}}}}{1 + \mathrm{e}^{w_{\mathrm{sys}}^{\mathrm{T}} x + \theta_{\mathrm{sys}}}} \tag{2-21}$$

$$\mathrm{PF}_{\mathrm{sys}|\mathrm{IM}} = \iint \frac{\mathrm{e}^{\theta_{\mathrm{sys},0} + \theta_{\mathrm{sys},\mathrm{IM}}}}{1 + \mathrm{e}^{\theta_{\mathrm{sys},0} + \theta_{\mathrm{sys},\mathrm{IM}} \ln \mathrm{IM} + w_{\mathrm{sys}}'^{\mathrm{T}} x'}} \times f(p_1) \cdots f(p_n) \mathrm{d}p_1 \cdots \mathrm{d}p_n \tag{2-22}$$

式中：$w_{\mathrm{sys}} = [\theta_{\mathrm{sys,IM}}, \theta_{\mathrm{sys},p_1}, \cdots, \theta_{\mathrm{sys},p_n}]$——线性回归的一次系数向量；

θ_{sys}——线性回归常数；

$\theta_{\mathrm{sys,IM}}$——地震动强度指标 IM 的回归系数；

w'_{sys} 和 x'——不包含 $\theta_{\mathrm{sys,IM}}$ 和 IM 的向量；

$f(p_1), \cdots, f(p_n)$——构件各输入参数 $p_1, \cdots, p_n$ 的概率密度函数。

需要指出的是，对于某个指定或特定的桥梁结构[例如，参数$(p_1, \cdots, p_n)$为一组固定值]，可以直接用式(2-19)和式(2-21)建立相应的地震易损性曲线；对于已知参数$(p_1, \cdots, p_n)$统计分布特征的桥梁，可以利用式(2-20)和式(2-22)来建立相应的多维地震易损性模型，以此来考虑各种不确定性的影响，同时还可以量化各种不确定性的影响。

(2) 机器学习-直接统计法易损性函数

前一种方法的特点是，可以直接通过机器学习法先建立多维易损性函数，再通过 Logistic 回归分类算法以及积分运算，构建以 IM 为自变量的地震易损性曲线，相当于在地震需求分析和地震易损性分析两个阶段都用到了机器学习法。实际上，得到机器学习多维 PSDM 以后，也可以通过直接统计法快速地建立地震易损性曲线。具体分析流程如图 2-12 所示。

具体流程如下：

①~⑥：同前，得到多维 PSDM。

⑦ 形成桥梁参数输入样本：考虑不同桥梁建模参数的不确定性概率分布特征，通过拉丁超立方抽样建立 N 组桥梁参数样本。

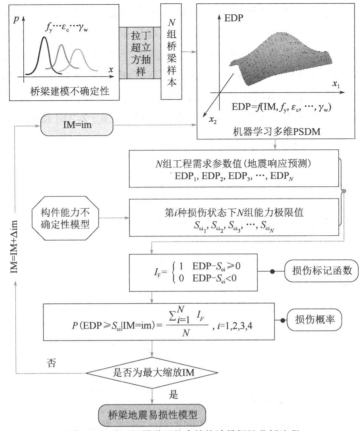

图 2-12 基于机器学习的直接统计易损性分析流程

注：im_0 为初始 IM；Δim 为 IM 增量；$i=1,2,3,4$ 为不同损伤状态。

⑧预测 IM = im 时的地震响应：选取地震动强度指标 IM，确定 IM 的取值（例如，初始值为较小的 im_0），保持 IM 为固定值，与步骤⑦中的 N 组桥梁样本组合形成桥梁-地震动样本对，输入机器学习多维 PSDM 中计算得到 N 组工程需求参数 [**EDP** = (EDP_1，EDP_2，EDP_3 …，EDP_N)]，即地震响应预测。

⑨计算 IM = im 时的失效概率：采用考虑构件能力的不确定性，采用蒙特卡罗模拟随机生成每种损伤状态下的 N 组能力极限值 [$\mathbf{S}_{ci} = (S_{ci_1}, S_{ci_2}, S_{ci_3} \cdots, S_{ci_N})$，其中，$i=1,2,3,4$，分别表示轻微、中等、严重和完全损伤状态]。将 EDP 与 S_{ci} 进行比较并采用以下的指标函数计算失效次数：

$$I_F = \begin{cases} 1 & EDP - S_{ci} \geq 0 \\ 0 & EDP - S_{ci} < 0 \end{cases} \tag{2-23}$$

采用指标函数进行统计分析后，即可计算不同损伤状态下失效概率：

$$P(EDP \geq S_{ci} | IM = im) = \frac{\sum_{i=1}^{N} I_F}{N} \tag{2-24}$$

⑩构件地震易损性曲线：不断增加 IM 的取值，重复步骤⑧、⑨的过程得到不同 IM 条件下的失效概率点，将失效概率点连线就可得到构件的地震易损性曲线。同理，如果要建立桥梁的系统地震易损性曲线，只需在上述步骤⑨中采用桥梁系统失效的指标函数即可，具体方法可参见本书第 6 章的内容。

2.1.2.2 机器学习算法

由上述分析流程可知,基于机器学习的易损性分析方法的关键步骤是建立多维 PSDM 和非参数化的多维易损性函数。其中,建立多维 PSDM 的机器学习法较多,如人工神经网络、支持向量机、随机森林、决策树、k 近邻算法、Lasso 回归及岭回归(Ridge 回归)等算法,而非参数化的多维易损性函数分析一般使用各种 Logistic 回归分类算法进行参数估计,因此,本节将分别介绍建立多维 PSDM 的人工神经网络算法及建立多维易损性函数的 Logistic 回归分类算法的原理。

(1)人工神经网络算法

人工神经网络算法(Artificial Neural Network,ANN)是一种模拟动物神经网络行为特征的分布式并行信息处理算法,该算法依靠网络的复杂程度以及内部神经元节点相互连接关系的调节来处理庞杂数据间的关系。按照神经网络的结构模式,人工神经网络算法包括前馈、反馈、自组织和对抗神经网络等,其过程示意图如图 2-13 所示。

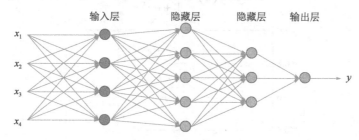

图 2-13 人工神经网络示意图

在前馈神经网络中,每个神经元节点以上层节点的输出作为输入,通过线性变换和激活函数得到该节点的输出,并作为下一层节点的输入,每层节点的输入值和输出值分别按式(2-25)、式(2-26)计算。确定隐藏层层数、每层的节点数和激活函数后则明确了神经网络从输入层到输出层的表达式,再通过梯度下降法等优化算法求解神经网络损失函数最小值则可获得表达式中的待定参数。

$$\text{node}_i^j = w_i^j \times \text{node}_i^{j-1} + b_i^j \tag{2-25}$$

$$\text{nodeout}_i^j = f_i^j(\text{node}_i^j) \tag{2-26}$$

式中:node_i^j 和 node_i^{j-1}——分别为第 j 层和第 $j-1$ 层的第 i 个节点的输入值;

nodeout_i^j——第 j 层的第 i 个节点的输出值;

w_i^j 和 b_i^j——第 $j-1$ 层到第 j 层的第 i 个节点线性回归参数;

f_i^j——第 j 层的第 i 个节点的激活函数,常见的激活函数包括 Logistic、Tanh 和 ReLU 函数等。

(2)Logistic 回归分类算法

考虑各类不确定性因素影响,构件在地震作用下的损伤状态仅包括完好和破坏两种状态,因此构件的易损性分析从数学角度看也属于二元分类问题。为处理多维变量相关的分类问题,机器学习领域通常采用 Logistic 回归分类算法建立多元线性分类模型。为实现分类,Logistic 回归分类算法采用线性函数作为判别函数 $f(x,w)$ 以考虑各变量对分类结果的影响,再

通过激活函数 $g(h)$ 将判别函数结果转化为类别标签。

$$f(\boldsymbol{x},\boldsymbol{w}) = \boldsymbol{w}^\mathrm{T}\boldsymbol{x} \tag{2-27}$$

$$g[f(\boldsymbol{x},\boldsymbol{w})] = \begin{cases} 1 & f(\boldsymbol{x},\boldsymbol{w}) > 0 \\ 0 & f(\boldsymbol{x},\boldsymbol{w}) < 0 \end{cases} \tag{2-28}$$

Logistic 回归分类算法的通用模式如式(2-27)和式(2-28)所示。式(2-28)的激活函数 $g(h)$ 不可求导,因此无法构建损失函数,也就不能采用数值法或梯度法求解未知参数 $\boldsymbol{w}$ 的最优解。为建立可求导的激活函数,目前通常将分类问题看作条件概率估计问题,采用连续函数 $g(h)$ 来预测类别的条件概率 $p(y=c|x)$,该条件概率表示给定 x 下 y 类别为 c 的概率。为计算条件概率,激活函数需要把线性函数 $f(\boldsymbol{x},\boldsymbol{w})$ 的值域从实数区间"挤压"到 $(0,1)$ 之间。Logistic 回归分类算法的激活函数为式(2-29)所示的 Logistic 函数,该函数的分布形式如图 2-14 所示。由图可知,Logistic 函数在正无穷时趋近 1,在负无穷时趋近 0;并且函数处处可导,在远离坐标原点后快速收敛。

$$y(x) = \frac{1}{1+\mathrm{e}^{-x}} \tag{2-29}$$

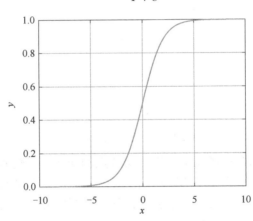

图 2-14　Logistic 函数

采用 Logistic 函数作为激活函数后,二分类问题类别 0、1 的条件概率可分别按式(2-30)、式(2-31)计算。因为二分类问题只需求解任一类别的条件概率即可确定判别函数的未知参数 $\boldsymbol{w}$,本书选择类别 1 的条件概率 $p_\theta(y=1|x)$ 为模型的预测概率:

$$p_\theta(y=1|x) = \sigma(\boldsymbol{w}^\mathrm{T}\boldsymbol{x}) = \frac{1}{1+\mathrm{e}^{-\boldsymbol{w}^\mathrm{T}\boldsymbol{x}}} \tag{2-30}$$

$$p_\theta(y=0|x) = 1 - p_\theta(y=1|x) = \frac{\mathrm{e}^{-\boldsymbol{w}^\mathrm{T}\boldsymbol{x}}}{1+\mathrm{e}^{-\boldsymbol{w}^\mathrm{T}\boldsymbol{x}}} \tag{2-31}$$

设 $p_\mathrm{r}(y|x)$ 表示二分类的真实条件概率,则任意样本 (x_i,y_i) 的真实条件概率为

$$p_\mathrm{r}(y=0|x_i) = 1 - y_i \tag{2-32}$$

为最小化预测条件概率 $p_\theta(y|x)$ 与真实条件概率 $p_\mathrm{r}(y|x)$ 的差异,基于两个条件分布的交叉熵构建 Logistic 回归的损失函数 $J(\boldsymbol{w})$,损失函数最小值对应的参数 $\boldsymbol{w}$ 则为最优参数,通常采用梯度法或最大似然估计法求解。

$$J(\boldsymbol{w}) = -\frac{1}{N}\sum_{n=1}^{N}\left[y^{(n)}\ln(\widehat{y}^{(n)}) + (1-y)^{(n)}\ln(1-\widehat{y}^{(n)})\right] \tag{2-33}$$

2.1.3 不同易损性函数构建方法对比分析

基于前文所述,本节将从动力分析策略、PSDM 模型的建立和参数估计三个方面探讨云图法、需求能力比法、缩放法、极大似然估计法和机器学习法的异同,对比结果如表 2-1 所示。

不同易损性函数建立方法对比 表 2-1

类型	分析方法	动力分析策略	PSDM 模型建立	参数估计（或构建易损性曲线）
参数化	云图法	通过建立充分的地震波输入数据库,随机匹配地震波进行时程分析,以考虑地震的不确定性	对数线性拟合 IM 与 S_d,得到 λ_d 和 β_d	假定地震需求、抗震能力和易损性函数均符合对数正态分布,将失效超越概率的计算转化为可靠度指标的求解,其中,动力响应相关参数基于 PSDM 回归的结果,抗震能力相关参数基于试验和统计结果
参数化	需求能力比法	同云图法	对数二次拟合 IM 与 S_d/S_c,得到 $\lambda_{d/c}$ 和 $\sigma_{d/c}$	类似云图法,但直接对构件不同损伤状态易损性函数的相关参数进行回归估计
参数化	缩放法	选择 10~20 条地震波,按地震动强度逐级调幅缩放后,分批进行时程分析,以考虑地震的不确定性	计算同一地震动强度下的 λ_d 和 β_d,建立 50% 分位 IDA 曲线	同云图法,但每级 IM 做一个参数估计
参数化	极大似然估计法	同云图法或缩放法	—	假定不同损伤状态下的标准差相同,基于最大概率法直接求解地震易损性函数的概率分布待定参数
非参数化	机器学习-直接统计	同云图法或缩放法	采用机器学习法建立多维 PSDM	对结构地震需求与抗震能力进行大量抽样与对比,直接统计得到不同 IM 对应的失效超越概率点
非参数化	机器学习-Logistic 回归积分	同云图法或缩放法	采用机器学习法建立多维 PSDM	基于多变量相关的构件完好-损伤二元向量,采用 Logistic 回归分类算法拟合相关参数,并建立非参数化表示的多维易损性函数

通过以上对比分析可知:

(1)在动力分析策略方面,云图法无须进行地震动缩放,只需通过充分扩大满足要求的地震波范围来考虑地震动的不确定性;缩放法则采用分级缩放调幅的形式考虑地震动的不确定性，继而在较大和较小地震动强度水平下获取更多的计算样本，有利于提高预测结构在更高设防水准下失效超越概率的精度。

（2）在建立 PSDM 方面，云图法和能力需求比法都是针对全部 IM 来建立 PSDM，但相较于传统云图法而言，需求能力比法建立的对数二次拟合 PSDM 可以较好地反映桥梁结构在大震作用下的非线性响应特点；缩放法可以针对每个等级的 IM 分别建立 PSDM；极大似然估计法无须建立 PSDM；机器学习法不仅能仅以地震动强度指标（IM）为变量建立 PSDM，还能同时考虑材料特性和构件能力等相关的变量因素，从而建立了多维 PSDM，其预测精度、拟合效率和预测误差优于传统的单参数 PSDM。

（3）在参数估计方面，云图法、能力需求比法和缩放法都是通过估计 PSDM 的参数进行易损性计算；极大似然估计法是直接估计地震易损性函数的相关参数，其假定是"不同损伤状态下的对数标准差相同"；基于机器学习的非参数分析方法，无须提前进行易损性模型的参数估计，可以快速直接地构建桥梁结构的一维或多维易损性函数。

（4）参数化方法一般都假设"地震易损性函数服从对数正态分布"，而非参数化方法无须假设易损性函数的具体形式。采用机器学习-直接统计法进行地震易损性分析时只在概率性地震需求分析中用到机器学习算法，而采用机器学习-Logistic 回归积分法进行地震易损性分析时，在地震需求分析和损伤分析中都用到了机器学习算法。

2.2 桥梁结构非线性有限元模型

建立合理的桥梁非线性精细化有限元分析模型（图 2-1 中的第一步）是进行桥梁结构地震易损性分析的前提条件，也是获得结构在地震波激励作用下需求响应的重要手段。由于认识的局限性以及计算手段的不完善，过去的桥梁抗震设计所采用的建模方法偏于简化，且很多对结构动力特性影响很大的因素（边界非线性、材料弹塑性等）都难以得到真实的体现，也就无法计算出足够精确的桥梁地震响应结果。近年来，随着高性能计算技术和有限元分析技术的迅速发展，桥梁结构分析的计算效率和精确性得以大幅提高，继而促进了抗震设计理念和方法的发展，结构精确动力分析也日益被广大工程师所接受。尤其是基于性能的桥梁抗震设计理念被提出以来，多阶段设计多水准设防的理念得到了实际应用和推广，对桥梁整体进行复杂的非线性分析显得越来越重要。

桥梁结构非线性动力分析精细化建模的目的，就是要准确描述结构的几何形状、质量、刚度、构件连接方式、边界非线性条件以及桥梁的实际地震动输入。对桥梁结构而言，上部结构一般由桥面和桥面支撑体系组成，在地震作用下出现塑性的可能性很小，同时震害调查也发现上部结构基本保持弹性，因此在建立桥梁结构精细化有限元模型时，上部结构可用包含刚度、质量分布和截面特性参数的弹性梁单元来模拟。同理，结合能力保护设计原则，承台、基础和盖梁等也可用弹性梁单元模拟。桥墩一般用纤维梁柱单元模拟，其他边界条件可用各种线性或非线性连接单元来模拟。值得注意的是，对桥墩基础的处理，在岩石和软土地区要区别对待，如图 2-15 中 1 号墩和 2 号墩的边界模拟情况。基于 OpenSees 的桥梁精细化有限元建模详见本书第 3 章。

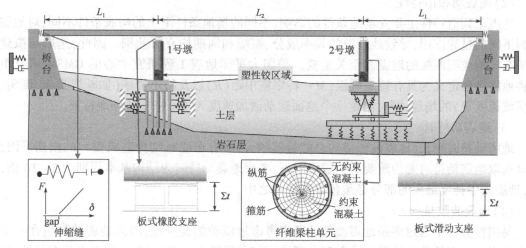

图 2-15 规则梁桥的精细化模型示意图

2.3 地震波选取与地震动强度指标

从地震易损性理论的本质来说,所选地震波应当具有适宜的强度范围,能够包含足够多类型的地震事件,需符合桥位处地震危险性和地震动特性等要求,选取不恰当的地震波会导致分析结果的失真;而地震动强度指标(IM)能将工程场地的地震危险性与工程结构的地震响应有效地联系起来,采用合适的 IM 进行分析能在提高计算效率的同时,保证计算精度和适用性。因此,地震波的选取和合理地震动强度指标的选择(图 2-1 中第二步)是进行桥梁地震易损性分析的重要环节。

2.3.1 地震波的选取

地震波一般可分为人工生成地震波和记录的实际地震波。其中,人工生成地震波一般是利用迭代的方法,通过反应谱和功率谱的关系,利用三角级数或其他方法合成的,生成反应谱与目标反应谱尽可能接近的地震波。然而,由于人工生成地震波总是按照标准或者目标反应谱生成,而标准反应谱主要反映地震波反应谱的平均特征,按此生成的人工地震波缺乏实际地震波的随机性特征,即缺乏变异性。近年来,地震动记录台网不断完善和发展,观测设备不断更新,使得地震数据库越来越丰富,能够满足一般的地震研究要求。

2.3.1.1 地震波选取原则

易损性分析中,地震动的选取和调整是结构非线性时程分析时所需地震动输入的关键。由于实测地震波具有极大的随机性,为了更合理地选取地震波,提高易损性分析的准确性,需明确以下四个方面的原则:地震动峰值、地震动频谱特性、地震动持时和地震波数量。

(1)地震动峰值

地震动峰值是地震危险性水平的直观体现,一般情况下,地震动峰值应根据抗震设计规范要求与计算桥梁的重要性等级、场地特征、设防烈度和结构阻尼等因素相适应。

(2) 地震动频谱特性

地震动频谱特性主要受场地条件的影响,不同的场地条件下土的构成条件不同,对地震波起到不同的过滤作用,导致地震波的频率成分、振幅和周期均有所差别。因此,选取与拟建结构所在场地类型匹配的地震波至关重要。美国太平洋地震工程研究中心的 GMSM 研究组成员将地震场地定义为具有特定震级(M)、特定震中距(R)以及特定描述(如断层类型、倾角、场地横波速度等)的场地,同时给定一个地面运动谱加速度 $A(T_1)$ 来反映场地特征。

(3) 地震动持时

地震动持时越长,地震波传播的总能量就越大,就有可能对结构造成更大的损伤。因此,合理选取地震动持时尤为重要。一般情况下,考虑地震动持时为结构基本周期的 5~10 倍,此外,地震动中强度最大的部分必须包含在持时之中。

(4) 地震波数量

易损性分析中通过多条地震波的计算来考虑地震动的变异性,因此地震波数量在一定程度上会影响易损性分析结果的分布和合理性。如果数量太少,则不能充分考虑其变异性,导致结果不可信;如果选择过多的地震波,则要耗费大量的计算时间,降低效率,也不可取。因此要选取适当数量的地震波,在计算精度和计算效率两个方面达到一种平衡。在既往研究中,云图法、需求能力比法等常选用 80~120 条地震波,以保证地震波的变异性;缩放法等常选用 10~20 条地震波进行不同幅值的缩放。

2.3.1.2 地震波选取流程

美国太平洋地震工程研究中心和加州地质勘察局共同开发了"PEER 下一代地震衰减模型(Next Generation of Ground Motions Attenuation Models, NGA)"。通过该模型,研究人员可以根据场地类型、震级大小、断裂机制、震中距以及地震持续时间等相关情况,来选择结构动力分析所需的地震波库。自 2008 年 PEER 发布第一个面向用户的互交式网络选波平台"NGA-West1 Database"以来,很多学者和相关研究机构都基于该平台选择地震波进行分析和研究。PEER 于 2013 年发布了最新的地震波数据库版本"NGA-West2 Database"(http://ngawest2.berkeley.edu/),该版本补充了自 2003 年到 2011 年全世界范围内发生的重大地震事件的地震波数据,并不断更新世界范围内最新的地震事件。

基于 NGA-West2 Database 的地震波选取流程可分为以下三步:

①确定抗震设计参数:桥梁抗震设防类别、设防烈度、场地类别、特征周期、结构阻尼等;

②确定目标反应谱:基于以上参数,根据抗震设计规范计算需要匹配的目标反应谱,以保证所选地震波的地震动峰值和桥梁的抗震等级及地震危险性相适应,也能在一定程度上反映桥址处的场地特征;

③筛选地震波:在 NGA-West2 Database 中上传目标反应谱,并根据研究内容、研究目的和场地特征等设置辅助控制参数,如记录特征、搜索参数、其他参数等,筛选并下载地震波。

需要说明的是,记录特征用以筛选特点地震事件或测点站台的地震波,主要包含的参数为地震事件、地震波名称、测点名称。搜索参数用以筛选具备特定参数的地震波,主要包含的参数为地震波类型、震级、震中距、土层的等效剪切波速、有效持续时间范围、脉冲效应等。其中,R_{rup} 和 R_{jb} 分别表示到断层平面最短的正交距离和到断层表面投影的最短距离;Pulse 表示控制脉冲效应的开关,在研究近场与远场的地震波时,需要控制地震波的脉冲及震中距;V_{s30}表示30m土层等效剪切波速,用以保证所选取地震波频谱特性与结构工程场地特性相匹配,在我国桥梁工程抗震计算中常以计算深度为20m的土层等效剪切波速V_{s20}来衡量地震波在结构工程场地土层中的传播频谱特性,V_{s30}在510m/s以上、260~510m/s、150~260m/s和150m/s以下的场地分别对应于我国规范的Ⅰ、Ⅱ、Ⅲ、Ⅳ类场地。其他参数主要包含地震波数量、初始缩放因子、谱方向、阻尼比、组合方式、加权计算方式等,其中,地震波数量用以保证地震波的差异性,应根据研究目的选取合适数量的地震波;初始缩放因子用以进行地震波调幅;谱方向用以控制所选地震波的方向与目标反应谱的匹配情况,可选组合的形式或者单向的形式;阻尼比应根据结构的实际阻尼进行输入;加权计算方式通过设置权重来筛选在特定周期下的地震波。

2.3.2 地震动强度指标的合理选择

结构地震易损性曲线的形式通常表示为在一定IM下的结构或构件处于某种损伤状态下的超越概率。由于不同的IM反映的地震波强度特征、频谱特征和持时特征各不相同,采用不同的IM进行分析会导致易损性分析结果存在差异,从而影响分析结果的准确性和适用性,因此,在建立结构地震易损性函数之前,有必要设置合理的评判准则,针对IM与EDP拟合关系(即PSDM)中的特征参数进行评价,以确定合适的地震动强度指标。

2.3.2.1 地震动强度指标分类

综合考虑既往研究中的IM分类方法,共选取了28个常见的IM参数,其定义汇总于表2-2。

选取的28个地震动强度指标的定义　　　　　　　　　　　表2-2

序号	地震动强度指标名称	符号	定义	单位
1	峰值地面加速度	PGA	$PGA = \max\|\ddot{u}_g(t)\|$	cm/s²
2	峰值地面速度	PGV	$PGV = \max\|\dot{u}_g(t)\|$	cm/s
3	峰值地面位移	PGD	$PGD = \max\|u_g(t)\|$	cm
4	谱加速度	SA	$SA(T) = \left(\dfrac{2\pi}{T}\right)^2 SD(T)$	cm/s²
5	谱速度	SV	$SV(T) = \dfrac{2\pi}{T}SD(T)^2$	cm/s
6	谱位移	SD	$SD = \dfrac{1}{\omega}\left\|\int_0^T \dot{u}_g(t)e^{-\xi\omega(t-\tau)}\sin\omega(t-\tau)d\tau\right\|_{\max}$ 其中,$\omega = 2\pi/T$	cm
7	Cordova谱加速度	CSA	$CSA(T,\xi) = SA(T_1,\xi)\left[\dfrac{SA(cT_1,\xi)}{SA(T_1,\xi)}\right]^\alpha$	cm/s²
8	有效峰值加速度	EPA	$EPA = \dfrac{SA_{ave}(T_i,\xi)\|_{0.1}^{T_i=0.5}}{2.5}$	cm/s²
9	有效峰值速度	EPV	$EPV = \dfrac{SV_{ave}(T_i,\xi)\|_{0.8}^{T_i=2.0}}{2.5}$	cm/s

续上表

序号	地震动强度指标名称	符号	定义	单位
10	有效峰值位移	EPD	$\text{EPD} = \dfrac{\text{SD}_{\text{ave}}(T_i,\xi)\big|_{2.5}^{T_i=4.0}}{2.5}$	cm
11	加速度型谱强度	ASI	$\text{ASI} = \int_{0.1}^{0.5} \text{SA}(T,\xi=0.05)\,\mathrm{d}T$	cm/s²
12	速度型谱强度	VSI	$\text{VSI} = \int_{0.7}^{2.0} \text{SV}(T,\xi=0.05)\,\mathrm{d}T$	cm/s
13	位移型谱强度	DSI	$\text{DSI} = \int_{2.5}^{4.0} \text{SD}(T,\xi=0.05)\,\mathrm{d}T$	cm
14	响应谱强度	SI	$\text{SI} = \int_{0.1}^{2.5} \text{SV}(T,\xi=0.05)\,\mathrm{d}T$	cm
15	Arias 强度	I_A	$I_A = \dfrac{\pi}{2g}\int_{0}^{D_f}[\ddot{u}_g(t)]^2\mathrm{d}t$	cm/s
16	强震持续时间	T_D	$T_D = t(0.95\,I_A) - t(0.05\,I_A)$	s
17	均方根加速度	A_{rms}	$A_{\text{rms}} = \sqrt{\dfrac{1}{T_D}\int_{0}^{D_f}[\ddot{u}_g(t)]^2\mathrm{d}t}$	cm/s²
18	均方根速度	V_{rms}	$V_{\text{rms}} = \sqrt{\dfrac{1}{T_D}\int_{0}^{D_f}[\dot{u}_g(t)]^2\mathrm{d}t}$	cm/s
19	均方根位移	D_{rms}	$D_{\text{rms}} = \sqrt{\dfrac{1}{T_D}\int_{0}^{D_f}[u_g(t)]^2\mathrm{d}t}$	cm
20	累积绝对速度	CAV	$\text{CAV} = \int_{0}^{D_f}|\ddot{u}_g(t)|\mathrm{d}t$	cm/s
21	累积绝对位移	CAD	$\text{CAD} = \int_{0}^{D_f}|\dot{u}_g(t)|\mathrm{d}t$	cm
22	累积绝对脉冲	CAI	$\text{CAI} = \int_{0}^{D_f}|u_g(t)|\mathrm{d}t$	cm
23	中周期强度	I_M	$I_M = \text{PGT}(T_D^{0.25})$	cm/s^{0.75}
24	特征强度	I_C	$I_C = A_{\text{rms}}^{1.5} T_D^{0.5}$	cm^{1.5}/s^{2.5}
25	速度强度	I_V	$I_V = \dfrac{1}{\text{PGV}}\int_{0}^{D_f}[\dot{u}_g(t)]^2\mathrm{d}t$	cm
26	位移强度	I_D	$I_D = \dfrac{1}{\text{PGD}}\int_{0}^{D_f}[u_g(t)]^2\mathrm{d}t$	cm
27	频率比1	FR1	FR1 = PGV/PGA	s
28	频率比2	FR2	FR2 = PGD/PGV	s

根据表2-2中各地震动强度指标(IM)的定义,这28个地震动强度指标可分为以下四大类:①振幅型,与输入时程曲线的振动幅值有关,如表中的第1~3个参数;②频谱型,与地震波的频谱特性相关,如表中的第4~14个参数;③持时型,与地震波的持时特性相关,如表中的第15~22个参数;④混合型,与地震波多种特性相关,如表中的第23~28个参数。以上28个地震动强度指标中,除了第4~7个以外,其他参数均与待分析模型的结构形式及动力特性无关。其中,较常使用的地震动强度指标为表中第1~6个参数。

2.3.2.2 地震动强度指标评价

既往的研究中,一些学者基于云图法分析,对数线性回归了 IM 和 S_d,建立了 PSDM 模型,研究了各种 IM 对 PSDM 的预测效果,并提出了很多的评价标准。其中,效率性(Efficiency)、实用性(Practicality)、充分性(Sufficiency)以及可计算性(Computability)是目前用于选取最佳地震动强度指标(Optimum IM)的四个主要标准。

(1) 效率性评价

效率性是用来衡量一个地震动强度指标优越性的最核心指标,它直接反映了在给定地震动强度的激励下结构需求响应的不确定性。从结构工程师的角度来看,一个高效率的地震动强度指标应该能够使结构在指定 IM 情况下的地震响应有足够的可信度。换句话说,在保证相同预测精度或者不确定性的前提下,高效率性的指标能够减小概率性地震需求分析所需地震波数量。在概率性地震需求模型(PSDM)回归表达式确定的情况下,效率性指标可用回归分析的对数标准差来表示,详细的计算表达式如式(2-4)所示。β_d 越小,地震动强度指标的效率性越高,PSDM 模型的不确定性越小。

需要说明的是,本章采用的概率性地震需求模型为 Cornell 等提出的标准 PSDM 形式,具体表示如式(2-3)所示。因此,本章中并不考虑该数学模型本身的误差,即不考虑由模型假定带来的认知不确定性。前文中提到,采用式(2-4)计算对数标准差时,需要假定对数标准差在整个 IM 变化范围内保持不变。既往的研究表明,在地震强度水平较高时该假定不成立,例如,计算结构的倒塌易损性曲线时。然而,由于选用的地震波强度水平不足以导致桥梁倒塌,因此,可以认为采用标准 PSDM 是合理的。此外,为进一步确保标准 PSDM 的合理性,在对参数的"效率性"进行评估之前,应先采用 PSDM 模型的回归决定性系数(R^2)来对回归分析的拟合优度进行评价,R^2 越接近1,表明该参数在使用标准 PSDM 时越合理。如果 R^2 太小,则表明不适合采用标准 PSDM 来评估此地震动强度指标,因此也无须再进行后面的评估。

(2) 实用性评价

实用性是用来衡量结构的工程需求参数(EDP)与地震动强度指标(IM)之间是否存在直接相关性的指标,一般可用标准 PSDM[式(2-3)]中的回归参数 b 来表示。参数 b 值越小,回归直线的斜率就越小,结构的需求对地震动强度指标就越不敏感,IM 的实用性也就越差。极端情况"$b=0$"表明结构地震响应与 IM 大小完全无关。因此,一个好的地震动强度指标应该具有较好的实用性。

如果将地震需求均值的回归模型[式(2-3)]代入式(2-1)中,则有:

$$P[S_d \geqslant S_c | \mathrm{IM}] = \Phi\left(\frac{\ln \mathrm{IM} - \dfrac{\ln S_c - \ln a}{b}}{\dfrac{\beta_d}{b}}\right) \quad (2\text{-}34)$$

式中：IM_m——指定需求水平对应的地震动强度均值，取 $\mathrm{IM}_m = (\ln S_c - \ln a)/b$；

ζ_β——修正的对数标准差，取 $\zeta_\beta = \beta_d/b$。

Padgett 等称 ζ_β 为适用性，该指标将效率性与实用性相结合，也称为适用性评价指标，能综合考虑地震动强度指标的两个基本特性，以在评估过程中提供一个折中的结果。因此，适用性也同样能反映地震波的不确定性，由式（2-34）可知，ζ_β 越小，适用性越小，PSDM 的不确定性就越小。

（3）充分性评价

充分性是用来衡量一个地震动强度指标独立性的重要指标，它反映了地震动强度指标（IM）与地震动信息参数（震级 M 或震中距 R）之间的相关性，一个充分的地震动强度指标在统计意义上应该与地震动信息参数是相互独立的。一个地震动强度指标的充分性决定了全概率理论能否被用于 PEER 提出的基于性能的抗震设计框架。换句话说，只有当所选的地震动强度指标（IM）满足充分性的要求时，PEER 抗震设计框架才能被分解为四个独立的部分进行研究。

在评价一个地震动强度指标的充分性时，首先提取桥梁概率性地震需求分析中地震需求残差 $\varepsilon | \mathrm{IM}$，然后将由残差和地震动信息参数组成的数据点（$\varepsilon | \mathrm{IM}, M$）或（$\varepsilon | \mathrm{IM}, R$）进行线性回归分析。如果地震需求残差与地震动信息参数之间不是相互独立的，则回归分析的 p-value 值会小于给定的显著水平（取 0.05），则有充分的理由拒绝"零假设"，此处的"零假设"为线性回归系数 $b = 0$。因此，回归分析的 p-value 值越大，表示拒绝方差分析"零假设"的概率越大，则地震动强度指标的充分性越强。

（4）可计算性评价

可计算性是用来衡量地震动强度指标（IM）在进行概率性地震危险性分析时工作量大小或实用性的指标。Luco 和 Cornell 的研究指出，如果在评价地震动强度指标时仅考虑效率性和充分性，则最优的 IM 其实就是结构的工程需求参数（EDP）。但如果以 EDP 作为 IM，则在地震危险性分析中需要收集成千上万的地震波来进行非线性动力分析，然而这在实际应用中的实用性较差。目前，可计算性指标主要是为了确保建立的 PSDM 与不同国家或地区概率性地震危险性地图和危险性曲线相容。例如，美国地质勘探局（United States Geological Survey，USGS）已经可以提供美国全境范围内不同地区基于 PGA、PGV、PGD 以及 SA（$T = 0.02\mathrm{s}$ 或 $T = 1\mathrm{s}$ 等）的地震危险性曲线。我国目前只能查询全国范围内不同地区的 PGA 和烈度分布图，而暂时无法查询其他 IM 的分布情况。

综上所述，本书中给出的地震动强度指标评价方法是基于云图法对 IM 和 S_d 进行对数线性回归，从而建立 PSDM 模型，获得关键参数，然后针对关键参数，以效率性、实用性和充分性为标准对不同地震动强度指标进行评估。对于其他易损性分析方法，如缩放法、需求能力比法、极大似然估计法和机器学习法，也可参考该方式对不同地震动强度指标进行评价。

2.4 桥梁损伤状态与损伤指标

选择合适的性能指标是 PBSD 的核心问题(图 2-1 中第四步),在地震易损性分析中,性能指标狭义体现为结构或构件的某一损伤状态,关于这个问题,我国抗震设计规范也并没有较为细致的规定,目前学者们参考较多的是美国灾害损失风险评估软件 HAZUS-MH-MR5 定义的五态准则。

另外,定义了结构或构件的某一损伤状态之后,还需要更为细致地对其进行定量的描述。损伤指标是桥梁使用功能受影响程度和构件某一损伤状态的量化表征,通常是以 EDP 的形式来表示某一损伤状态的上、下限,用以定量地界定结构或构件在地震作用下的损伤情况。

2.4.1 损伤状态

桥梁结构或构件在地震作用下的损伤一般可以划分为无损伤(DS_0)、轻微损伤(DS_1)、中等损伤(DS_2)、严重损伤(DS_3)和完全破坏(DS_4)五个等级。美国 FEMA 最新的灾害损失风险评估软件 HAZUS-MH-MR5 对桥梁结构后四种损伤状态进行了详细的描述,如表 2-3 所示。对不同的损伤状态有了定性的描述以后,还需要进一步量化每一种构件的损伤指标。损伤指标不仅要与工程需求参数(EDP)形式相一致(如延性比、相对位移),还要能反映出对桥梁实际使用功能的影响程度。

MAZUS-MH-MR5 2011 对桥梁四种损伤状态的描述 表 2-3

损伤状态	损伤状态描述
轻微损伤	桥台出现微小的裂缝;桥台处剪力键开裂;铰接缝发生轻微开裂;桥墩或桥台板发生轻微开裂(只需装饰性修复)
中等损伤	桥墩发现中等屈服裂缝或剪切裂缝;桥台位移较大(约5cm);剪力键严重开裂;任何连接构件发生剪切缝或锚固脱落;约束块失效但没发生落梁;摇摆支座失效或搭板发生中等沉降
严重损伤	桥墩开始出现不足以导致倒塌的能力退化(剪切失效);连接构件出现较大的残余变形;搭板发生严重沉降;桥台出现竖向垂直错断;连接处出现严重不均匀沉降;桥台处剪力键失效
完全破坏	桥墩倒塌;连接构件失去承载能力,导致主梁发生落梁;基础失效导致上部结构倾斜

2.4.2 损伤指标

确定某一构件损伤指标的方法一般有三种,一是通过对其受力破坏过程进行理论推导、试验、分析而得到的理论性方法;二是根据损伤状态的定义,对其进行震害统计调查的描述性方法;三是根据专家意见所确定的经验性方法。本节主要介绍桥梁桥墩、支座、挡块、桥台、主梁、斜拉索等关键抗震构件损伤指标确定的理论性方法。

2.4.2.1 桥墩损伤指标

桥墩是钢筋混凝土桥梁最重要的构件之一,在强地震作用下会表现出明显非线性响应的特征。在既往的研究中,通常根据损伤指标的性质将量化钢筋混凝土桥墩地震损伤的指标分为首次超越型指标、累积损伤型指标以及基于两者组合的指标三类。其中,首次超越型指标一般指的是以桥墩地震需求首次超过一定限值来衡量桥墩损伤情况,包括位移(Δ)、截面曲率(ϕ)和其他相对比值指标,如位移延性比($\mu_d = \Delta/\Delta_y$,Δ_y表示桥墩屈服位移)、转角延性比($\mu_\theta = \theta/\theta_y$,$\theta_y$表示桥墩屈服转角)和曲率延性比($\mu_\phi = \phi/\phi_y$,$\phi_y$表示截面屈服曲率)等;累积损伤型指标一般指的是从能量滞回累积的层面衡量桥墩的损伤情况,如累积滞回能量延性比μ_h;组合型指标考虑了变形和累积耗能两个因素的影响,如基于Park-Ang损伤模型的DI指标[式(2-35)]。既往研究中,各类典型的桥墩损伤指标如表2-4所示。

$$DI = \frac{\mu_d + \beta \cdot \mu_h}{\mu_u} \tag{2-35}$$

式中:μ_d、μ_u——位移延性比和极限延性比;
β——循环加载因子,可取为0.15;
μ_h——累积滞回能量延性。

式(2-35)中的极限延性比(μ_u)是指由静力非线性分析得到的最大位移和屈服位移的比值,累积滞回能量延性比(μ_h)是指由动力分析得到的滞回能量与静力分析得到的屈服点的能量之比,这两个值可以通过以往的桥墩试验数据得到。

混凝土桥墩损伤状态的定义　　　　　　　　　　　　表2-4

损伤状态		轻微损伤 (DS_1)	中等损伤 (DS_2)	严重损伤 (DS_3)	完全破坏 (DS_4)	备注
桥梁使用功能描述		完全正常运营	正常运营	生命安全	接近倒塌	文献[30]
地震损伤现象描述		保护层混凝土轻微开裂或纵筋首次屈服	局部开始形成塑性铰,表面有可见裂缝	形成完全塑性铰,出现宽裂缝,混凝土大面积剥落	强度退化,主筋屈服,核心混凝土压碎	文献[31]
损伤指标	Δ	0.007	0.015	0.025	0.05	文献[32]
		0.01*	0.025*	0.05*	0.075*	
	μ_d	1	1.2	1.76	4.76	文献[28]
		1	1.2	1.76	3.0	文献[33]
	DI	0.14	0.4	0.6	1	文献[12]
	μ_θ	1.3	2.6	4.3	8.3	文献[34]
	μ_ϕ	1	2	4	7	文献[35]
	μ_k	1.0	1.58	3.22	6.84	文献[26]
		1.29**	2.1**	3.52**	5.24**	文献[26]

注:*表示经过了抗震设计桥墩的损伤指标;**表示贝叶斯更新之后的损伤指标。

上述定义墩柱损伤指标和损伤状态的方法,都是工程师或研究人员基于以往大量的钢筋混凝土墩柱试验数据,并结合墩柱表现出的基本物理力学现象,采用相应的公式计算得到的,这种方法统称为规范性方法(Prescriptive Approach)。此外,还有一种主观性更强的描述性方法(Descriptive Approach)被用来定义桥墩的损伤指标,例如,通过专家调查、模型试验以及对实际工程中桥墩的无损检测获得大量的数据,采用贝叶斯更新等方法对规范性损伤指标进行修正。这种方法尽管带有更多主观性,但能更好地反映桥梁工程在实际地震中的破坏情况。Nielson 等在研究中均采用了曲率延性比(μ_k)来表示桥墩的损伤指标,但对于不同损伤状态的定义直接基于 Hwang 等的研究成果,并采用下式进行了转换:

$$\mu_k = 1 + \frac{\mu_d - 1}{3\frac{L_p}{L}\left(1 - 0.5\frac{L_p}{L}\right)} \tag{2-36}$$

$$L_p = 0.08L + 9\,d_b \tag{2-37}$$

式中:L——桥墩的高度,m;

L_p——等效塑性铰的长度,m;

d_b——纵钢筋直径,mm。

由上式得到桥墩规范性指标的损伤极限状态以后,再根据 Padgett 和 DesRoches 对于桥梁使用功能与损伤指标之间关系的专家调查统计结果,对由式(2-36)得到的损伤极限状态进行了贝叶斯更新,以获得新的桥墩损伤指标,如表 2-4 所示。以上桥墩损伤指标的定义以及不同损伤状态的损伤极限值,在大量的文献中被用于评估桥梁结构的地震易损性。

需要指出的是,目前在评估桥梁地震易损性的分析和研究中,一般都选择采用表 2-4 中涉及的桥墩损伤指标的定义方法和计算公式,并根据算例桥梁的实际情况,对不同状态的损伤指标进行计算,且由于累积损伤型指标和组合型指标需要计算桥墩在地震中的累积耗能,在实际应用中比较烦琐,因而目前使用最多的是首次超越型指标。

2.4.2.2 支座损伤指标

桥梁支座是支承上部结构主梁的重要构件,在地震作用下承担着传递竖向和水平地震力的作用。支座破坏是历次地震灾害中十分普遍的一种破坏现象。既往不同类型桥梁的地震易损性分析结果均表明,支座在地震作用下的失效超越概率要远远高于桥墩等其他构件的失效超越概率。因此,桥梁易损性分析中要尽量准确地模拟支座的力学特性,并确定支座的损伤指标和极限状态。支座损伤指标的确定同样应该与支座工程需求参数(EDP)保持一致。例如,Hwang 等在研究中以支座剪力作 EDP,其定义的支座损伤指标即为剪力。然而在实际工程应用中,相对变形更能体现支座在地震作用下的力学性能,因此,尽管桥梁支座的种类有很多,其受力特性也非完全一致,但目前多采用相对变形或位移来表示支座的损伤指标,另外也有一些研究中采用剪切应变和位移延性比来表示。本书统计了既往研究中常用的支座损伤状态的定义和极限状态的取值,如表 2-5 所示。

不同类型支座损伤状态的定义和极限状态的取值　　表 2-5

支座类型	损伤指标	轻微损伤(DS_1)	中等损伤(DS_2)	严重损伤(DS_3)	完全破坏(DS_4)	备注
固定型钢支座	位移(mm)	6(6)	20(6)	40(40)	187(187)	文献[26]
活动型钢支座	位移(mm)	37(6)	104(20)	136(40)	187(187)	文献[26]

续上表

支座类型	损伤指标	轻微损伤（DS_1）	中等损伤（DS_2）	严重损伤（DS_3）	完全破坏（DS_4）	备注
摇摆型钢支座	位移(mm)	379(6)	104(20)	136(40)	187(187)	文献[26]
橡胶支座	位移(mm)	29(29)	104(91)	136(142)	187(195)	文献[26]
橡胶支座	剪切应变	100%	150%	200%	250%	文献[22]
橡胶支座	剪切应变	100%	150%	200%	350%	文献[36]
橡胶支座	剪切应变	100%	150%	200%	300%	文献[37]
摇摆型钢支座	位移(mm)	—	—	—	153(102)	文献[21]
橡胶支座	延性比	1	1.5	2	2.5	文献[38]
聚四氟滑板支座	位移(mm)	90	150	200	300	文献[38]

注：表中括号内数值表示横向损伤指标，无括号表示只有纵向或纵、横向损伤指标相同。

由表 2-5 可知，除了 Nielson 等的研究采用位移来定义橡胶支座的损伤以外，其他多以剪切应变作为损伤指标。然而，根据我国以往和当前桥梁支座设计的实际情况，这两类支座的主要不同在于：板式橡胶支座是直接搁置在主梁和盖梁之间的，其在地震作用下可能发生滑动；铅芯橡胶支座上下表面与梁底和墩顶之间是完全锚固的，支座只能以其强大的剪切变形能力来适应强烈地震。因此，铅芯橡胶支座的损伤指标仍采用剪切应变来表示。但是对于板式橡胶支座而言，当其承担的水平力大于临界摩擦力以后，支座会产生滑动效应，橡胶材料不会再发生进一步的剪切变形，本书用延性比作为板式橡胶支座的损伤指标。

我国《公路桥梁抗震设计规范》(JTG/T 2231-01—2020)中规定橡胶支座在 E1 地震作用下产生的剪切应变小于 100%；在 E2 地震作用下产生的剪切应变小于 250%。这与表 2-5 中橡胶支座损伤状态定义其实是一致的。在表 2-5 中，不同学者对于橡胶支座前三种损伤状态的定义基本保持一致，即剪切应变分别为 100%、150% 以及 200%，然而，对于完全破坏状态的定义则不尽相同，这是由于在定义完全破坏时需要考虑可能发生的落梁情况。实际上，表 2-5 中的前三种状态对应的桥梁使用功能与表 2-4 中是一致的，即轻微损伤、中等损伤和严重损伤都会在某种程度上影响桥梁结构的使用功能，都属于桥梁局部损伤的范畴，而完全破坏状态会导致桥梁发生整体的倒塌，属于整体破坏的范畴。因此，在定义支座完全破坏极限状态时，如果不考虑支座破坏会导致桥梁倒塌，则可以直接根据支座的性能来定义，如果考虑了支座破坏会导致桥梁倒塌，则需要同时考虑搭板长度才能定义。

2.4.2.3 挡块损伤指标

为了限制主梁横向位移，梁式桥通常会在桥墩盖梁及桥台设置常规混凝土挡块，其力-位移关系可由考虑刚度退化的三折线简化滞回模型进行表示，如图 2-16 所示。根据徐略勤等人的研究成果，可选择挡块顶部变形 Δ_s 作为损伤指标，定义以下损伤状态：当 $\Delta_s < \Delta_1$ 时，挡块基本处于线弹性工作状态范围；当 $\Delta_1 < \Delta_s < \Delta_2$ 时，挡块形成主裂缝，钢筋发生屈服，此阶段定义为轻微损伤；当 $\Delta_2 < \Delta_s < \Delta_3$ 时，主裂缝开始贯通，混凝土发生剥落，此阶段定义为中等损伤；当 $\Delta_3 < \Delta_s < \Delta_4$ 时，裂缝宽度快速增大，混凝土大面积剥落，此阶段定义为严重损伤；当 $\Delta_s > \Delta_4$ 时，钢筋断裂，挡块严重变形，甚至脱落，此阶段定义为完全损伤。

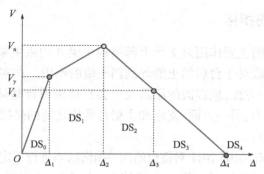

图 2-16 挡块损伤状态定义

其中各阶段的变形按下式计算：

$$V_n = V_c + V_s \tag{2-38}$$

$$V_c = 0.2\sqrt{f_c}\,bh \tag{2-39}$$

$$V_s = \left[A_{s1}f_{y1} + \frac{1}{2}A_{s2}f_{y2} + A_{ss}f_{ss}\left(\frac{w-s}{s}\right)\right]\frac{w}{w+a} \tag{2-40}$$

$$V_y = V_s + \frac{\Delta_1}{\Delta_2}V_c \tag{2-41}$$

$$\Delta_1 = \frac{\varepsilon_y(L_d + a)}{2w}(h+w) \tag{2-42}$$

$$\Delta_2 = \frac{\delta_{cr}^n}{2w}(h+w) \tag{2-43}$$

$$\Delta_3 = \frac{\delta_{cr}^d}{2w}(h+w) \tag{2-44}$$

$$\Delta_4 = \frac{\varepsilon_u(L_d + a)}{2w}(h+w) \tag{2-45}$$

式中：V_n、V_c、V_s——挡块名义强度、混凝土贡献强度和钢筋贡献强度，kN；

V_y——挡块屈服强度，kN；

f_c——混凝土抗压强度，MPa；

b、w、h——分别为挡块厚度、宽度和高度，mm；

A_{s1}——盖梁内水平拉筋的总面积，mm²；

f_{y1}——屈服强度，MPa；

A_{s2}——挡块内剪切钢筋总面积，mm²；

f_{y2}——屈服强度，MPa；

A_{ss}——穿过开裂面的单根钢筋的面积，mm²；

f_{ss}——屈服强度，MPa；

s——水平分布钢筋间距，mm；

a——主梁与挡块间的接触点到盖梁顶面的距离，mm；

L_d——钢筋强度的发展长度，mm；

δ_{cr}^n、δ_{cr}^d——分别为挡块变形为Δ_2和Δ_3时的内侧裂缝宽度之和，mm；

ε_y、ε_u——分别为钢筋的屈服应变和极限应变。

2.4.2.4 桥台损伤指标

在桥梁工程中,桥台的主要作用是支承上部结构主梁并约束主梁在强震作用下的水平位移,同时桥台的背墙和翼墙对于台后填土能起到挡土墙的作用。在实际强烈地震作用下,桥台的受力情况十分复杂。一方面,地震波的激励效应会直接由桥台基础以及台后填土传递至桥台,对桥台产生主动土压力;另一方面,支座和主梁与背墙之间的碰撞效应会使桥台发生变形,导致桥台产生被动土压力。

尽管美国的 HAZUS-MH-MR5 2011 对桥台的四种损伤状态进行了定性的描述(表2-3),例如,桥台发生微小的裂缝表示轻微损伤,桥台位移较大(小于5cm)表示中等损伤,桥台出现竖向垂直错断表示严重损伤等。然而,关于如何量化这些损伤指标的研究并不多。郑凯锋等的研究中直接以 5cm 作为中等损伤极限值,而其他三种损伤状态值在此基础上,分别乘 0.5、2.0 和 3.0 的系数。这种定义方法存在一定的主观任意性,可能会与桥梁工程的实际情况不符。Seed 和 Whitman 的研究表明,在地震作用下台后填土所在面与水平面之间的夹角在 35°左右时会发生破坏。Choi 根据这一结论提出桥台的主动变形与填土的沉降有关,并给出了桥台发生主动破坏的四个极限状态分别为 4mm、8mm、25mm 和 50mm,这四个值实际上与主动桥台模型的三个位移量有关,如图2-17所示,模型参数取值如表2-6所示。同时 Choi 还认为桥台被动破坏的极限状态应该是台后填土最大位移量的函数,而这个最大位移量与桥台尺寸以及填土的特征有关。

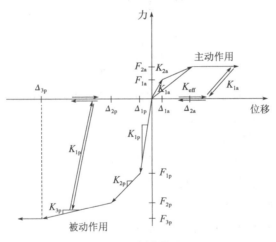

图 2-17 桥台模型

模型参数取值 表 2-6

特性	标识	参数取值
被动土压力		
初始刚度	K_{1p}	340.5kN/mm/单位桥台宽(m) × 实际桥台宽度(m)
顶部位移1	Δ_{1p}/h	0.6%
屈服后刚度1	K_{2p}	0.167 K_{1p}

续上表

特性	标识	参数取值
顶部位移2	Δ_{2p}/h	1.5%
屈服后刚度2	K_{3p}	$0.071 K_{1p}$
顶部位移3	Δ_{3p}/h	6.0%
主动土压力		
有效刚度	K_{eff}	7.0kN/mm/桩(根)×桩数
初始刚度	K_{1a}	$2.333 \times K_{eff}$
顶部位移1	Δ_{1a}	7.62mm
屈服后刚度	K_{2a}	$0.428 \times K_{eff}$
顶部位移2	Δ_{2a}	25.4mm

桥台的损伤状态定义如图 2-18 所示。其中，主动和被动作用下的第一屈服变形的一半定义为轻微损伤状态，第一屈服点定义为中等损伤状态。在主动作用下，极限变形和两倍极限变形分别定义为严重损伤状态和完全损伤状态。在被动作用下，第二屈服点和极限变形分别定义为严重和完全损伤状态。

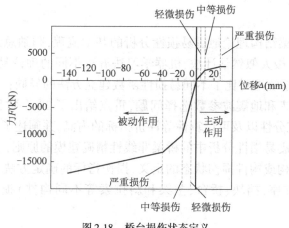

图 2-18 桥台损伤状态定义

2.4.2.5 主梁损伤指标

对于梁式桥而言，主梁的损伤往往可以忽略不计。然而对于斜拉桥，纤细的主梁可能会产生损伤。过去较少有文献对主梁的损伤指标进行定义。事实上，主梁和索塔一样均为压弯构件。因此，可以借鉴索塔损伤指标的定义方法，将曲率延性比作为主梁的损伤指标，并定义三个损伤状态，如图 2-19 所示。

2.4.2.6 斜拉索损伤指标

斜拉索作为斜拉桥特有的传力构件，在地震作用下也可能发生不同程度的损伤。2017 年，胡思聪等人提出采用地震作用下斜拉索轴向应变与恒载作用下斜拉索轴向应变之比作为斜拉索损伤指标,将损伤状态划分为轻微、中等和严重损伤三类。依据《公路桥梁抗震设计规范》(JTG/T 2231-01—2020)中成桥状态斜拉索的轴向应力不应超过极限应力40%的规定,定义应变比为2.5时为严重损伤,此时斜拉索发生屈服,无法正常使用;应变比为2时为轻微损伤,此时索力增加1倍;应变比为2.25时为中等损伤,如图2-20所示。2017年,王景全等人定义地震作用下的轴向应变与斜拉索极限应变之比为损伤指标,将损伤状态划分为轻微、中等、严重和完全破坏四类,每种损伤状态对应的指标值为0.45、0.6、0.75和0.9。

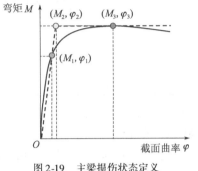

图2-19 主梁损伤状态定义

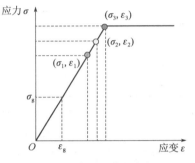

图2-20 斜拉索损伤状态定义

2.5 本章结语

(1)详细阐述了桥梁结构理论地震易损性分析的基本流程,归纳总结了云图法、需求能力比对数回归法、缩放法、极大似然估计法、机器学习法五种不同的理论易损性函数构建方法的基本理论和分析流程,系统地对比了不同易损性函数建立方法的异同;

(2)针对地震动输入和地震波参数选择问题,重点给出了28个常见的地震动强度指标,提出效率性、实用性、充分性以及可计算性等评价指标的内涵,并阐述了地震波的选取原则;

(3)阐述了理论地震易损性分析中的桥梁非线性精确建模的原则;

(4)介绍了桥梁结构或构件损伤状态的定义、损伤指标的确定方法,给出了桥梁工程结构主要构件(包括桥墩、支座、挡块、桥台、主梁和斜拉索等不同构件)损伤指标的定义及计算方法。

3 基于OpenSees的桥梁结构非线性有限元模型

桥梁结构非线性动力分析有限元模型是分析动力响应、建立易损性曲线的关键，选择合适的分析平台非常重要。桥梁结构系统复杂，其动力分析模型需要正确地反映桥梁上部结构、下部结构、支座和地基的刚度分布、质量分布及阻尼特性。地震作用下的结构常处于弹塑性受力阶段，如何准确模拟结构的非线性特性以及高效求解非线性问题都是地震分析的重点。PEER为结构地震响应计算和基于性能抗震设计的研究开发了OpenSees平台，该平台因具有丰富的单元库和材料类型而广泛用于各类结构的抗震分析。本章将介绍OpenSees平台的基本框架和常用模块，总结桥梁非线性建模的方法和在OpenSees中的实现方式，并结合一个算例详细说明OpenSees在桥梁抗震中的实际运用。限于篇幅，各类材料、单元命令流格式及参数说明请查询《OpenSees命令语言手册》，网址如下：https://opensees.berkeley.edu/wiki/index.php/OpenSees_Users_Manual。

3.1 OpenSees 基本框架介绍

地震工程模拟的开放体系（Open System for Earthquake Engineering Simulation，OpenSees），由太平洋地震工程研究中心主导、加州大学伯克利分校为主研发而成，主要用于结构和岩土方面的地震反应模拟。OpenSees 程序总体框架如图 3-1 所示，包括四个主要模块，即建模模块、模型模块、分析模块和记录模块，其中，建模模块和分析模块是桥梁结构非线性动力有限元分析的重点，限于篇幅，本节主要对 OpenSees 的建模模块和分析模块进行详细介绍，而对于记录模块，读者可在《OpenSees 命令语言手册》中检索相应的记录和查看结构地震响应结果的相应命令流和注解，以便学习和应用。

3.1.1 建模模块

模块用于建立初始模型和存储模型信息。建模模块包括有限元建模的常用功能，如定义节点、建立单元、施加边界条件和荷载，如图 3-2 所示。其中，单元是建模模块的核心功能，包含了丰富的材料模型和单元类型，使其具有强大的非线性分析能力和广泛的适用性。本节将依次介绍 OpenSees 提供的材料模型和单元类型。

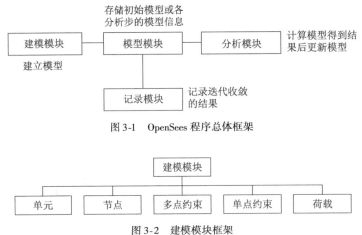

图 3-1　OpenSees 程序总体框架

图 3-2　建模模块框架

3.1.1.1　材料模型

对于工程中常用的混凝土材料和钢筋材料,OpenSees 提供了丰富、应用广泛且模拟效果良好的材料模型。此外,还提供了模拟各种非线性本构的单轴材料模型。本节将依次介绍 OpenSees 的混凝土、钢材和单轴材料模型。

(1)混凝土模型

OpenSees 提供了七种单轴混凝土材料本构模型,研究人员可根据研究目的选择合适的单轴混凝土材料本构模型进行仿真模拟。目前,应用较为广泛的是 Concrete 01 至 Concrete 04 模型,因此本节将对 Concrete 01 至 Concrete 04 模型进行详细介绍,并横向对比其特点与适应范围。

①Concrete 01 模型

Concrete 01 模型不考虑混凝土的受拉性能,其受压骨架曲线采用修正的 Kent-Park 模型,卸载线和再加载线重合为一条直线,该直线连接受压卸载点与残余塑性应变点,如图 3-3 所示。

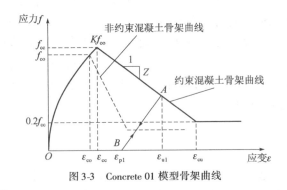

图 3-3　Concrete 01 模型骨架曲线

②Concrete 02 模型

Concrete 02 模型同时考虑了混凝土的受压和受拉性能,其受压骨架曲线与 Concrete 01 模型一致,但 Concrete 02 模型的卸载线和再加载线不是重合的直线,受压卸载线采用的是两段直线,再加载线为直线;而受拉骨架线考虑混凝土的受拉刚化效应和受拉损伤,分为两段直线,在达到受拉峰值应力之前,拉伸弹性模量与压缩弹性模量的取值相同,均为 E_c,超过受拉峰值应力后,混凝土开裂,进入线性下降段,斜率为 E_{ts}。其骨架曲线与滞回规则如图3-4所示。

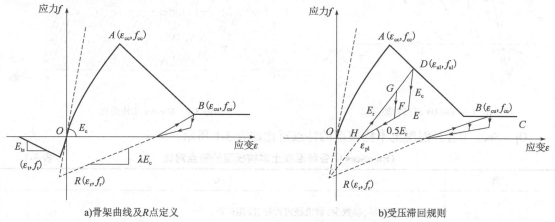

a) 骨架曲线及R点定义　　　　b) 受压滞回规则

图 3-4　Concrete 02 模型骨架曲线与滞回规则

③Concrete 03 模型

Concrete 03 模型的受压骨架曲线与 Concrete 02 模型基本一致,但混凝土受拉开裂后的力学性能在后者的基础上有一定改进,分为按指数函数的曲线下降段和直线下降段,体现了受拉下降段刚度的渐变和受拉下降段的非线性的特点,其受拉骨架曲线如图3-5所示。

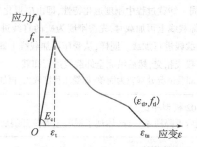

图 3-5　Concrete 03 模型受拉骨架曲线

④Concrete 04 模型

Concrete 04 模型的应力-应变曲线关系最初是基于波波维奇(Popovics)在1973年提出的混凝土模型,其卸载和重加载规则遵循 Karsan-Jirsa 模式,即卸载刚度与再加载刚度取与原点的割线刚度。Concrete 04 材料可同时考虑混凝土受压和受拉性能,其骨架曲线(图3-6)物理意义明确,且参数较少,基于有效约束应力的机理来考虑受约束混凝土的力学性能,应用广泛;Concrete 04模型认为当应变超过极限压应变后,纵筋压屈、箍筋拉断,受压的应力、刚度均变为0。后来 Mander 等人基于前人的研究成果和大量试验数据,在原应力-应变曲线形式上提出了约束混凝土 Mander 本构,其曲线如图3-7所示。对于 OpenSees 中的 Concrete 04 模型,只需定义混凝土弹性模型为 $E_c = 5000\sqrt{f_{co}}$,所得混凝土模型即为 Mander 本构模型。

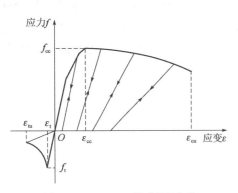

图 3-6 Concrete 04 模型骨架曲线　　　　　　图 3-7 Mander 本构曲线

OpenSees 中各种混凝土本构模型的特点对比如表 3-1 所示。

OpenSees 中各种混凝土本构模型的特点对比　　　　表 3-1

名称	特点
Concrete 01	(1) 模型简单,参数少,数值稳定性好,应用广泛。 (2) 忽略混凝土受拉性能。 (3) 随着卸载压应变的增大,考虑了混凝土加、卸载过程中的刚度退化特性。滞回规则简单,且未体现混凝土加、卸载的非线性行为,也未考虑混凝土在反复荷载作用下损伤引起的刚度退化和同一卸载过程中的刚度退化行为
Concrete 02	与 Concrete 01 模型相比: (1) 考虑了混凝土的受拉力学性能,但未体现受拉下降段非线性特性。 (2) 考虑了同一卸载过程中刚度退化特性,即由 E_c 退化成 $0.5E_c$。 (3) 从受压卸载线上再加载时,先按刚度为 E_c 的直线进行加载,直至回到完全再加载线上,然后按完全再加载线进行加载。同样,从受压再加载线上卸载时,先按刚度为 E_c 的直线进行卸载,直至与完全卸载线相交,然后沿完全卸载线进行卸载。 (4) 部分加、卸载情况处理较为简单,如受压程度较大,再加载刚度仍取为 E_c 不太符合实际情况
Concrete 03	与 Concrete 02 模型相比: 仅受拉开裂后下降段不一样,体现了混凝土受拉开裂后下降段非线性的特点
Concrete 04	与 Concrete 01 模型相比: (1) 受压骨架曲线上升段和下降段采用统一的曲线方程,参数较少,物理意义明确。 (2) 骨架曲线取为 Mander 模型,可以考虑如有效约束面积、箍筋间距等因素对约束混凝土力学性能的影响,较为全面。 (3) 考虑了混凝土受拉力学性能,且考虑了受拉开裂后的刚化效应。 (4) 应用最为广泛

(2) 钢材模型

在 OpenSees 中应用较为广泛的钢材单轴本构模型主要为 Steel 01 和 Steel 02 模型。

① Steel 01 模型

Steel 01 模型的骨架曲线为考虑钢筋硬化效应的双折线,如图 3-8 所示。

② Steel 02 模型

Steel 02 模型基于 Giuffre-Menegotto-Pinto 钢筋滞回本构如图 3-9 所示。该模型同时考虑了等向应变硬化影响和包辛格效应,与钢筋反复加载试验结果具有较高的一致性,且表达形式为显函数,计算效率高。

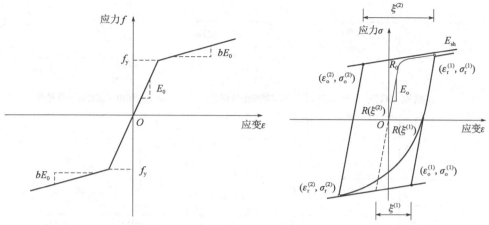

图 3-8 Steel 01 模型骨架曲线　　　　图 3-9 Steel 02 模型滞回本构

OpenSees 中各种钢筋本构模型的特点对比如表 3-2 所示。

OpenSees 中各种钢筋本构模型的特点对比 表 3-2

名称	特点
Steel 01	(1) 以双折线为骨架曲线,卸载和反向加载均按直线进行; (2) 本构模型采用应变显函数表达形式,表达式简单,计算效率高; (3) 能较好地描述反复荷载作用下钢筋屈服和强化的过程,应用广泛
Steel 02	(1) 与 Steel 01 的性质基本类似; (2) 能考虑双向的包辛格效应和等向应变硬化影响; (3) 保持了与钢筋反复加载试验结果非常好的一致性,具有较好的模拟精度

(3) 单轴材料模型

OpenSees 还提供了丰富的单轴材料库,用于模拟桥梁的各类边界条件。常用的单轴材料类型如表 3-3 所示,其本构关系如图 3-10 所示。

常用的单轴材料类型 表 3-3

材料类型	力学模型	应用部位
Elastic Uniaxial Material	理想弹性模型	支座
Elastic-perfectly Plastic Material	理想弹塑性模型	支座
Elastic-perfectly Plastic Gap Material	带间隙的理想弹塑性模型	挡块
Hysteretic Material	滞回模型	挡块、桥台
Hyperbolic Gap Material	带间隙的双曲线模型	桥台
Impact Material	双折线非线性碰撞模型	伸缩缝

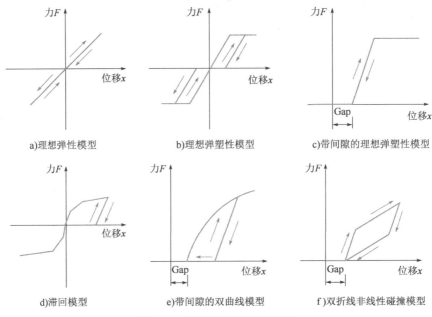

图3-10 单轴材料模型的本构关系

3.1.1.2 单元类型

如前所述,OpenSees得益于其丰富的单元类型和材料类型,非线性分析能力较为出众。在详细介绍了桥梁结构中各类常见的材料类型后,本节将着重介绍常用的单元类型,如弹性梁柱单元、弹塑性梁柱单元、零长度单元和橡胶支座单元。以上单元根据其受力特性的不同,应用于不同的桥梁构件当中。

(1) 弹性梁柱单元

OpenSees提供的弹性梁柱单元包括欧拉梁(Elastic Beam Column Element)和铁木辛柯梁(Elastic Timoshenko Beam Column Element)。欧拉梁只需输入单元的弹性模量、剪切面积和惯性模型即可计算构件的内力;铁木辛柯梁由于考虑了剪切变形,需额外输入剪切模量、抗扭惯性矩和剪切面积。

(2) 弹塑性梁柱单元

OpenSees的非线性功能主要依靠其丰富的材料本构和弹塑性单元。本节简要介绍常见弹塑性单元的理论背景以及OpenSees提供的弹塑性单元类型。

① 弹塑性梁柱单元理论

基于有限元理论的梁柱单元因其适用类型广、分析精度高和计算速度快而广泛用于结构分析。常用的梁柱单元包括基于位移的刚度单元、基于力的柔度单元和纤维截面单元。

a. 基于位移的刚度单元

刚度单元通过节点位移和插值函数得到单元的位移场,使用三次Hermit多项式插值构造横向位移函数,再通过拉格朗日线性插值得到轴向位移函数。其余物理量可根据几何方程或物理方程由节点位移表示。对于高度非线性问题,采用Hermit多项式插值得到的横向位移场不能精确地描述截面的曲率分布。虽然可通过增加单元密度提升整体的计算精度，但这会降低计算效率，且易导致不稳定和收敛问题。因此，刚度单元并不是求解非线性问题的合理选择。

b. 基于力的柔度单元

Mahasuverachai 和 Powell 最早提出了柔度单元，该单元通过节点力和插值函数得到单元的内力分布。因为柔度单元的插值函数是通过平衡方程得到的，因此只要单元的荷载形式不发生变化，无论单元是否进入非线性阶段，都严格满足单元内力分布的平衡条件，适合求解非线性问题。

c. 纤维截面单元

纤维截面单元将构件纵向分成很多的离散段，在每个微段的中点，把横断面划分为平面网格，每个网格中心为数值积分点，网格的纵向微段即可定义为纤维；通过计算每个纤维的内力，并且在横断面内进行数值积分，即可求解每个微段的内力变化过程。

纤维单元在使用时的基本假设：基于几何线性小变形假定；满足平截面假定；一个梁单元被划分为若干个积分段，在每段内，其截面形式以及截面上各个纤维的本构关系保持一致；忽略黏结滑移和剪切滑移影响；扭转是弹性的且与弯矩、轴力不耦合。

如图3-11a)所示，纤维截面单元利用中间横断面代表每一段的特性，然后将横断面划分为纤维网格。图3-11b)为常见桥墩的纤维截面划分结果，其纤维类型包括非约束混凝土、约束混凝土和钢筋，不同纤维类型采用各自的材料本构。

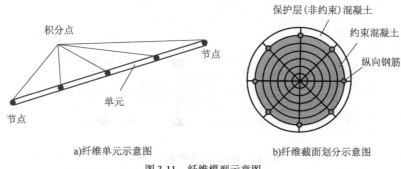

a)纤维单元示意图   b)纤维截面划分示意图

图3-11 纤维模型示意图

②OpenSees的弹塑性梁柱单元

OpenSees的弹塑性梁柱单元包括基于位移的梁柱单元(Displacement-Based Beam-Column Element)、基于力的梁柱单元(Force-Based Beam-Column Element)以及带塑性铰的梁柱单元(Beam with Hinges Element)。

如前所述，基于位移的梁柱单元通过插值函数得到单元位移场，无法较好地反映结构的实际变形，需进行单元网格加密。并且该单元无法进行单元层次的平衡迭代，导致该单元在非线性分析中的计算收敛速度偏慢。

基于力的梁柱单元需要对基于力表示的方程进行迭代求解。该单元在各积分点处的截面力只需通过线性插值得到，在模拟非线性梁柱单元时，效果比前一种要好，而且其计算收敛速度较快，是目前在 OpenSees 中应用最广泛的非线性单元。在最新版的 OpenSees 中，基于力的梁柱单元允许用户对非线性单元各积分点的位置、权重以及积分方法进行定义，有些积分方法还允许对不同积分点赋予不同的截面划分。

带塑性铰的梁柱单元属于前文所提的柔度单元。塑性铰单元只在梁端局部区域内考虑非线性效应,其余部分按弹性阶段进行分析。因塑性铰平衡了非线性问题的计算效率和精度,其广泛用于结构非线性建模。

(3) 零长度单元

零长度单元可反映构件边界的非弹性特性,类似非线性弹簧。该单元可模拟杆件端部的某种恢复力模型,从而拟合单元端部的边界条件。零长度单元可采用单个或多个单轴材料模拟构件端部在各个自由度方向的响应。

(4) 橡胶支座单元

橡胶支座单元[Elastomeric Bearing(Plasticity) Element]常用于模拟各类橡胶支座。橡胶支座单元包括两个节点,单元的长度可定义为零长度或实际支座高度,能模拟二维或三维的支座力学模型。如图3-12所示,橡胶支座单元可直接定义支座的剪切受力特性,然后通过其他单轴材料定义支座在其余方向的力学特性。

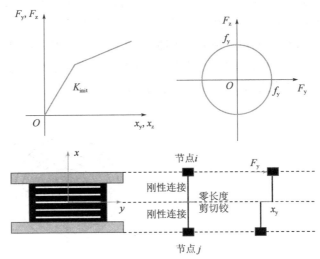

图 3-12 OpenSees 中橡胶支座模型

注:F_y,F_z 分别表示 y,z 方向的力;x_y,x_z 分别表示 y,z 方向的位移。

3.1.2 分析模块

分析模块包含有限元计算常见的数值分析工具,如边界处理、自由度编号、方程处理、收敛控制和迭代算法,如图 3-13 所示。

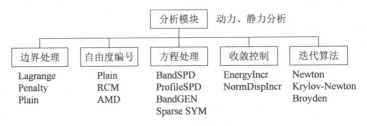

图 3-13 分析模块框架

分析模块的核心是方程处理、收敛控制和迭代算法,即按式(3-1)求解荷载 P 下的结构响应 δ。对于线弹性结构,刚度 K 是常量,可直接求解荷载作用下的结构响应。但在非线性分析中,由于结构刚度 K 随结构变形而变化,式(3-1)的求解称为求解非线性方程组。

$$K\delta = P \tag{3-1}$$

求解非线性方程组的常用方法有增量法和迭代法。增量法将荷载划分为多个增量后逐级加载,认为每级荷载内的结构刚度为常量,最终叠加每级荷载下的效应。迭代法在每次迭代中取某一结构刚度值,计算后所得不平衡力作为下一次迭代的荷载,以计算出附加的位移增量,直到计算结果达到预定精度即终止迭代计算。

OpenSees 提供的求解方法主要为增量迭代法,其结合了增量法和迭代法求解的思路。增量迭代法将施加荷载划分为多级,同时每级荷载的加载过程中又进行迭代计算。软件提供的具体求解方法包括 Newton 迭代、Krylov-Newton 迭代和 Broyden 迭代等。迭代收敛的准则主要有力收敛、位移收敛和能量收敛三类。

3.2 桥梁动力非线性模型

为获取结构地震响应,桥梁模型必须真实地反映结构的动力特性,因此需要尽可能准确地描述桥梁结构的刚度分布、质量分布、阻尼分布和边界连接条件。本节首先介绍桥梁动力模型的类型,然后分别介绍构件模拟方法、边界模拟方法和阻尼模拟方法。

3.2.1 模型类型的选择

根据桥梁结构模型的精细程度,桥梁动力非线性模型可分为集中参数模型、构件模型和有限元模型。集中参数模型将结构的质量、刚度和阻尼集中在少量的节点上。由于该类模型只考虑结构低阶振型的影响,因此适合规则桥梁等以低阶振型为主的桥型。此外,经简化后的模型应能较准确地反映桥梁的动力特性和地震响应特征。构件模型采用相应的力-位移关系来反映各类构件的力学特性,能较好地模拟结构的特性以及地震响应。有限元模型采用实体单元模拟结构的实际几何形状,同时赋予材料本构以反映结构的刚度分布。从集中参数模型、构件模型到有限元模型,桥梁动力模型的精细程度逐渐增加,但计算量也明显增大,如图 3-14 所示。为平衡动力计算的精度和效率,桥梁抗震分析通常采用构件模型。

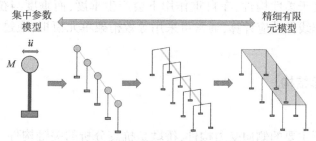

图 3-14 桥梁动力计算模型类型

3.2.2 构件模拟方法

桥梁结构一般分为上部结构和下部结构，本节依次介绍上部结构和下部结构的模拟方法。上部结构包括主梁、主拱圈和拉索等承重构件，下部结构主要包括桥墩（桥塔）、盖梁、系梁、基础、桥台、挡块和伸缩缝等。

3.2.2.1 上部结构

桥梁结构质量大部分集中在上部结构，因此地震惯性力也主要集中在上部结构，而下部结构将承担由支座传递下来的水平惯性力。因此上部结构模拟的关键是正确反映质量分布，主要包括结构自重、横隔板、铺装层和栏杆等恒载。而上部结构的刚度对地震响应的影响有限，即上部结构刚度变化对下部结构内力影响很小，因此上部结构的刚度模拟不必太精确。

（1）主梁

以往的地震灾害资料表明：主梁震害并不多见，一般不会达到极限承载力；此外，按照能力保护构件的设计原则，桥墩应先进入塑性阶段形成塑性铰，以保证其他能力构件的安全。因此主梁一般采用弹性梁单元模拟。

主梁一般采用脊梁模型，即将结构刚度和质量集中于单根纵梁上。脊梁模型因能较好地反映上部结构的刚度和质量分布而广泛用于桥梁抗震分析中。对于斜拉桥，根据主梁截面类型可选择脊梁模型、Π形模型、双主梁模型和三主梁模型。但一般采用脊梁模型，虽然抗扭刚度会存在差异，但对整体地震响应的影响较小。钢-混凝土组合梁一般选用单主梁模型，但需要通过刚度等效原则统一截面材料。若要真实反映组合梁的动力特性，可分别采用梁单元和板单元模拟纵梁和桥面板，在交界面设置零长度单元模拟连接件。

（2）主拱圈

根据能力保护构件原则，在设计地震作用下，拱圈一般处于弹性受力状态，可以按照弹性梁单元来模拟。但在罕遇地震作用下，拱圈的拱桥截面可能会进入塑性状态，因此可在最不利受力位置采用纤维单元模拟。

常见的钢筋混凝土拱圈可采用单梁模型来模拟。钢管混凝土拱肋可采用单梁模型来模拟，即将钢管与混凝土按照刚度等效换算为同一种材料。此外也可采用双单元法建模，钢管和混凝土分别建立单元并通过共节点连接。

（3）拉索

斜拉桥的拉索属于柔性构件，在自重作用下会产生垂度，而垂度与拉索索力呈非线性关系。为简化拉索的非线性效应计算，通常可采用等效桁架单元模拟，通过 Ernst 公式修正拉索的弹性模量。

3.2.2.2 下部结构

（1）桥墩

作为地震作用下主要的侧向受力构件，桥墩是抗震分析的关键构件。当前的抗震设计理念认为应考虑桥墩的塑性变形和耗能能力。因此桥墩模拟需要尽可能反映桥墩的刚度和质量分布。

桥墩一般采用梁单元建模。单元的划分会影响集中质量的分布,从而影响桥墩的振型和惯性力分布,因此桥墩的单元划分应符合桥墩的刚度和质量分布。对于一般混凝土梁桥,桥墩的惯性力主要来自上部结构,桥墩质量影响较小,因此桥墩单元划分可相对简化,但对潜在塑性铰区域应准确模拟。高墩和重力式桥墩由于惯性力的影响和振型特点的需要,应根据实际情况适当加密单元。

如前所述,当前抗震设计中会考虑桥墩的塑性变形能力。模拟桥墩的非线性特性方法包括宏观模型和微观模型。宏观模型采用梁单元模拟桥墩,通过定义构件恢复力模型、塑性铰模型或纤维截面反映桥墩的非线性特性。而微观模型主要建立考虑材料非线性本构的实体单元模型,混凝土采用实体单元模拟,钢筋采用杆单元模拟。显然,宏观模型的建模效率更高,适用于整体结构抗震分析;而微观模型建模复杂、计算效率低,适合局部构件的抗震性能研究。

(2) 盖梁

对于设有多支座的独柱墩或多柱墩梁桥,常在墩顶和主梁之间设置盖梁。盖梁的主要作用是连接上部结构和桥墩,并且使多柱墩的独柱之间形成框架作用,以增强横向的抵抗力。根据我国《公路桥梁抗震设计规范》(JTG/T 2231-01—2020)中提出的能力保护构件设计原则,地震作用下盖梁宜作为能力保护构件进行设计,使其在地震作用下保持弹性状态。因此盖梁在抗震设计中应采用弹性梁单元模型。

(3) 系梁

系梁是桥墩之间的横向连接构件,起到调整桥墩内力分布和提高桥墩稳定性的作用。我国《公路桥梁抗震设计规范》(JTG/T 2231-01—2020)中,系梁与桥墩的连接处被认为是潜在的塑性铰区域,因此一般采用纤维梁单元模拟。

(4) 基础

基础的作用是将桥梁上部结构的惯性力传递给地基,根据地基的变形量可采用不同的建模思路。对于坚硬土层,地基变形很小可忽略,即地基可视为刚体。对于软弱土层,地基将产生较大变形,建模需要考虑地基和结构的相互动力作用。

常见的桥梁基础形式主要有扩大基础和桩基础。扩大基础一般用于坚硬土层中,因此可采用固定边界模拟。而桩基础常用于较软弱土层中,即需要考虑桩-土作用效应。

在中小跨径桥梁中,桩基础可以在承台底用六个自由度的弹簧刚度模拟,以考虑地基和结构的相互作用(图3-15)。而大跨径桥梁常采用集中质量法模拟桩-土作用效应,即将地基和基础体系简化为质量-弹簧-阻尼系统,沿深度方向输入相应土层的地震动(图3-16)。集中质量模型中的弹簧刚度可以采用 m 法和 p-y 曲线法确定,前者只考虑了地基的线性刚度,后者则考虑了地基的非线性特性。m 法和 p-y 曲线法具体见3.2.3.3节。

(5) 桥台

桥台是一种受两岸地基约束并支撑上部结构的系统,不仅能承担由上部结构传来的竖向力和水平力,还会在地震作用下与基础土壤之间发生强烈的相互作用。根据桥台与上部结构之间的连接形式不同,桥台可以分为整体式桥台和座式桥台。典型的座式桥台主要由背墙、翼墙、前挡墙和基础等组成,如图3-17所示。

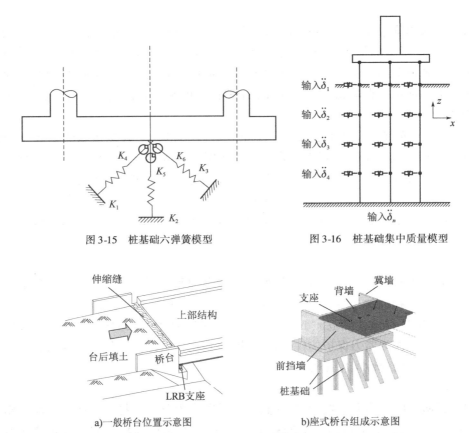

a) 一般桥台位置示意图　　　　b) 座式桥台组成示意图

图3-17　桥台位置及组成示意图

桥台的刚度、承载力以及周围土壤的阻尼对桥台的动力响应均有重要影响,因此在桥梁抗震分析中有必要准确模拟桥台的力-位移关系。许多研究和规范提出了各种桥台力-位移关系模型,本节主要介绍常用的双曲线桥台模型和双曲线力-位移模型。

①双曲线桥台模型

大量桥台试验研究表明,采用双曲线关系来模拟桥台与桥台填土的相互作用更贴合实际。双曲线桥台模型最初由 Duncan 和 Mokwa 提出,并根据试验结果给出了桥台力-位移关系曲线表达式如下:

$$F(y) = \frac{y}{\dfrac{1}{K_{\max}} + R_{\mathrm{f}} \dfrac{y}{F_{\mathrm{ult}}}} \tag{3-2}$$

式中:$K_{\max}$——桥台的初始切线刚度,由桥台几何尺寸以及材料弹性特性确定,kN/m;

F_{ult}——桥台的极限承载力,可由莫尔库仑理论计算,kN;

R_{f}——失效比,表示桥台极限承载力与双曲线的渐近线值之比,如图3-18a)所示,R_{f}为一个经验值,Duncan 和 Mokwa 建议取 $R_{\mathrm{f}} = 0.85$。

②双曲线力-位移模型

在双曲线桥台模型的基础上,Shamsabadi 等提出了新的桥台模型,即双曲线力-位移模型(Hyperbolic Force-Displacement,HFD),如图3-18b)所示。HFD 模型利用平均刚度(K_{ave})来定义双曲线系数。由图 3-18b)可知,平均刚度 K_{ave} 等于 $\frac{1}{2}$ 极限荷载点与坐标原点的割线刚度。y_{ave} 为 $\frac{1}{2}$ 极限荷载对应的桥台变形。HFD 模型满足以下边界条件: a. $F(0)=0$; b. $F(y_{ave})=0.5 F_{ult}$; c. $F(y_{max})=F_{ult}$。满足以上边界条件的双曲线力-位移桥台模型为式(3-3),式中相关参数的意义见图 3-18b)。

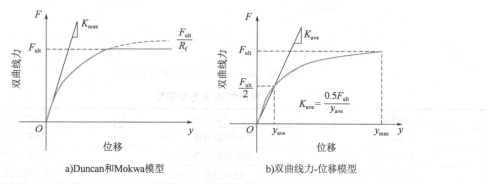

图 3-18 双曲线桥台模型

$$F(y) = \frac{F_{ult}(2K_{ave}y_{max} - F_{ult})y}{F_{ult}y_{max} + 2(K_{ave}y_{max} - F_{ult})} \tag{3-3}$$

式中:K_{ave}——平均刚度,kN/m,取 $K_{ave}=0.5 F_{ult}/y_{ave}$。

对比式(3-3)和式(3-2)可知,由桥台足尺试验的数据(F_{ult}、y_{max} 和 y_{ave}),即可确定双曲线力-位移桥台模型的两个参数:

$$A = \frac{1}{K_{max}} = \frac{y_{max}}{2K_{ave}y_{max} - F_{ult}} \tag{3-4}$$

$$B = \frac{R_f}{F_{ult}} = \frac{2(K_{ave}y_{max} - F_{ult})}{F_{ult}(2K_{ave}y_{max} - F_{ult})} \tag{3-5}$$

可采用表 3-3 中的 Hyperbolic Gap Material 来模拟双曲线台后填土模型。由图 3-18b)可知,HFD 模型只能考虑桥台与台后填土间的相互作用,而只有当主梁向岸边方向移动时才能激发台后填土的被动土压力。但当主梁往远离桥台的方向运动时,桥台又会受到主动水平力的影响。对于桩柱式桥台而言,桩基础在地震激励下产生的抵抗作用不可忽略,Nielson 等建议采用三折线模型来考虑桩基础对桥台水平刚度的贡献。因此可采用表 3-3 中的 Hysteretic Material 来模拟桩基础的贡献。由此桥台在不同方向上的本构可通过串联图 3-19a)和图 3-19b)所示的两种材料本构来反映。

(6)挡块

当梁桥采用板式橡胶支座时,通常会在盖梁和桥台台帽的左右两边设置横向混凝土挡块,以限制主梁在强震作用下的横向位移。挡块在一定程度上约束了主梁在横向上进一步的位移,从而对板式橡胶支座有一定的保护作用。

①挡块的力学模型

表 3-4 列举了既往研究提出的挡块力学模型,其对应的本构关系如图 3-20 所示。目前,最常用的是三折线力学模型,其相应参数含义可参考式(2-38)~式(2-45)。

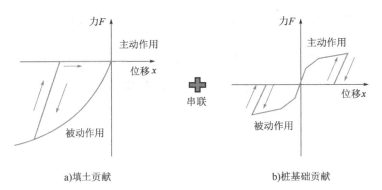

a) 填土贡献　　　　　　　　　b) 桩基础贡献

图 3-19　OpenSees 中的桥台模型的模拟

常用的挡块力学模型　　　　　　　　　　　　　　　表 3-4

提出者	挡块类型	力学模型
Megally 等	普通钢筋混凝土挡块	五折线力学模型
Rakesh 等	普通钢筋混凝土挡块	三折线力学模型
徐略勤等	新型滑移型挡块	简化滞回模型

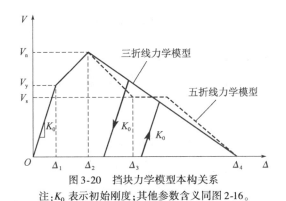

图 3-20　挡块力学模型本构关系

注：K_0 表示初始刚度；其他参数含义同图 2-16。

②挡块模拟

可采用滞回材料（Hysteretic Material）模拟挡块本身的力学模型，挡块与主梁的碰撞行为采用带间隙的理想弹塑性材料（Elastic-Perfectly Plastic Gap Material）模拟，随后将两者通过串联材料连接，共同反映主梁与挡块之间的相互作用。挡块与主梁的连接方式与挡块力学模型的模拟如图 3-21 所示。

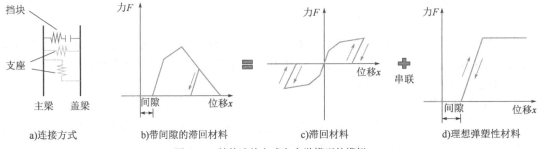

a) 连接方式　　b) 带间隙的滞回材料　　c) 滞回材料　　d) 理想弹塑性材料

图 3-21　挡块连接方式和力学模型的模拟

3.2.3 边界模拟方法

桥梁抗震分析中常考虑的边界非线性包括支座、桥台、挡块和伸缩缝。本节将依次介绍各类非线性边界的建模方法及其在 OpenSees 中的实现。

3.2.3.1 支座

支座是连接桥梁上部结构和下部结构的重要构件，在正常情况下它能将上部结构的恒载有效地传递至下部结构，在地震来临时它还能有效传递上部结构的惯性力。支座的地震破坏往往会直接威胁桥梁结构的安全，因此桥梁结构的地震响应分析中准确模拟支座的力学特性非常重要。桥梁中常采用的支座类型包括板式橡胶支座、聚四氟乙烯滑板支座和铅芯橡胶支座。本节将介绍这三种支座的受力特点和力学模型。

(1) 板式橡胶支座

常用的方形板式橡胶支座(Plate Type Elastomeric Bearing, PTEB)构造示意如图 3-22 所示。既往研究认为板式橡胶支座的水平力-位移滞回曲线呈狭长形，可近似为线性处理。此外，板式橡胶支座由于在接触面未设置螺栓等连接装置，在强震作用下易发生滑动，因此常采用图 3-23 所示的理想弹塑性模型模拟支座的受力特性和滑动特性。板式橡胶支座的恢复力模型按式(3-6)确定，支座所能承担的最大水平力取临界摩擦力，按式(3-8)计算。

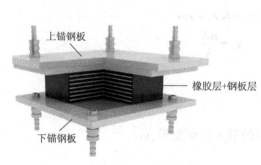
图 3-22 方形板式橡胶支座构造示意

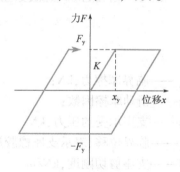
图 3-23 板式橡胶支座恢复力模型

$$F(x) = K \cdot x \tag{3-6}$$

式中：x——上部结构与墩顶的相对位移，m；

K——支座的剪切刚度，kN/m，按式(3-7)计算。

$$K = \frac{G_d A_r}{\sum t} \tag{3-7}$$

式中：G_d——橡胶支座的动剪切模量，kN/m²，一般取 1200kN/m²；

A_r——橡胶支座的剪切面积，m²；

$\sum t$——橡胶层的总厚度，m。

$$F_y = \mu \cdot N \tag{3-8}$$

式中：N——支座承担的竖向压力，kN；

μ——支座表面的摩擦因数，按《公路桥梁抗震设计规范》(JTG/T 2231-01—2020)规定取值。

(2) 聚四氟乙烯滑板支座

聚四氟乙烯滑板橡胶支座(PTEF Sliding Rubber Bearings)除具有普通板式橡胶支座的竖向刚度与弹性变形,还能承受垂直荷载及适应梁端转动。如图3-24所示,该支座把聚四氟乙烯板和不锈钢板作为支座的相对滑动面,从而隔离墩台与梁底,以减小下部结构的地震响应。

聚四氟乙烯滑板支座的剪切刚度可按板式橡胶支座的剪切刚度计算公式确定,也可以根据屈服荷载与滑动位移确定。图3-25是其恢复力模型,图中的临界摩擦力 F_{max} 和临界位移 x_y 分别按式(3-9)和式(3-10)确定。

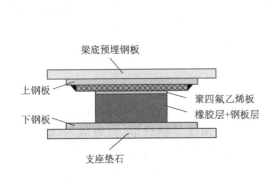

图3-24 聚四氟乙烯滑板橡胶支座示意图　　图3-25 聚四氟乙烯滑板支座恢复力模型

$$F_{max} = K x_y = \mu N \tag{3-9}$$

$$x_y = \frac{\mu N}{K} \tag{3-10}$$

式中:F_{max}——临界摩擦力,kN;
　　　μ——滑动摩擦因数;
　　　N——支座承受的压力,kN;
　　　x_y——临界位移,表示支座橡胶层的最大剪切变形,m;
　　　K——支座剪切刚度,kN/m。

(3) 铅芯橡胶支座

铅芯橡胶支座(Lead Rubber Bearing, LRB)是在普通板式橡胶支座的基础上,在支座中心放入铅芯以改善橡胶支座的阻尼性能的一种抗震橡胶支座。图3-26为典型的铅芯橡胶支座构造示意图,与普通板式橡胶支座相比,铅芯橡胶支座主要有两点不同,一是加入了铅芯,二是上下表面均采用锚固处理。

当该支座的钢板和橡胶把铅芯紧紧地约束住,迫使铅芯发生剪切变形时,铅芯会产生塑性剪切变形,导致支座的滞回曲线改变,从而具有良好的阻尼效果。研究表明,铅芯橡胶支座可采用图3-27所示的恢复力模型模拟,其中,K_e表示支座在弹性阶段剪切刚度,x_y表示屈服位移,K_d表示屈服后段刚度,K_{eff}表示支座等效刚度。

(4) 支座模拟

支座可采用零长度单元(Zero Length Element)模拟。板式橡胶支座材料采用理想弹塑性材料,其本构关系如图3-10所示,支座剪切刚度根据式(3-7)确定。聚四氟乙烯滑板支座材料也采用理想弹塑性材料模拟。

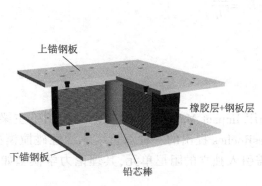 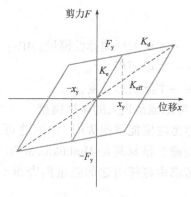

图 3-26　铅芯橡胶支座构造示意图　　图 3-27　铅芯橡胶支座强化恢复力模型

上述三种支座类型也可采用图 3-12 所示的橡胶支座单元模拟。图 3-12 中的初始刚度 K_{init} 分别对应板式橡胶支座的 K（图 3-23）、聚四氟乙烯滑板支座的 K（图 3-25）和铅芯橡胶支座的 K_e（图 3-27）。

3.2.3.2　伸缩缝

在地震作用下桥梁有多个部位会发生碰撞效应，例如：主梁与桥台背墙之间、主梁与主梁之间、主梁与挡块之间。本节主要介绍桥台处的碰撞行为。

桥台处的碰撞主要发生在伸缩缝处，桥梁伸缩缝是一种在桥头能够开启和闭合的连接结构。地震作用下，当伸缩缝合拢时，在桥台背墙和主梁的接触面上就会产生相互作用力，如图 3-28 所示，这个碰撞产生的相互作用是一个十分复杂的冲击过程。

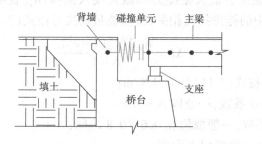

图 3-28　伸缩缝处碰撞示意图

目前模拟桥梁碰撞的方法有经典力学方法和接触单元法。基于能量守恒和动量守恒的经典力学方法可以很好地处理刚体间的碰撞问题，但不适用于持时地震激励下的碰撞问题。接触单元法在主梁和桥台间设置一个接触单元，通过单元的本构来模拟主梁和桥台的碰撞。接触单元法因适用性强而被广泛使用。根据碰撞单元的本构不同，提出了许多碰撞模型，本节主要介绍不考虑能量损失的碰撞模型和考虑能量损失的碰撞模型。

(1) 不考虑能量损失的碰撞模型

当不考虑碰撞能量损失时，伸缩缝可采用基于带间隙的理想弹塑性材料的零长度单元模拟，其本构关系如图 3-10 所示。参考以往研究，主梁与桥台之间的纵向碰撞刚度 K_h 由主梁轴向刚度确定，主梁轴向刚度按式(3-11)计算。

$$K_{\mathrm{h}} = \frac{EA}{L} \tag{3-11}$$

式中：E——主梁的压缩弹性模量，MPa；

A——主梁面积，m^2；

L——主梁的总长度，m。

(2) 考虑能量损失的碰撞模型

当考虑碰撞能量损失时，伸缩缝可采用 Impact Material 来模拟地震作用下主梁与桥台之间的碰撞。该材料是 Muthukumar 和 DesRoches 提出的一种双折线非线性碰撞模型，该模型能够考虑由碰撞引起的能量损失而不需引入独立的阻尼单元，其理论力学模型如图 3-29 所示。

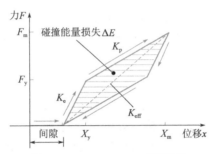

图 3-29 Impact Material 碰撞模型

在图 3-29 中，K_e 和 K_p 分别表示初始刚度和屈服后刚度；F_y 和 X_y 分别表示屈服力和屈服位移；F_m 和 X_m 分别表示接触面的最大碰撞力和最大侵入位移；K_{eff} 表示等效刚度。其中参数 K_e、K_p、X_y 和 X_m 与碰撞过程中的能量损失相关，碰撞能量损失可按式(3-12)计算：

$$\Delta E = \frac{K_{\mathrm{h}} X_{\mathrm{m}}^{N+1}(1-e^2)}{N-1} \tag{3-12}$$

式中：K_{h}——碰撞刚度，按式(3-11)计算，kN/m；

N——模型的 Hertz 系数，一般取 $N = 1.5$；

e——模型恢复系数，一般取值在 $0.6 \sim 0.8$ 之间；

X_{m}——接触面的最大碰撞侵入深度，m。

利用式(3-12)得到碰撞能量损失以后，可采用式(3-13)~式(3-16)计算图 3-29 中的 K_{eff}、K_e、K_p 以及 X_y：

$$K_{\mathrm{eff}} = K_{\mathrm{h}} \sqrt{X_{\mathrm{m}}} \tag{3-13}$$

$$K_e = K_{\mathrm{eff}} + \frac{\Delta E}{a X_{\mathrm{m}}^2} \tag{3-14}$$

$$K_p = K_{\mathrm{eff}} - \frac{\Delta E}{(1-a) X_{\mathrm{m}}^2} \tag{3-15}$$

$$X_y = a X_{\mathrm{m}} \tag{3-16}$$

式中：a——屈服系数，一般可取为 0.1。

3.2.3.3 桩土作用效应

桩基础是桥梁最常用的基础形式之一。桩基础既要承受上部结构传递下来的竖向荷载作用,还需要承受风、地震、水流以及撞击等水平方向的荷载作用。桩基础在水平荷载下的受力机制十分复杂,受桩基础埋深、地基土体参数和桩基础材料的非线性以及地面运动等多个因素的影响。既有研究发现,桩基础周围土体的模拟是影响桩基抗力的关键因素。桩基础周围土体的计算理论和模拟方法主要有解析法、离散模型法、数值法和实验法四类。而离散模型法中的 Winkler 地基梁集中质量模型在桩-土相互作用的模拟中应用十分广泛。

如图 3-30 所示,采用 Winkler 地基梁对沿桩深度范围内的土体进行分层处理,然后将每一层土简化为一个集中土层质量的质点,通过理想化参数系统将质点与桩基用一个土弹簧连接在一起,近似地采用土弹簧来模拟各个质点对桩基的约束效应和相互作用。

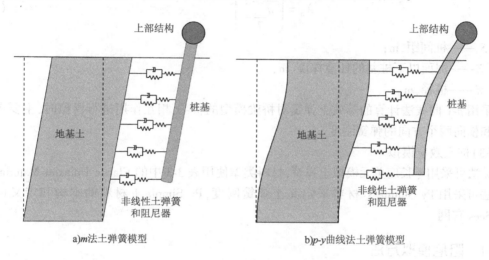

a) m 法土弹簧模型 　　　　　　b) p-y 曲线法土弹簧模型

图 3-30　桩-土相互作用土弹簧模型

目前,我国常用的土弹簧计算方法有《公路桥涵地基与基础设计规范》(JTG 3363—2019)中的 m 法和《水运工程桩基设计规范》(JTS 147-7—2022)中的 p-y 曲线法。m 法是将地基沿桩基深度简化为线性弹簧,如图 3-30a)所示,是一种线性化分析方法,忽略了地基土的非线性特征,仅适用于桩顶位移较小的情况;而 p-y 曲线法则是将地基沿桩基深度离散为一系列的非线性弹簧,如图 3-30b)所示,体现了水平荷载作用下桩周土体抗力 p 与侧向位移 y 之间的关系,考虑了土体的非线性特征,能较好地反映桩-土相互作用的非线性关系。

(1)m 法

在 Winkler 地基模型中,桩侧土被离散为一个个相互独立的弹簧。在建模中,土弹簧刚度 k_z 的计算公式如式(3-17)所示。

$$k_z = mzbh_z \tag{3-17}$$

式中:k_z——深度 z 处的刚度,kN/m;
　　　m——地基反力系数;

b——桩基计算宽度，m；

h_z——深度 z 处的土层厚度，m。

地基反力系数 m 可参考《公路桥涵地基与基础设计规范》(JTG 3363—2019)附录 L。在动力分析模型中，虽然弹簧刚度的计算方法与静力计算相同，但动力分析的土抗力比静力分析大，一般 $m_{动}=(2\sim3)m_{静}$。

(2) p-y 曲线法

在水平荷载作用下，单桩周围土体处于无限体状态，受群桩桩间距的影响，群桩内侧桩基周围土体的 p-y 曲线与单桩周围土体的 p-y 曲线不同；而外侧桩基周围土体则处于一个半无限体状态，桩基周围土体的 p-y 曲线与单桩周围土体的 p-y 曲线接近。因此，群桩基础需要考虑群桩效应。考虑群桩效应的桩基础范围可参考《水运工程桩基设计规范》(JTS 147-7—2022)。目前常用的考虑群桩效应的办法是将单桩基础的水平土抗力乘一个折减系数 λ_h：

$$\lambda_h = \left(\frac{\frac{S_0}{d}-1}{7}\right)^{0.043(10-Z/d)} \tag{3-18}$$

式中：S_0——桩间距，m；

Z——泥面以下桩基的任意深度，m；

d——桩径，m。

采用 p-y 曲线法计算的等效土弹簧对桥梁模型的桩-土相互作用进行模拟时，主要考虑纵桥向和横向两个方向的弹簧刚度。

(3)桩土效应模拟

m 法可采用零长度单元模拟土弹簧，材料类型使用表3-3中的 Elastic Uniaxial Material。p-y 曲线法可采用 Py Simple 1 材料来定义土弹簧刚度，Py Simple 1 材料的本构和定义可参考 OpenSees 官网。

3.2.4 阻尼模拟方法

当结构遭遇地震作用时，即使结构主体构件保持弹性状态，结构次要构件的永久变形也将耗散一定的能量，从理论上讲，这部分能量是很难估计的。在结构动力分析中，这部分能量耗散是通过阻尼来定义和实现的。对于数值计算本身，为了获得稳定解，多数增量求解法需要加入一定的人工阻尼或者数值阻尼。

桥梁结构系统的阻尼主要由材料阻尼和发散阻尼两种阻尼组成。材料阻尼是通过连续介质的变形引起能量耗散，如构件的非弹性滞回效应、构件拼接面和连接间的摩擦效应等；发散阻尼是地震波大范围传播而引起地震波振幅衰减，主要体现在土壤和桥台处。对于普通标准桥梁，发散阻尼效应可以忽略不计。在结构非线性动力分析过程中，结构阻尼往往通过阻尼比的形式表示。模态阻尼比或质量和刚度阻尼比是目前结构非线性动力分析中常用的两种结构阻尼比形式。质量和刚度比例阻尼也被称为瑞利阻尼，它假定阻尼矩阵与质量矩阵、刚度矩阵成正比：

$$\boldsymbol{C} = \alpha\boldsymbol{M} + \beta\boldsymbol{K} \tag{3-19}$$

式中：α——质量阻尼系数，按式(3-20)计算；

β——刚度阻尼系数,按式(3-21)计算:

$$\alpha = \frac{2\omega_i\omega_j(\xi_i\omega_j - \xi_j\omega_i)}{\omega_i^2 - \omega_j^2} \tag{3-20}$$

$$\beta = \frac{2(\xi_j\omega_j - \xi_i\omega_i)}{\omega_i^2 - \omega_j^2} \tag{3-21}$$

式中:ω_i、ω_j——分别为桥梁结构第i和第j阶振型的振动频率;

ξ_i、ξ_j——相应的振型阻尼比。

根据我国《公路桥梁抗震设计规范》(JTG/T 2231-01—2020)的规定,混凝土结构和组合结构的阻尼比可取为5%,钢结构的阻尼比可取为3%;混凝土梁桥、拱桥的阻尼比不宜大于5%,斜拉桥和悬索桥阻尼比分别不宜大于3%和2%。

从物理意义上讲,质量比例阻尼的假定意味着存在外部的阻尼器,而使用刚度比例阻尼对结构高阶振型具有阻尼增效应。虽然瑞利阻尼没有经过物理认证,而且它的使用对大多数结构来说是难以解释的,但是使用这一阻尼方式可以用较大的时间积分步长获得稳定的数值结果。

(1)结构阻尼模拟

结构阻尼通过rayleigh命令定义。定义结构的瑞利阻尼需要输入四个参数:质量矩阵系数、当前迭代步的刚度矩阵系数、初始刚度矩阵系数和上一步长的刚度系数。

(2)阻尼器的模拟

阻尼器的模拟方式类似于支座模拟。采用零长度单元模拟阻尼器,使用Viscous Damper单轴材料模拟阻尼器的力学本构,需要输入的阻尼器参数包括阻尼系数c_d和速度指数α。

3.3 算例桥梁分析

3.3.1 算例介绍

选取一座4×30m混凝土连续T梁桥,主梁高2m、C40混凝土。中间桥墩均为三圆柱式排架墩,墩高10m,圆柱墩直径1.4m,采用C30混凝土,保护层厚度0.05m;桥墩截面环向布置30根直径为32mm的纵向受力钢筋,配筋率为1.6%;采用直径为16mm的螺旋式箍筋,间距为0.1m,体积配箍率0.6%,纵向受力钢筋和箍筋的材料均为HRB335。盖梁采用2m×1.6m矩形截面、C30混凝土。桥台采用由桩基支承的座式桥台,桥台总高为9.7m,背墙高度为2.2m,桥台以下是3根直径为1.4m钢筋混凝土嵌岩桩,桩基深度为8.5m。桥墩墩顶布置8个型号为GJZ 450mm×450mm×114mm的板式橡胶支座,桥台顶部布置8个铅芯橡胶支座,如图3-31所示。两侧桥台各设置一道D160型伸缩缝。此外,在桥台和墩顶处均设置剪切型抗震挡块,挡块尺寸分别为1.5m×0.4m×0.5m和2.0m×0.4m×0.5m,抗剪钢筋的配筋率为0.6%,钢筋采用HRB335,在挡块与主梁之间设置0.05m的间隙。桥型布置图如图3-31所示。

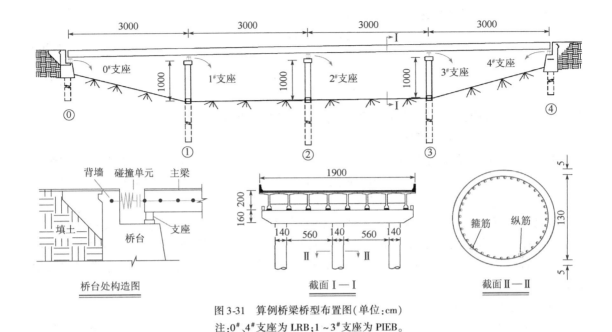

图 3-31 算例桥梁桥型布置图(单位:cm)
注:0#、4#支座为 LRB;1~3#支座为 PIEB。

3.3.2 OpenSees 有限元模型

采用 OpenSees 程序建立算例桥梁有限元动力分析模型,如图 3-32 所示。桥梁上部结构主梁和盖梁均采用 Elastic Beam Column Element 模拟,单元所需参数可采用梁截面尺寸来计算,结构自重以及桥面系荷载均以附加质量的形式均匀施加在单元上。钢筋混凝土桥墩采用纤维截面梁柱单元模拟,其中,约束和非约束混凝土的本构均采用 Concrete 04 混凝土材料模拟,钢筋则采用 Steel 02 钢筋材料模拟,模型参数来自 Mander 模型和 Menegotto-Pinto 模型,算例桥梁桥墩混凝土和钢筋材料的本构模型如图 3-32 所示。

板式橡胶支座和铅芯橡胶支座均采用橡胶支座单元模拟,两类支座的力学参数见表 3-5,K_V、K_{eff} 和 ξ_{eff} 分别表示支座的竖向支承刚度、等效水平刚度和等效阻尼比。由于板式橡胶支座的弹性位移能力较强,直接取其初始刚度为等效水平刚度,其等效阻尼比取为 0;而对于铅芯橡胶支座,水平等效刚度和等效阻尼比按支座 175% 的试验剪切应变进行计算。

桥台的模拟考虑了台后填土和桩基的双重贡献,采用 Hyperbolic Gap Material 和 Hysteretic Material 并联模拟,根据算例桥梁桩基布置可计算关键模型参数如表 3-6 所示。主梁与桥台间碰撞采用 Impact Material 模拟,碰撞能量损失 ΔE 按式(3-12)计算,计算结果如表 3-7 所示,其中碰撞刚度 K_h 取上部结构主梁的纵向刚度按式(3-11)计算。获得碰撞能量损失 ΔE 后,由式(3-13)~式(3-16)计算碰撞模型的参数 K_{eff}、K_e、K_p 以及 X_y。

挡块采用徐略勤和李建中提出的滑移型挡块力学模型进行模拟,相关参数可参考既往的试验研究成果,因此台帽和盖梁处挡块力学参数如表 3-8 所示。本书不考虑桥墩处桩-土相互作用的影响。以上各个构件的力学模型如图 3-33 所示。

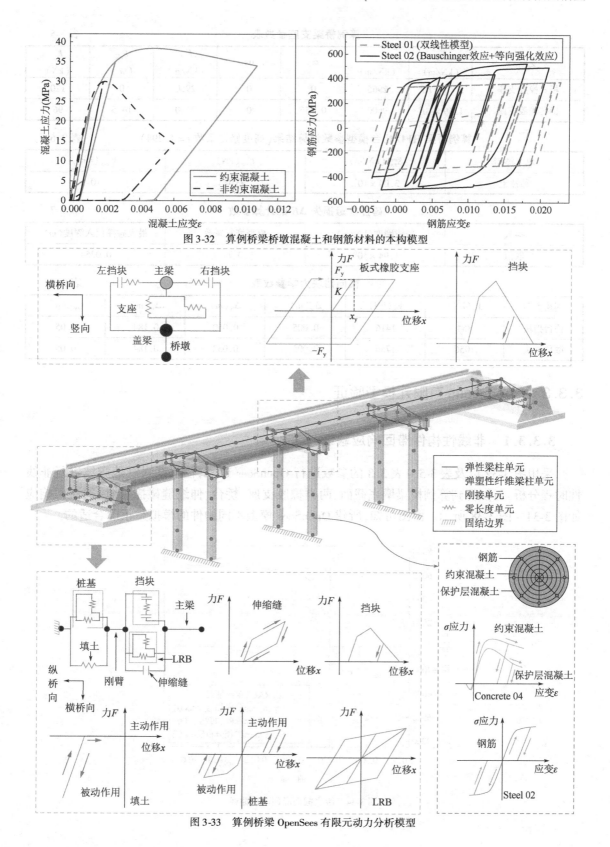

图 3-32　算例桥梁桥墩混凝土和钢筋材料的本构模型

图 3-33　算例桥梁 OpenSees 有限元动力分析模型

算例桥梁支座参数表　　　　　　　　　　　表3-5

支座	K_V (kN/m)	K_{init} (kN/m)	α_1	α_2	K_{eff} (kN/m)	ξ_{eff} (%)	F_y (kN)
板式橡胶支座	2.67×10^6	2965	0	0	2960	0	120
铅芯橡胶支座	1.69×10^6	9600	0.156	0	3100	16.5	96

算例桥梁 HFD 桥台模型参数计算结果(高度修正系数 f=1.294)　　表3-6

填土类型	K_{ave} (kN/m)	F_{ult} (kN)	y_{max} (cm)
黏性土	3.04×10^5	9310	10

碰撞能量损失 ΔE 的计算参数　　　　　　　表3-7

参数	碰撞刚度(kN/m)	模型恢复系数	最大碰撞侵入深度(m)
取值	1.94×10^6	0.7	0.0254

横向挡块力学参数表　　　　　　　　　　表3-8

挡块类型	V_y (kN)	V_n (kN)	Δ_y (m)	Δ_n (m)	Δ_u (m)	Gap(m)
桥台挡块	864	1416	0.005	0.052	0.184	0.05
墩顶挡块	1056	1756	0.005	0.052	0.184	0.05

3.3.3　OpenSees 有限元模型验证

3.3.3.1　非线性构件滞回响应验证

采用图 3-32 以及表 3-5 ~ 表 3-8 的参数进行 OpenSees 建模,输入某强震地震波进行非线性时程分析,可以得到算例桥梁墩底截面、两类橡胶支座、桥台、伸缩缝碰撞、挡块的滞回响应如图 3-34 ~ 图 3-38 所示。由图可知,所建 OpenSees 模型不同构件的模拟是正确合适的。

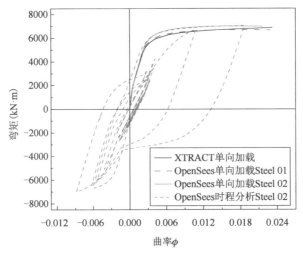

图 3-34　墩底截面滞回响应曲线

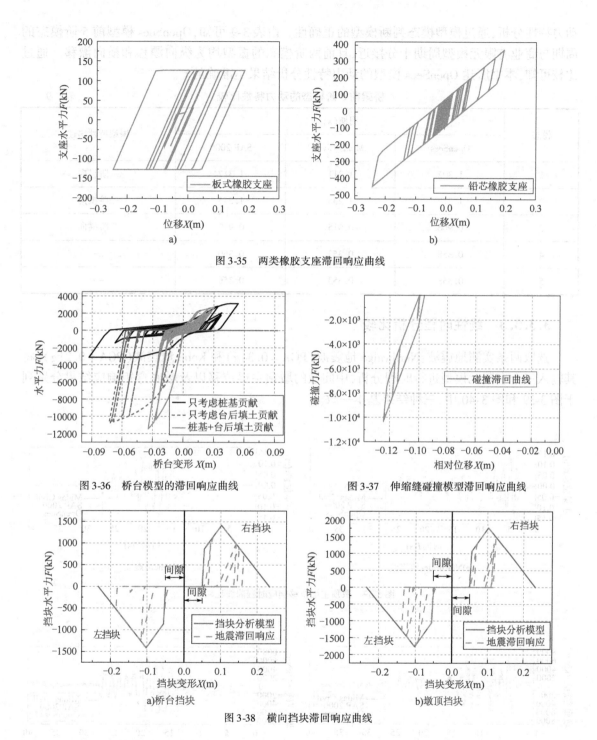

图 3-35 两类橡胶支座滞回响应曲线

图 3-36 桥台模型的滞回响应曲线

图 3-37 伸缩缝碰撞模型滞回响应曲线

图 3-38 横向挡块滞回响应曲线

3.3.3.2 动力特性比较

采用商业桥梁非线性分析软件 Midas Civil 和 SAP 2000 建立算例桥梁的有限元模型对 OpenSees 模型的正确性和合理性进行校核和验证。结构非线性时程分析前一般要进行结构动力特性分析,通过模型模态判断模型的正确性。由表 3-9 可知,OpenSees 模型前 5 阶模态的周期与商业有限元模型周期十分接近,且前两阶模态的振型均为纵向漂移和横向漂移。通过比较可知,本书所建 OpenSees 模型的动力特性分析结果是准确的。

桥梁前 5 阶模态的动力特性比较 　　　　表 3-9

模态	周期(s)			振型特性描述
	OpenSees	Midas Civil	SAP 2000	
1	1.302	1.311	1.317	一阶纵向
2	1.210	1.235	1.243	一阶横向
3	0.906	0.915	0.917	二阶横向
4	0.358	0.353	0.360	—
5	0.358	0.353	0.356	—

3.3.3.3 线性时程分析比较

选取两条实测地震波:Northridge 地震波(PGA = 0.34g)和 Kobe 地震波(PGA = 0.21g),将其输入三个有限元模型进行时程分析,中间墩的墩顶主梁位移以及墩底弯矩响应结果分别列于图 3-39 和图 3-40 中,三种结果基本一致。

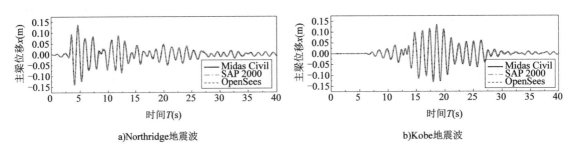

a) Northridge 地震波　　　　　　　　　　b) Kobe 地震波

图 3-39　墩顶主梁位移响应时程曲线比较

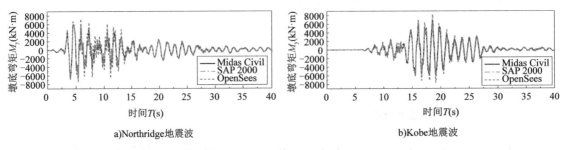

a) Northridge 地震波　　　　　　　　　　b) Kobe 地震波

图 3-40　墩底弯矩响应时程曲线比较

3.4 本章结语

(1)介绍了 OpenSees 平台的基本框架及其各模块的功能,并系统总结了 OpenSees 常用的材料模型、单元类型和非线性求解方法;

(2)从模型类型、构件模拟、边界模拟和阻尼模拟四个方面总结了桥梁结构动力分析模型的建立方法及在 OpenSees 中的实现方式;

(3)以一座 4×30m 多跨混凝土连续梁为例,介绍了在 OpenSees 中的模拟方法和实现过程,并从动力特性、线性时程分析结果等方面与两种商业有限元模型进行对比。

4 桥梁地震易损性中的不确定性

相比传统确定性的结构抗震分析方法,地震易损性函数最大优点之一是能考虑地震波和结构建模参数等的不确定性对分析结果的影响。然而,如何准确地量化各类不确定性的影响成为易损性分析中面临的难题。在所有地震易损性函数中都会涉及诸多不确定性问题,如何考虑和量化这些不确定性是当前地震易损性研究亟待解决的问题。不确定性一般可分为偶然的(Aleatory)不确定性和认知的(Epistemic)不确定性两大类,从概念上容易区分这两种不确定性的差别,然而在结构地震易损性分析中却很难将两者完全分开。结构抗震分析中的不确定性表现为抗震能力和地震需求两个方面,但并不是所有不确定性都会直接影响地震易损性函数,例如桥梁场地类型、地震波传递路径等不确定性则不能直接体现在地震易损性分析过程中。因此,需要将影响桥梁地震易损性函数的不确定性因素进行系统的归类。本章将对桥梁地震易损性分析过程中涉及的不确定性因素进行分类和介绍,讨论各类不确定性参数在易损性分析中的处理方法,分析不确定性因素对地震易损性曲线的影响规律。

4.1 易损性函数中的不确定性

结构地震易损性分析中的不确定性反映了对结构动力响应结果或损伤概率的预测精度。Wen 等在对大量的文献进行综述以后认为,结构抗震性能评估中的不确定性主要反映在结构抗震能力和地震需求上,而这两方面的不确定性可以追溯到图 4-1 所示的来源。

易损性函数的定义是在给定地震动水平下结构失效的概率,这表明在进行地震易损性分析之前,概率性地震危险性分析过程已经完成。因此,图 4-1 中来自工程场地和地震波传递路径的不确定性不包含在地震易损性分析过程中,而来自结构地震需求(Demand)方面的不确定性主要反映在地震波库的选择以及地震动强度指标的选择上,来自结构抗震能力(Capacity)方面的不确定性主要反映在结构材料特性和几何尺寸的随机性上。在此基础之上,Wen 等提出了不确定性因素的计算式:

$$\beta = \sqrt{\beta_d^2 + \beta_c^2 + \beta_m^2} \tag{4-1}$$

式中:β_m——与结构建模相关的不确定性。

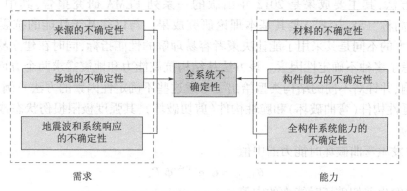

图 4-1　影响结构抗震能力和地震需求的不确定性来源

式(4-1)中，β_c 和 β_d 是结构本身和地震波所固有的属性，属于偶然不确定性的范畴；β_m 反映了结构建模精度的要求，与当前的建模技术及计算能力有关，属于认知不确定性的范畴。

美国联邦紧急事务管理署(FEMA)于 2009 年出版了 FEMA-P695 研究报告，该报告提出了一种用于量化建筑结构系统可靠度的抗震性能评估方法(简称"P695 方法")。"P695 方法"详细阐述了在结构倒塌易损性函数(Collapse Fragility)中针对各种不确定性的考虑方式。该报告将影响结构倒塌易损性的重要不确定性因素分为四个方面，并认为这四个方面的不确定性在统计意义上是相互独立的，因此系统总的不确定性 β_{TOT} 用对数标准差可表示为

$$\beta_{TOT} = \sqrt{\beta_{RTR}^2 + \beta_{DR}^2 + \beta_{TD}^2 + \beta_{MDL}^2} \tag{4-2}$$

式中：β_{RTR}——地震波对地震波的不确定性；

β_{DR}——与设计要求相关的不确定性；

β_{TD}——与试验数据相关的不确定性；

β_{MDL}——与结构建模相关的不确定性。

式(4-2)中各参数的具体含义如下：β_{RTR}(Record-to-Record)反映了地震波不同导致的结构地震响应的离散性，β_{RTR} 主要来源于两个方面，一是工程场地危险性导致的选波差异性，二是地震波本身频谱和动力特性的差异性。β_{DR}(Design Requirements-related)反映了结构设计要求的完整性、鲁棒性以及对结构倒塌失效的防范可靠性。β_{TD}(Test Data-related)反映了用于定义结构系统的试验数据的完整性和鲁棒性。β_{MDL}(Modeling-related)反映了结构有限元模型的建模精度，用于衡量有限元模型是否能准确表达真实结构地震响应的特征。尽管 β_{TD} 与 β_{MDL} 在一定程度上是相互关联的，但"P695 方法"认为二者是完全不同的。

自 2001 年开始，美国联邦紧急事务管理署(FEMA)和美国加利福尼亚州应用技术委员会(Applied Technology Council, ATC)展开合作，开始实施 ATC-58 研究计划。该计划主要分为两个阶段，第一阶段(2000—2006 年)的研究任务是确定基于结构抗震设计的性能目标，并形成明确的项目研究计划，其主要研究成果是提出了下一代基于性能的抗震设计指南 FEMA-445。近年来，我国及世界各国有关基于性能结构抗震设计的研究成果大多是依据该设计指南得到的。第二阶段(2006—2012 年)在第一阶段研究成果的基础之上，进一步发展了基于性能的抗

震性能评估方法,其主要成果是 2012 年出版的一系列 FEMA 研究报告,其中 FEMA-P58-1 Methodology(简称"P58 方法")是其基本理论研究成果。与以往基于性能的抗震设计方法相比,该方法最大的不同是其采用了能让决策者容易理解的性能指标,同时在建立易损性函数过程中综合考虑了多种不确定性因素。该方法从结构抗震能力和地震需求两个方面考虑各种不确定性的影响,并针对不同的结构类型给出了考虑这些不确定性因素的方法。例如,对于基于强度损伤的延性构件(弯曲破坏)和脆性构件(剪切破坏),其强度极限损伤状态或能力的中值可分别表示为

(1) 构件发生弯曲破坏时能力的中值

$$\theta_{\text{ductile}} = C_q e^{2.054\beta} \phi R_n \tag{4-3}$$

(2) 构件发生剪切破坏时能力的中值

$$\theta_{\text{brittle}} = C_q e^{2.81\beta} \phi R_n \tag{4-4}$$

式中: ϕR_n ——设计规范中规定的构件设计强度;

C_q ——考虑失效模式对施工质量敏感性的调整系数;

β ——损伤状态下总的不确定性,按式(4-5)计算:

$$\beta = \sqrt{\beta_{\text{De}}^2 + \beta_{\text{Ma}}^2 + \beta_{\text{Con}}^2} \tag{4-5}$$

式中: β_{De} ——与结构设计公式相关的不确定性,对于延性构件可取 0.05 或 0.10,对于脆性构件可取 0.25;

β_{Ma} ——与材料强度相关的不确定性,木材、混凝土和钢材的不确定性默认值分别取为 0.3、0.2 和 0.1;

β_{Con} ——与施工质量相关的不确定性,在没有特殊要求的情况下其默认值可按"P58 方法"的建议选取,如表 4-1 所示。

"P58 方法"中 β_{Con} 的默认取值建议   表 4-1

结构对施工质量的敏感程度	施工质量的控制		
	非常好	一般	较差
低	0	0	0
中	0	0.10	0.15
高	0	0.15	0.25

在地震需求分析方面,"P58 方法"将影响结构需求参数的不确定性分为:①结构建模的不确定性;②地震波对地震波的不确定性;③基于地区性衰减模型地震动的不确定性。其中后两种不确定性与式(4-2)中的 β_{RTR} 相当。而结构建模的不确定性则采用下式计算:

$$\beta_m = \sqrt{\beta_c^2 + \beta_q^2} \tag{4-6}$$

式中: β_c ——结构建模过程中单元模型、阻尼参数以及质量参数的不确定性;

β_q ——与非线性模型的建模质量相关的不确定性,按"P58 方法"取默认值。

综上所述,不同的研究报告中根据其研究目的不同,在结构地震易损性分析中考虑的不确定性因素会有一定的差异。在建筑结构倒塌易损性研究中,由于倒塌易损性直接与震后人员伤亡情况的评估有关,且在结构临近倒塌时其地震响应的离散性会更大,因此倒塌易损性函数中包括的不确定性最充分,如式(4-2)所示。需要特别指出的是,美国联邦紧急事务管理署提

出的"P695 方法"和"P58 方法"主要针对结构的倒塌地震易损性曲线,其研究对象是各种不同类型的建筑结构,其建议的各种不确定性的取值主要是通过对大量不同建筑结构的地震易损性函数进行统计而来的。例如:"P58 方法"征询了 130 位研究人员的意见和研究成果。因此,FEMA 方法主要适用于美国的建筑结构工程,对于是否适用于桥梁工程仍有待进一步的研究。再者,我国桥梁设计和施工的时代背景与其他国家有着很大的不同,有必要根据我国桥梁建设的实际情况进行研究。

目前,在桥梁工程地震易损性分析中,仍然主要考虑输入地震波的差异性导致的需求响应的不确定性,对其他类型不确定性因素的影响仍有待进一步的研究。考虑到桥梁工程的结构特点以及不确定性因素的复杂性,本书主要从以下几个方面研究钢筋混凝土桥梁地震易损性函数中的不确定性。

4.2 建模相关的不确定性

地震作用下桥梁非线性时程分析的结果很大程度上依赖于建立的有限元模型的准确性。桥梁建模就是要从结构体系的角度,根据桥梁几何尺寸离散各构件单元并精确模拟其力学特性,处理好各单元间的力学连接特性,使模型的数值分析结果尽可能准确地预测实际桥梁在地震激励下的动力响应。因此,桥梁建模相关的不确定性能够衡量桥梁地震响应预测结果的精度。而影响桥梁结构地震易损性分析的不确定性可分为认知的不确定性和偶然的不确定性,其中,认知的不确定性是人类当前掌握的知识或信息不够充分导致的,而偶然的不确定性是事物自身固有的属性。单从概念上区别这两类不确定性并不难,但在实际应用中,二者的区别并不是很明显。例如,钢筋和混凝土等材料力学参数的不确定性是材料的固有属性,但结构自重、支座参数的不确定性是缺乏足够的信息所致的。所有这些参数的变异性都体现在桥梁结构的有限元建模过程中,因此,本书统一归纳为桥梁建模相关的不确定性。另外,结构在地震作用下的永久变形将耗散一定的能量,耗散的这部分能量从理论上讲很难估计。但在结构非线性动力分析中,常通过赋予模型一定的阻尼来实现这部分能量的耗散。对于逐步增量求解分析方法,也需要加入一定的人工阻尼或者数值阻尼来获得稳定的数值解。因此,本书将非线性分析中阻尼比定义的不确定也归类于桥梁建模相关的不确定性。

桥梁建模相关的不确定性可以概括为以下两个方面:①桥梁结构本身的不确定性,例如设计师的判断、施工控制的质量、养护条件的好坏、桥梁设计尺寸以及工程材料的变异性等都会导致该类不确定性。②有限元建模技术的不确定性,例如非线性单元类型的选择、土的边界和支座边界等的模拟都会导致该类不确定性。其中,设计师的判断、施工质量、养护条件等导致的不确定性需要通过大量调查研究得到,因此本书的研究暂时仅考虑以下三类影响结构建模过程的不确定性:

(1)结构层次——桥梁几何尺寸变异性;
(2)材料层次——钢筋和混凝土材料参数变异性;
(3)边界层次——边界条件参数变异性。

需要指出的是,由于我国目前还没有可供研究人员使用的较完备的桥梁统计信息数据库,本书的研究仍主要偏向于特定桥梁的地震易损性分析(Bridge-Specific Fragility Analysis),即本书的研究对象仍为单体桥梁。因此,上述桥梁几何尺寸变异性主要是指由施工等因素导致的实际构件尺寸与原设计尺寸不完全一致,而并非区域性桥梁地震易损性分析(Regional Bridge Seismic Analysis)中桥与桥(Bridge-to-Bridge)之间的差异性。

4.2.1 结构层次的不确定性

结构层次的不确定性(Structural Uncertainty, SU)主要影响结构整体的动力特性和响应。从结构动力学的角度来讲,与质量矩阵、刚度矩阵以及阻尼矩阵相关的不确定性因素都可归于这一类,但本书主要考虑与构件宏观尺寸以及阻尼比等参数相关的不确定性。

桥梁工程施工现场的复杂性以及混凝土配制过程中存在的偶然误差,都会导致桥梁上部结构和桥墩等构件的几何尺寸与密度存在差异性。这些都会影响桥梁结构的质量分布以及刚度特性。Nielson在研究美国中部以及东南地区桥梁地震易损性时,假定结构的质量调整系数服从$U(0.9,1.1)$的均匀分布。Pan等在研究美国纽约地区的桥梁地震易损性时则直接假定上部结构的重量系数服从$U(0.8,1.3)$的均匀分布。Ellingwood等通过对结构的恒载进行统计分析后,建议结构抗震分析中恒载服从正态分布,其均值为1.05倍的设计重度,变异系数为10%。于晓辉在研究我国钢筋混凝土框架结构地震易损性时,比较了国内文献关于混凝土重度变异性的差别,并建议混凝土重度为服从正态分布的随机变量,均值为$\mu_c = 26.5 \mathrm{kN/m^3}$,标准差为$\sigma_c = 1.75 \mathrm{kN/m^2}$。我国《公路桥涵设计通用规范》(JTG D60—2015)中建议在设计中钢筋混凝土的重度为$25 \sim 26 \mathrm{kN/m^3}$。综合考虑,本书假定上部主梁和下部桥墩的重度服从正态分布,如表4-2所示,质量分布随重度变化而变化。同时,由于桥墩在地震作用下的非线性特性与桥墩的几何尺寸、保护层厚度以及纵筋直径等有关,因此根据既往的研究,本书假定这几个参数也服从正态分布,其分布特性如表4-2所示。

结构层次不确定性参数的分布特征 表4-2

序号	不确定性来源	随机变量	分布类型	参数
1	材料重度	λ_w	正态分布	$N(\mu = 1.04, COV = 10\%)$
2	桥墩直径	$D(\mathrm{m})$	正态分布	$N(\mu = 1.4, COV = 5\%)$
3	保护层厚度	$c(\mathrm{m})$	正态分布	$N(\mu = 0.05, COV = 5\%)$
4	纵筋直径	$d(\mathrm{mm})$	正态分布	$N(\mu = 32, COV = 3.5\%)$
5	阻尼比	ξ	正态分布	$N(\mu = 0.05, COV = 28\%)$

结构在地震作用下的各种非线性滞回响应或永久变形都将耗散一定的能量,在结构非线性分析过程中,能量的耗散是通过定义结构阻尼来实现的,阻尼的定义对于数值计算本身收敛和稳定性也有用。我国《公路桥梁抗震设计规范》(JTG/T 2231-01—2020)规定钢筋混凝土结构阻尼比可取$\xi = 0.05$。本书采用瑞利阻尼,并参考Nielson的研究,假定阻尼比服从正态分布,其分布参数如表4-2所示。

4.2.2 材料层次的不确定性

材料层次的不确定性(Material Uncertainty, MU)主要影响桥墩在地震作用下的非线性滞回响应。由于上部结构和盖梁采用弹性梁单元模型,因此本书主要考虑下部结构桥墩的纵向钢筋(HRB335)和混凝土(C30)两种材料非线性特性的不确定性影响,箍筋不确定性的影响则体现在约束混凝土的本构中。

桥梁工程抗震分析中混凝土的本构常常采用 Mander 模型,因此本书采用 OpenSees 中的 Concrete 04 材料。混凝土材料又以箍筋为界分为非约束混凝土(保护层混凝土)和约束混凝土(核心区混凝土)。OpenSees 程序中对于 Concrete 04 材料的定义涉及多个参数,本书不考虑混凝土的抗拉效应,因此主要涉及峰值应力、峰值应变、极限应变以及初始切线弹性模量 4 个参数。由于 Mander 模型中约束和非约束混凝土的初始切线弹性模量相同,因此,共有 7 个混凝土材料参数需要考虑。根据既往的研究成果,本书假定这 7 个参数均服从对数正态分布,其参数分布特征如表 4-3 所示。

材料层次不确定性参数的分布特征　　　　　表 4-3

序号	不确定性来源	随机变量	分布类型	参数
1	混凝土初始切线弹性模量	E_c(MPa)	对数正态分布	$LN(\mu=3\times10^4,\ COV=14\%)$
2	非约束混凝土峰值压应力	f_c(MPa)	对数正态分布	$LN(\mu=26.1,\ COV=14\%)$
3	非约束混凝土峰值压应变	$\varepsilon_{c\text{-cover}}$	对数正态分布	$LN(\mu=0.002,\ COV=20\%)$
4	非约束混凝土极限压应变	$\varepsilon_{cu\text{-cover}}$	对数正态分布	$LN(\mu=0.006,\ COV=20\%)$
5	约束混凝土峰值压应力	f_{cc}(MPa)	对数正态分布	$LN(\mu=33.6,\ COV=21\%)$
6	约束混凝土峰值压应变	$\varepsilon_{c\text{-core}}$	对数正态分布	$LN(\mu=0.004,\ COV=20\%)$
7	约束混凝土极限压应变	$\varepsilon_{cu\text{-core}}$	对数正态分布	$LN(\mu=0.015,\ COV=30\%)$
8	纵向钢筋弹性模量	E_s(MPa)	对数正态分布	$LN(\mu=2\times10^5,\ COV=2\%)$
9	纵向钢筋屈服强度	f_y(MPa)	对数正态分布	$LN(\mu=378,\ COV=7\%)$
10	纵向钢筋强屈比	B	对数正态分布	$LN(\mu=0.0012,\ COV=20\%)$

本书基于 OpenSees 程序中的 Steel 02 材料来定义桥墩纵向钢筋的本构,并选取钢筋屈服强度(f_y)、弹性模量(E_s)和强屈比(B)三个参数为随机变量,且均服从对数正态分布。桥墩纵向钢筋采用 HRB335 级钢筋,其相应的抗拉强度标准值为 $f_{yk}=335$MPa,根据我国《混凝土结构设计标准(2024 年版)》(GB/T 50010—2010)的规定,钢筋的强度平均值(f_{ym})与强度标准值(f_{yk})之间应该满足关系式 $f_{yk}=(1-1.645\delta_y)f_{ym}$(95%保证率),其中,$\delta_y$ 为钢筋的抗拉强度变异系数,对于 HRB335 级钢筋,$\delta_y=7\%$。我国规范对钢筋弹性模量(E_s)和强屈比(B)的变异性没有相应的规定,因此本书根据以往的研究成果假定这两个参数的随机分布特征,如表 4-3 所示。

4.2.3 边界参数的不确定性

由前文中桥梁有限元精确建模过程可知,本书算例桥梁考虑了支座、桥台、挡块以及碰撞等复杂的非线性力学特性。对于桥梁工程的抗震分析而言,这些边界非线性也是影响结构地震响应的重要因素,因此有必要考虑这些边界参数不确定性(Boundary Uncertainty,BU)的影响。

普通板式橡胶支座(PTEB)的力学模型由其弹性剪切刚度 K 及临界摩擦力 F_y 决定。其中,弹性剪切刚度 K 的变异性主要取决于橡胶材料的剪切刚性模量 G,临界摩擦力 F_y 的变异性则取决于支座的轴力和摩擦因数。既往板式橡胶支座试验的统计分析结果表明,我国常用板式橡胶支座中橡胶材料剪切弹性模量服从正态分布。根据这些研究成果,本书所取板式橡胶支座的弹性剪切刚度也服从正态分布,分布特征如表4-4所示。另外,李冲等的最新试验研究结果表明,普通板式橡胶支座与混凝土表面接触时,其摩擦因数μ与支座承受的竖向应力N成反比。当$N=4$MPa时,摩擦因数在0.3~0.4之间;当$N=6$MPa时,摩擦因数在0.2~0.3之间;当$N=8$MPa时,摩擦因数在0.15~0.25之间;当$N=10$MPa时,摩擦因数在0.1~0.25之间。由于本书不考虑竖向地震动的影响,支座承担的竖向轴力变化很小,本书直接以恒载作用下的支座反力为竖向压力,基于此竖向力可假定支座的摩擦因数服从$U(0.15,0.25)$的均匀分布。

铅芯橡胶支座(LRB)是在普通板式橡胶支座的基础上发展起来的一种有阻尼特性的隔震支座。由于铅芯橡胶支座所用的铅必须是高纯度而无杂质的铅,因此铅芯本身的变异性较小。在地震作用下,铅芯屈服以后的水平刚度几乎为0,此时支座水平刚度主要由橡胶层承担。因此,可以假定铅芯橡胶支座的屈服后刚度K_{P_LRB}为一服从正态分布的随机变量,同板式橡胶支座一样,其分布特征也取决于橡胶材料剪切弹性模量的分布,如表4-4所示。铅芯橡胶支座初始刚度取为屈服后刚度的6.5倍。

边界条件不确定性参数的分布特征 表4-4

序号	不确定性来源	随机变量	分布类型	参数
1	PTEB 摩擦因数	μ_{PTEB}	均匀分布	$U(0.15,0.25)$
2	PTEB 剪切模量	G_{PTEB}(MPa)	正态分布	$N(\mu=1180, COV=14\%)$
3	LRB 屈服后刚度	K_{P_LRB}(kN/m)	正态分布	$N(\mu=1500, COV=14\%)$
4	桥台被动极限承载力	F_{ult}(kN)	均匀分布	$U(0.5P,1.5P)$
5	桥台被动切线刚度	$K_{Passive}$(kN/m)	均匀分布	$U(0.5K_P,1.5K_P)$
6	等效水平刚度	K_{Active}(kN/m)	均匀分布	$U(0.5K_A,1.5K_A)$
7	挡块剪切钢筋屈服强度	f_{yv}(MPa)	对数正态分布	$LN(\mu=378, COV=7\%)$
8	挡块剪切钢筋极限强度	f_{uv}(MPa)	对数正态分布	$LN(\mu=520, COV=7\%)$
9	挡块间隙	δ(cm)	均匀分布	$U(3,10)$
10	碰撞有效刚度	K_{eff}(kN/m)	对数正态分布	$LN(\mu=1.94\times10^6, COV=14\%)$
11	伸缩缝间隙	Δ(cm)	均匀分布	$U(5,15)$

桥台模型的建立是有限元模型的重要组成部分,算例桥梁的桥台模型同时考虑了台后填土以及桩基的贡献,因此桥台模型既有主动刚度又有被动刚度。对于被动土压力的影响,本书采用Shamsabadi等提出的双曲线力-位移模型进行计算,HFD模型的相关参数有平均刚度、极限承载力(F_{ult})以及最大位移(y_{max})。在Open Sees程序中,可用Hyperbolic Gap Material来模拟HFD,而Hyperbolic Gap Material默认的参数是初始切线刚度,在桥台建模时需要将平均刚度换算成初始切线刚度。桥台主动水平刚度主要由桩基础提供,以单根桩的等效水平刚度K_{Active}为基准,本书以三折线滞回模型模拟桩基的贡献,以桥台被动初始切线刚度$K_{Passive}$、极限承载力F_{ult}以及单桩等效水平刚度K_{Active}为随机变量。参考Nielson的研究成果,本书假定三个随机变量均服从$U(0.5R,1.5R)$的均匀分布,R是参考既往研究成果计算出的三个随机变量的理论值,其具体的分布特征如表4-4所示。

挡块是钢筋混凝土桥梁横向上主要的限位和传力构件之一。本书算例桥梁在桥台和墩顶处都设置了横向挡块,挡块的形式均采用徐略勤和李建中推荐的新型滑移型钢筋混凝土挡块,他们根据大量的试验研究提出了三折线的挡块模型简化计算公式。本书仅考虑简化模型中钢筋混凝土挡块的屈服力V_y和极限力V_n的不确定性,由于桥台和墩顶处的挡块配筋形式相同,不同的是挡块底面的剪切面积,因此桥台和墩顶处挡块的不确定性可同时用竖向剪切钢筋的屈服强度(f_{yv})和极限强度(f_{uv})的变异性来表示。假定这两个参数为影响挡块不确定性的随机变量,其具体分布特征如表4-4所示。对于挡块与主梁之间的间隙(δ)的设计,目前也没有统一的规范和要求,因此本书假定其为一服从均匀分布的随机变量,如表4-4所示。

伸缩缝是设置在主梁与桥台背墙之间的间隙。在正常使用状态下,该间隙能够适应温度变化、制动力以及收缩徐变等引起的主梁位移。目前对于伸缩缝间隙(Δ)的设计没有统一的规定,既往的研究对于Δ的取值存在一定的主观性。本书假定Δ服从均匀分布$U(5,15)$,以探讨Δ大小对抗震分析的影响。在地震作用下,上部结构的位移可能足够大,以致伸缩缝完全闭合,进而引起主梁与桥台之间发生碰撞。一般取主梁的轴向刚度为碰撞有效刚度,即$K_{eff}=EA/L$。其中,E为混凝土的抗压弹性模量,A为主梁的横截面面积,L为主梁的长度。本书以碰撞有效刚度K_{eff}为随机变量,其变异系数由混凝土弹性模量E决定,最终的分布特征如表4-4所示。

4.3 地震波相关的不确定性

实际地震的地震波从震源处开始传递,中间往往要穿过岩石层以及地表土层,最后才能到达结构物的基础。这一过程中,地震波的传递在时间和空间上均存在较大的不确定性。尽管当前各国抗震规范都建议采用瞬时动力分析(时程分析)方法来获得桥梁在地震作用下的精确响应,但如何选取分析所需要的地震波输入,仍然是广大工程师和设计人员面临的难题。

地震波相关的不确定性包括与场地类型衰减模型相关的不确定性以及地震波对地震波的不确定性。其中,与场地类型衰减模型相关的不确定性涉及地震工程学的内容,本书暂时不予考虑。本书主要通过收集不同地震波库来反映地震波相关的不确定性。在桥梁非线性动力分析中,地震波本身的频谱特性、持续时间等会对桥梁地震响应造成很大影响,因此,地震波对地震波的变异性(RTR)最终体现为对桥梁结构或构件最大响应值预测的不确定性。

地震波的不确定性是其本身的固有属性,是人力所无法消除的。然而在实际结构概率性地震需求分析中,可以通过一定的措施尽量减小这类不确定性对分析结果的影响,例如,增加分析中使用的地震波数量、选择合适的地震动强度指标进行后处理等。尽管既往桥梁地震易损性研究中引入了地震波不确定性的影响,但很少对其影响进行定量的分析。

相对于桥梁结构建模相关不确定性的影响,地震波相关的不确定性对结构地震易损性分析的影响更大。有时地震波相关的不确定性甚至会掩盖其他不确定性因素的影响,因此对地震波相关不确定性的研究十分重要。地震波相关的不确定性是由地震灾害发生机制、工程场地类型以及地震波本身的频谱特性等的差异性导致的。其主要来自两个方面,一方面是地震波库的选择导致的不确定性,在桥梁结构概率性地震需求分析中,选择的地震波既要尽量与桥址处的场地危险性分析结果一致,又要保持地震波之间固有的差异性,本书称这种不确定性为Bin-to-Bin的不确定性。另一方面是地震波频谱特性等相关的不确定性,一般在桥梁地震易损性分析中主要考虑后一种不确定性的影响,因此,地震波相关的不确定性又被称为 Record-to-Record 的不确定性。

4.3.1 地震波的不确定性分析方法

在结构地震易损性分析中,地震波的不确定性最终表现为结构地震响应的离散性。概率性地震需求模型(PSDM)的基本形式确定以后,这种不确定性则表现为对该概率性地震需求模型进行预测的精度,当采用云图法建立概率性地震需求模型时,地震波的不确定性可用图 2-3 中的 β_d 来表示。其中 β_d 可以通过式(2-4)计算。因此地震波的不确定性的分析过程可以概括如下:

(1)建立能反映桥梁结构动力特性和非线性行为的精确有限元模型。
(2)选择合适的地震波库,地震波库可以来自实测地震波,也可以来自人工地震波。
(3)确定地震波的地震动强度指标(IM)及桥梁的工程需求参数(EDP)。
(4)在有限元模型中输入相应的地震波,进行大量的非线性动力分析,并记录不同地震波激励下所关心的工程需求参数的最大响应。
(5)在获得一系列的(IM,EDP)数据点以后,将这些数据点绘制在对数坐标系中,然后利用式(2-3)进行线性回归分析,并利用式(2-4)计算回归分析的对数标准差 β_d,以 β_d 的值来反映地震波的不确定性。

需要说明的是,步骤(1)中的构建有限元模型过程中,不考虑结构建模相关不确定性的影响,即所有建模参数均取其中值(50%分位值)。

4.3.2 地震波数据库的选取

地震波相关的不确定性是地震灾害发生机制、工程场地类型以及地震波本身的频谱特性等的差异性导致的。桥梁地震易损性分析中地震波库的来源主要有:①从历史强震数据库中选取合适的实测地震波记录;②根据场地类型生成一系列的人工地震波。本节同时采用以上两种方法来建立地震波数据库。鉴于近场地震波的速度脉冲效应对桥梁结构的破坏性较大,其地震响应往往与远场无脉冲地震波的差别很大,因此,本书在选取实测地震波时,对这两类地震波(远场和近场)分开考虑,且在生成人工地震波时也尽量排除近场效应的影响。

4.3.2.1 历史地震波

既往研究表明,通常近场地震波中的速度脉冲效应会导致结构的地震破坏更加严重。一般情况下,近场地震波被定义为震中距(R)较近的地震波时程。然而,对于远场和近场地震波的区分,国内外尚没有统一的标准,目前,国内学者大多认为近场地震波和远场地震波的临界震中距为 20km。Baker 基于小波理论对 PEER-NGA 数据库中的地震波进行了分析,提出了一种基于小波分析的近场地震波量化分类方法。Baker 的研究结果认为近场脉冲型地震波一般应具备以下条件:①相对于波程中其他部分而言,速度脉冲效应足够明显;②脉冲在地震波时程的早期到达;③原始地震波的峰值地面加速度足够大。尽管 Baker 方法确定的近场地震波并不一定是由断裂方向效应导致的,但这些近场地震波与方向效应引起的脉冲波的作用是相同的,因此最新的 NGA-West2 Database 平台采用了 Baker 的研究成果,提供了地震波速度脉冲效应筛选功能,该功能可以帮助研究人员判断所选的地震波是否包含脉冲效应。

4.3.2.2 人工地震波

人工地震波是另一种常用的地震动输入形式。目前,生成人工地震波的方法主要包括三种类型:①基于物理现象的模拟方法;②随机模拟方法;③混合模拟方法。基于物理现象的模拟方法是通过建立地质断层破裂模型,并用解析方法和有限元法或有限差分法来生成地震动时程。然而,该方法需要用到大量与断层破裂相关的地震学信息参数,如生成时间、应力降和截止频率等。而且生成的地震波时程对这些参数的变化非常敏感,因此,要预测未来可能发生地震的准确地震学信息参数是非常困难的。随机模拟方法是一种以经验为主的校准化方法,该方法只需要知道工程场地的少量基本信息即可生成大量的人工地震波,然而这种方法不能考虑地震波的一些物理现象,如表面波、方向效应等。混合模拟方法是将以上两种方法相结合,利用基于物理现象的模拟方法考虑地震波的低频成分,利用随机模拟方法考虑地震波的高频成分。但是混合模拟方法面临着与基于物理现象的模拟方法同样的问题,即需要输入大量的参数。对于基于性能的地震工程而言,需要建立复杂的有限元模型并输入大量的强震地震波进行非线性动力分析。综合考虑,随机模拟方法更适合快速地获得大量强震地震波时程。

除了以上地震波库的不确定性外,对于已经确定了的地震波库,地震波频谱特性的差异性同样会导致地震波的不确定性,主要表现为概率性地震需求分析中数据点的离散程度,离散性越大,回归分析的对数标准差 β_d 越大,地震波的不确定性也就越大。这种不确定性就是指地震波对地震波的不确定性。如果 β_d 值过大,则采用式(2-3)进行的线性拟合效果不佳,拟合效果不佳的 PSDM 会在一定程度上影响概率性地震需求分析的精度。桥梁概率性地震需求分析中,一个好的 PSDM 应该能准确地预测结构工程需求参数(EDP)与地震动强度指标(IM)之间的概率关系,可见这种预测的准确性直接与 Record-to-Record 不确定性大小相关。

综上,无论采用何种方法,最终确定的地震波数据库既要能充分反映地震波固有频谱特性的差异,又要与桥址处的地震危险性水平保持一致。例如,美国地质勘探局(USGS)已经建立了覆盖全美的地震动强度指标查询系统,该查询系统统计了美国境内不同地区的概率性地震危险性评估成果。目前该系统可以便捷地查询到以峰值地面加速度(PGA)、谱加速度(SA)和 Arias 强度为地震动强度指标的地震危险性曲线,因此,研究人员可直接基于桥址所在地区的地震危险性曲线来选择地震波数据库。尽管我国目前采用的"中国地震烈度区划图"和"地震动强度指标区划图"也是按照概率方法编制的,也考虑了诸多不确定性因素的影响,但考虑到我国还没有类似 USGS 的查询系统,因此,在选取地震波时一般采用基于地震动信息参数(震级、震中距)的选波方法,以反映地震波本身合理的不确定性。

4.4 损伤指标相关的不确定性

确定桥梁在不同损伤状态下的损伤指标是桥梁地震易损性分析中的一个非常重要的环节。第 2 章已对五个等级的损伤状态有了定性的描述,还需要进一步量化每一种构件的损伤指标。

对不同损伤状态的损伤指标的量化通常采用两种方法:基于计算或试验的规定性方法和基于统计调查的描述性方法。然而,无论采用何种方法得到的损伤极限指标都不可能是完全确定的。首先,损伤的定性描述就存在主观的不确定性;其次,计算方法、试验过程和调查过程都存在不确定性。

在基于性能的结构抗震设计中,构件的抗震能力由不同损伤状态的损伤指标组成。构件的抗震能力同样存在不确定性,根据式(2-5)的云图法易损性函数表达式,一般假定构件的抗震能力也服从对数正态分布,以前文中确定的各构件在不同损伤状态下的损伤极限值为概率分布的均值(S_c),则可用相应的对数正态分布的对数标准差(β_c)来表示构件抗震能力的不确定性。当没有足够可用的试验数据信息来评估每种损伤状态的对数标准差时,从主观上假定不同损伤状态下β_c的取值对易损性分析是合理的。

Nielson 根据经验假定轻微损伤和中等损伤对应极限值的变异系数为 $COV_{DS1,DS2}=0.25$,而严重损伤和完全破坏对应极限值的变异系数为 $COV_{DS3,DS4}=0.5$。Berry 和 Eberhard 等在 PEER 钢筋混凝土柱试验数据库的基础之上,对大量的试验数据进行了总结,分别以混凝土压应变(ε_{damage})、塑性转角(θ_{damage})、漂移比(Δ_{damage})和位移延性比(μ_{damage})为桥墩变形参数,研究了在保护层混凝土完全剥落(Concrete Cover Spalling)和纵向钢筋失稳(Bar Buckling)两种极限状态下的概率能力模型,其研究结果表明,不同的变形参数在相同极限状态下的变异系数相差并不大。王建民在研究中以桥墩漂移比 Δ 为变形参数,根据大量数值模拟的结果进行概率性统计分析,得到了圆形钢筋混凝土桥墩服务极限状态、破坏极限状态和倒塌极限状态的变异系数。因此,本书根据 Berry 等人和王建民的研究成果来考虑钢筋桥墩抗震能力的不确定性,其他构件抗震能力的不确定性则根据 Nielson 建议的经验值来假定。桥梁各构件在不同损伤状态下的极限值与不确定性如表 4-5 所示。

桥梁各构件在不同损伤状态下的极限值与不确定性 表 4-5

构件	轻微损伤(DS_1)		中等损伤(DS_2)		严重损伤(DS_3)		完全破坏(DS_4)	
	S_c	β_c	S_c	β_c	S_c	β_c	S_c	β_c
桥墩(μ_ϕ)	1.0	0.127	2.21	0.274	5.4	0.321	11.12	0.383
铅芯橡胶支座(γ)	100%	0.246	150%	0.246	200%	0.472	525%	0.472
板式橡胶支座(μ_z)	1.0	0.246	1.5	0.246	2.0	0.472	2.5	0.472
桥台-主动(δ_{acti},mm)	13	0.246	26	0.246	78	0.472	150	0.472
桥台-被动(δ_{pass},mm)	5.5	0.246	11	0.246	35	0.472	100	0.472

需要说明的是,在桥梁建模过程中考虑桥梁建模相关不确定性时,桥墩的尺寸及材料等参数假定为服从概率分布的变量,但在计算表 4-5 中桥墩损伤指标时,所有参数都采用了均值。尽管橡胶材料的破坏剪切应变可达 400%~500%,但考虑到复杂环境因素的影响,在桥梁工程中一般假定 $\gamma=250\%$ 时即会发生完全破坏。另外,表 4-5 中铅芯橡胶支座在完全破坏状态的极限值(525%)并非真实的橡胶剪切应变,而是先根据可能发生的落梁情况来确定相应的支座相对位移(梁端到台帽边缘距离的 80%),然后换算成铅芯橡胶支座的剪切应变。

4.5 易损性中不确定性的传递

地震易损性曲线描述了在指定强度水平的地震作用下,结构的地震响应超过规定极限状态的条件失效超越概率,其功能函数如式(2-1)所示。各种不确定性因素则通过影响式(2-1)中的地震需求和抗震能力传递到地震易损性分析中。前面提到,桥梁建模相关参数的不确定性表现为各参数的取值服从一定的概率分布,地震波的不确定性表现为不同地震波之间的地震信息以及频谱特性的差异,而理论地震易损性曲线的最终表现形式同样是服从一定概率分布形式的功能函数。因此,研究各种不确定性在地震易损性分析中的传递效果,实际上就是研究各建模相关参数的概率分布特征和地震波的差异性对易损性函数概率分布特性的影响。

4.5.1 不确定性处理方式比较

目前基于非线性数值模拟结果的理论易损性函数主要包括 2.1 节中提到的四种基本类型,其他易损性函数都是在这四种方法之上的改进或两者的相互结合。如 Mackie 等将云图法和增量动力分析法相结合进行桥梁地震易损性分析,以解决云图法需要地震波数量大而缩放法计算量大的问题。因此,本节主要介绍各类不确定性在四种地震易损性函数中的体现,并对四种易损性函数在处理不确定性时的优缺点进行比较。

云图法能够同时考虑与桥梁建模、地震波和损伤指标相关的不确定性。考虑桥梁建模和地震波的不确定性时,所有的相关参数都不再是恒定值。有的参数被假定为服从某一分布特征的随机变量,例如,假设桥墩混凝土轴心抗压强度f_c服从均值为 33.3MPa、变异系数为 0.12 的正态分布,如图 4-2a)所示;桥墩纵向钢筋屈服强度f_y服从均值为 384.8MPa、变异系数为 0.07 的对数正态分布,如图 4-2b)所示。有的参数在一定范围内完全随机分布。在假定了所有参数的随机分布特征以后,进行完全随机组合或采用拉丁超立方抽样方法等方法进行组合,可以生成大量的"桥梁模型 – 地震波"分析样本,然后对每组样本分别进行非线性时程分析,以此来考虑结构建模和地震波相关的不确定性。对于不同构件损伤指标的不确定性,则直接体现在式(4-6)的对数标准差β_c中。

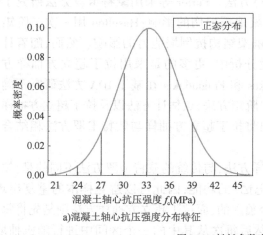
a)混凝土轴心抗压强度分布特征

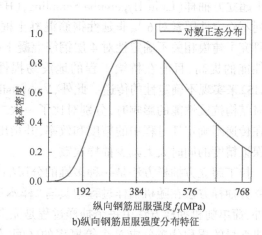
b)纵向钢筋屈服强度分布特征

图 4-2 材料参数变量的随机分布情况

需求能力比对数回归法同样能考虑与桥梁建模、地震波和损伤指标相关的不确定性因素。前两类不确定性体现在桥梁有限元建模和非线性动力分析过程中,有所不同的是对于损伤指标的不确定性的处理。该方法假定不同损伤状态的损伤指标也为服从一定分布的随机变量，并参与到拉丁超立方抽样过程中。因此该方法最终生成一系列的"桥梁模型－地震波－损伤指标"样本，然后进行非线性分析以及回归分析，直接得到易损性函数式（2-1）的两个估计参数。然而，该方法的缺点是，对于单个构件的各个损伤极限状态都得进行一步对数回归分析，当考虑的桥梁失效模式过多时，势必增加对数回归分析的工作量。

增量动力分析法和极大似然估计法对于三种不确定性的处理方式，与云图法基本上是一致的，即在有限元建模和非线性时程分析的过程中通过随机抽样的方式引入建模相关和地震波相关的不确定性因素，然后通过对数标准差 β_c 来体现损伤指标的不确定性。然而，有所不同的是，增量动力分析法和极大似然估计法只能先建立结构的地震易损性曲线，再通过修正易损性函数的对数标准差来体现不确定性的影响。需要特别说明的是，增量动力分析法所采用的地震波输入并非原始地震波，而需要经过一系列的缩放处理。例如，陈力波等人提出的基于扩展 IDA 的桥梁地震易损性分析方法，正是在增量动力分析法地震易损性函数中引入了材料、阻尼等的不确定性因素。然而，一方面地震波的缩放过程本身会引入新的不确定性因素；另一方面，如果考虑的不确定性因素太多，势必导致非线性时程分析的计算量显著增加。因此，采用增量动力分析法处理大量桥梁建模相关不确定性时的适用性不强。

综上所述，基于云图法的地震易损性函数与另外三种方法相比，在处理多种不确定性时具有明显的优势。主要原因是该方法将地震易损性分析中需求分析过程和能力分析过程分开进行，也就将影响结构地震需求和抗震能力的不确定性分开处理，从而简化结构地震易损性分析的过程。

4.5.2 拉丁超立方抽样方法

目前结构地震易损性研究中常用的考虑不确定性传递的方法有：蒙特卡罗（Monte-Carlo）方法、点估计（Point Estimate）方法、一次二阶矩（First-Order Second-Moment，FOSM）方法以及拉丁超立方抽样（Latin Hypercube Sampling，LHS）方法。Porter 等采用蒙特卡罗方法研究了一系列不确定性因素对 6 层非延性钢筋混凝土框架地震损伤的影响；Haselton 用一次二阶矩方法研究了建模相关不确定性对 4 层钢筋混凝土框架结构抗倒塌能力的影响。然而，随着计算机性能的提高，目前在桥梁工程的地震易损性分析中，更多的是采用拉丁超立方抽样方法（LHS）来实现不确定性的传递。此外，Vamvatsikos 和 Fragiadakis 在基于 IDA 方法研究不确定性对结构抗震性能的影响时，分别对比了一次二阶矩方法、点估计方法以及拉丁超立方抽样方法在传递不确定性过程中的精度和效率，并指出将拉丁超立方抽样与蒙特卡罗方法相结合能在保证精度的同时大大减少抽样次数。

拉丁超立方抽样方法是一种多维的分层抽样方法，与传统的蒙特卡罗方法不同的是，拉丁超立方抽样方法在随机抽样过程中具有"样本记忆"的功能，因此可以避免样本的重复出现。此外，简单随机抽样方法中每个抽样过程是完全独立的，而拉丁超立方抽样方法则是先将每个随机变量的累积分布分成 N 个等概率的区间，然后每次从其中的一个区间中进行随机抽取，这种等概率的划分过程使得拉丁超立方抽样方法能够以较少的抽样次数覆盖更广的概率空间，因此，在实际应用中是一种非常高效的抽样方法。

拉丁超立方抽样的样本空间由下式计算：

$$S_{(N,K)} = \frac{P_{(N,K)} - R_{(N,K)}}{N} \tag{4-7}$$

式中：N——等概率区间的划分数目，即每个随机变量的抽样次数，次；

K——参与抽样的随机变量的数目，个；

$P_{(N,K)}$——$N \times K$ 矩阵，矩阵中每一列均为由 1 到 N 这 N 个自然数的随机排列；

$R_{(N,K)}$——$N \times K$ 矩阵，矩阵元素都来自服从均匀分布 $U(0,1)$ 的随机数。

利用式(4-7)可以计算出样本空间中每个元素对应的累积分布概率，然后根据每个变量对应的概率分布特征，采用求逆的方法计算每个元素的原始样本值：

$$X = F_{x_j}^{-1}[P_{\text{rob}}(i,j)] \tag{4-8}$$

式中：$P_{\text{rob}}(i,j)$——抽样样本空间中 i 行 j 列的元素对应的累积概率；$i=1,2,\cdots,N, j=1,2,\cdots,K$；

$F_{x_j}^{-1}$——第 j 个参数的累积分布函数的逆函数；

$X = [x_{ij}]$——采用拉丁超立方抽样方法得到的原始样本空间矩阵。

如果用 K 表示将要考虑的桥梁建模相关不确定性参数的个数，则对满足一定概率分布特征的 K 个参数进行拉丁超立方抽样，可得到 N 组抽样样本值。然后，将 N 组样本值输入 OpenSees 中以建立 N 个桥梁有限元非线性分析模型。图 4-3 中分别给出了本书中涉及的三种概率分布形式（正态分布、对数正态分布以及均匀分布）的等区间划分情况。

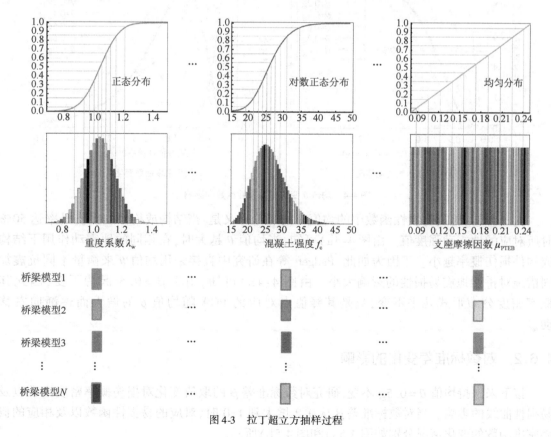

图 4-3 拉丁超立方抽样过程

4.6 不确定性对易损性曲线的影响规律

前文提到的 FEMA 方法在结构概率性地震需求分析中只考虑了地震波的不确定性的影响,其他不确定性的影响则是通过对易损性函数中的对数标准差进行修正来考虑。然而,实际上桥梁建模相关的不确定性也会对概率性地震需求分析的结果有影响,这种影响不仅会体现在对数标准差 β 上,还有可能体现在结构地震响应均值 θ 上。易损性函数式(2-1)中均值 θ 和对数标准差 β 的变化都会影响最终的结构地震易损性曲线。因此,本节将定性地研究这两个参数的变化对地震易损性曲线的影响,以掌握易损性函数两个参数的敏感性变化规律。

4.6.1 均值变化的影响

首先考虑对数标准差 $\beta=0.5$ 时,均值 θ 的取值变化对损伤概率密度函数以及易损性曲线的影响。当 θ 从 $0.2g$ 增大到 $1.0g$ 时,对应的易损性函数以及相应的概率密度函数的变化情况分别如图 4-4a)和图 4-4b)所示。

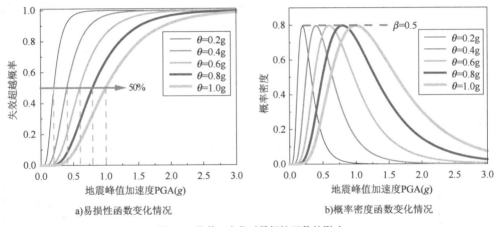

图 4-4 均值 θ 变化对易损性函数的影响

由图可知,地震易损性函数中的均值 θ 的理论意义是:当结构或构件的损伤概率达 50% 时所对应的地震动强度值。由图 4-4a)可知,当均值 θ 越大时,在相同的地震动作用下结构或构件损伤概率越小。正因为如此,Padgett 等在研究中直接采用均值 θ 来衡量不同抗震加固措施对桥梁地震易损性的影响大小。由图 4-4b)可知,由于 $\beta=0.5$ 保持不变,因此其概率密度分布形式几乎不变,只是其峰值点对应的 PGA 随均值 θ 的增大而逐渐向右移动。

4.6.2 对数标准差变化的影响

接下来保持均值 $\theta=0.5g$ 不变,研究对数标准差 β 的取值变化对损伤概率密度函数以及易损性曲线的影响。当对数标准差 β 从 0.2 增大到 1.0 时,对应的易损性函数以及相应的概率密度函数的变化情况分别如图 4-5a)和图 4-5b)所示。

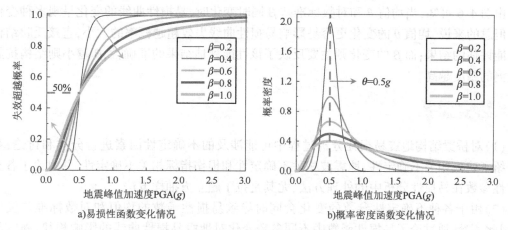

图 4-5　对数标准差 β 变化对易损性函数的影响

由图 4-5 可知,由于均值 $\theta=0.5g$ 保持不变,结构或构件失效超越概率为 50% 时所对应的 PGA 值以及概率密度函数的峰值对应的 PGA 值仍为 $0.5g$ 不变。由图 4-5a) 可知,当地震动强度小于 $0.5g$ 时,失效超越概率随 β 的增加而增大;当地震动强度大于 $0.5g$ 时,失效超越概率则随 β 的增大而减小。总的来说,地震易损性曲线随 β 的增加会绕 50% 的失效超越概率点发生顺时针方向转动。由图 4-5b) 可知,随着对数标准差 β 的增加,概率密度函数由尖耸逐渐变得平缓,换句话说,PGA 的取值集中于均值 $\theta=0.5g$ 的程度越来越差,离散性越来越大。如果以 $\theta=0.5g$ 作为桥梁地震作用下易损性大小预测值,则 β 反映了这种预测的准确性。因此,对数标准差 β 的理论意义是:概率性地震需求分析中结构或构件地震响应预测均值的不确定性。

4.6.3　两参数同时变化的影响

以上单独分析了单个参数变化对易损性函数的影响。在实际中某些不确定性参数的变化(如选择地震波库的变化)会同时导致均值 θ 和对数标准差 β 发生变化。因此,研究两个参数同时变化对易损性曲线的影响更贴近实际情况。图 4-6a) 和图 4-6b) 为两个参数同时变化对易损性函数和概率密度函数的影响。

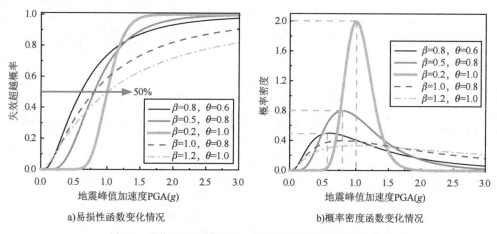

图 4-6　均值 θ 和对数标准差 β 同时变化对易损性函数的影响

由图 4-6 可知,当均值 θ 和对数标准差 β 同时变化时,易损性曲线的变化呈现多种变化形式。但总的来说,均值 θ 的变化更容易影响易损性曲线失效超越概率的大小,直接反映结构抗震性能评估的结果;而 β 的变化则主要反映了该性能评估结果的准确性,β 越小则结构抗震性能预测的精度越高。

4.7 本章结语

(1)对桥梁结构地震易损性分析过程中可能涉及的不确定性因素进行分类和讨论,系统地介绍了建模相关不确定性、地震波相关不确定性和损伤指标相关不确定性,并讨论了各类不确定性参数在易损性分析中的处理方法,尤其是拉丁超立方抽样方法。

(2)由于各种不确定性参数的变化会同时导致易损性函数的均值和对数标准差发生变化,因此,定性地讨论了易损性函数中不同参数变化对地震易损性曲线的影响规律:地震易损性函数中的均值 θ 的理论意义为结构或构件的失效超越概率达 50% 时所对应的地震动强度值,当均值 θ 越大时,在相同的地震动作用下结构或构件失效超越概率越小;对数标准差 β 的理论意义为概率性地震需求分析中结构或构件地震响应预测均值的不确定性,β 越大则地震响应预测结果的不确定性就越大。

5 桥梁结构不确定性量化与地震易损性分析

前面介绍了与桥梁地震易损性分析相关的几大类不确定性,以及不确定性对易损性曲线或函数的影响规律,本章将进一步讨论各类不确定性因素影响的量化分析问题,以及最终在地震易损性分析中的传递效果。首先,基于前文各类桥梁建模相关不确定性因素的统计分布特征,确定参数分析区间,采用条带分析方法对各参数进行不确定性敏感性分析,以选出重要的建模相关不确定性参数;然后,选取三种类型的地震波数据库,比较不同类型的地震波库(Bin-to-Bin)不确定性对概率性地震需求模型的影响规律,根据地震动强度指标的评价标准对每一类型地震波合理地震动强度指标(IM)进行了评估和比较;最后,综合考虑前文中提到的多种不确定性影响因素,并引入桥梁构件损伤极限状态的不确定性,建立了考虑多种不确定性联动效应的桥梁地震易损性分析方法,对不同类型的不确定性在易损性分析中的传递效果进行了定量的对比分析。

5.1 桥梁建模相关不确定性的重要性分析

探究各种不确定性因素在易损性分析中的影响的常用方法是不确定性因素与结构地震响应的敏感性分析。其优点是可以很便捷地确定哪些建模相关不确定性因素对结构地震响应的影响较大,以及哪些建模相关不确定性因素在建模过程中可以忽略,继而有利于在之后的分析中使用显著相关的不确定性因素,建立更可靠的易损性曲线,减少统计样本和额外仿真计算带来的计算成本。其流程为:

(1)根据各桥梁建模相关不确定性参数的概率分布类型,逐一改变单个参数取值而其他参数保持均值不变;

(2)建立不同的有限元分析模型,进行一系列非线性时程分析;

(3)根据不同参数改变对地震响应的影响大小来判断其敏感性。

5.1.1 不确定性参数分析区间

根据第 4 章中表 4-2 ~ 表 4-4 中各参数的数字分布特征,确定前文中提到的 26 个不确定性参数的上界、下界以及中值,分别对应 95%、50% 和 5% 的概率分位数,如表 5-1 所示。

不确定性参数分析的区间 表5-1

序号	随机变量	单位	下界(X_{mi-}) (5%分位值)	中值(X_{mi}) (50%分位值)	上界(X_{mi+}) (95%分位值)
1	λ_w	—	0.87	1.04	1.21
2	D	m	1.28	1.40	1.52
3	c	m	0.046	0.050	0.054
4	d	mm	30.2	32.0	33.8
5	ξ	—	0.027	0.050	0.073
6	E_c	MPa	23626	29710	37362
7	f_c	MPa	20.55	25.85	32.50
8	$\varepsilon_{c\text{-cover}}$	—	0.0014	0.0020	0.0027
9	$\varepsilon_{cu\text{-cover}}$	—	0.0042	0.0059	0.0081
10	f_{cc}	MPa	23.37	32.88	46.28
11	$\varepsilon_{c\text{-core}}$	—	0.0028	0.0039	0.0054
12	$\varepsilon_{cu\text{-core}}$	—	0.0089	0.0144	0.0233
13	E_s	MPa	190287	199910	210020
14	f_y	MPa	336	377	423
15	B	—	0.0008	0.0012	0.0016
16	μ_{PTEB}	—	0.155	0.195	0.236
17	G_{PTEB}	MPa	0.91	1.18	1.45
18	$K_{\text{P\_LRB}}$	kN/m	1155	1500	1845
19	F_{ult}	kN	6188	11251	16314
20	K_{Passive}	kN/m	366300	666000	965700
21	K_{Active}	kN/m	13090	23800	34510
22	K_{eff}	kN/m	2011799	2571235	3286237
23	Δ	cm	5.5	10	14.5
24	f_{yv}	MPa	336	377	423
25	f_{uv}	MPa	462	519	582
26	δ	cm	3.4	6.5	9.7

5.1.2 工程需求参数的确定

桥梁工程在地震作用下可能存在多种失效模式,地震易损性分析中需要同时考虑与这些失效模式相关的多个工程需求参数的响应。根据第1章中建立的有限元模型,主要考虑桥墩、板式橡胶支座、铅芯橡胶支座和桥台等几种构件破坏模式,因此,可以确定需要研究的工程需求参数如表5-2所示。

本书考虑的工程需求参数(EDP)列表   表 5-2

序号	工程需求参数(EDP)	单位	符号	备注
1	墩底曲率	1/m	ϕ_L	纵桥向地震响应
2	墩底曲率	1/m	ϕ_T	横桥向地震响应
3	铅芯橡胶支座相对位移	cm	δ_{LRB_L}	纵桥向地震响应
4	铅芯橡胶支座相对位移	cm	δ_{LRB_T}	横桥向地震响应
5	板式橡胶支座相对位移	cm	δ_{PTEB_L}	纵桥向地震响应
6	板式橡胶支座相对位移	cm	δ_{PTEB_T}	横桥向地震响应
7	桥台变形	cm	Δ_{Abut_acti}	主动变形
8	桥台变形	cm	Δ_{Abut_pass}	被动变形

5.1.3 基于条带法的敏感性分析方法

采用条带法分析研究不同桥梁建模相关不确定性参数对结构地震响应预测的敏感性。根据我国《公路桥梁抗震设计规范》(JTG/T 2231-01—2020),将收集到的 44 条地震波进行标准化缩放处理,缩放至 E1 和 E2 两个概率水平,缩放结果如图 5-1 所示。首先,利用所有建模相关不确定性参数的中值(表 5-1)建立 OpenSees 有限元分析模型,分别输入 E1 和 E2 概率水平的地震波,进行大量非线性时程分析,实时记录表 5-2 中的 8 个工程需求参数的地震响应。由于地震动频谱特性的差异,在相同 SA 下的响应一般也是不相同的。既往的研究表明,可采用对数正态分布来拟合这些地震响应数据,如图 5-2 所示。中值模型在 E1 和 E2 两种概率水平地震激励下,采用极大似然法来估计各构件的响应均值(μ_{mi})和对数标准差(ζ_{mi})。图 5-2a) ~ d)依次为桥墩纵桥向地震响应(ϕ_L)、铅芯橡胶支座纵桥向地震响应(δ_{LRB_L})、板式橡胶支座纵桥向地震响应(δ_{PTEB_L})以及桥台被动响应(Δ_{Abut_pass})的条带法分析结果。

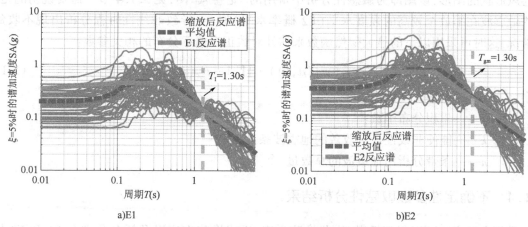

图 5-1 基于 E1 和 E2 标准反应谱的地震波缩放

然后,每次改变一个建模相关参数的取值,用表 5-1 中的下界值(5%分位值)或上界值(95%分位值)来替换中值(50%分位值),重复上述过程进行一系列的条带分析,可得到参数变化后的响应均值(μ_{mi-}、μ_{mi+})和对数标准差(ζ_{mi-}、ζ_{mi+})。需要再次强调的是,在改变单个参数的同时其他参数均保持中值不变。

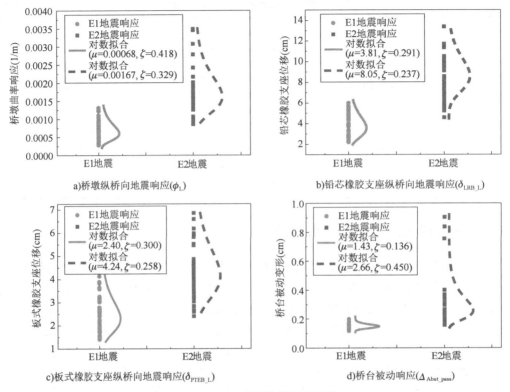

图 5-2 基于中值模型的条带分析

基于以上条带法分析的结果,将桥梁各构件的响应均值和对数标准差在相同的概率分布区间的变化情况绘制在同一图中,并按变化量从大到小的顺序从上至下依次排列,可得到类似龙卷风形状的图形,该图即为敏感性分析中常用的"龙卷风"图,见 5.1.4 节。需要说明的是,一些地震波在缩放至较高的强度水平(E2 概率水平)时,会导致非线性时程分析出现不收敛的情况,这时可采用以下的最大似然函数来估计对数正态概率分布的相关参数:

$$L(\mu,\zeta) = \prod_{i=1}^{k} f_X(x_i|(\mu,\zeta)) \cdot \prod_{i=k}^{n}[1 - F_X(x_i|(\mu,\zeta))] \qquad (5\text{-}1)$$

式中:$f_X(x)$——概率密度函数;

$F_X(x)$——累积分布函数;

k——能使非线性计算收敛的地震波条数,条;

n——条带分析用地震波的总数量,个。

5.1.4 不确定性参数敏感性分析结果

采用上述方法可以得到桥墩、铅芯橡胶支座、板式橡胶支座以及桥台分别在 E1 和 E2 概率水平地震作用下的响应均值(μ)和对数标准差(ζ)的"龙卷风"图(以纵桥向地震响应为例),如图 5-3 ~ 图 5-7 所示。该"龙卷风"图可以方便地判断各不确定性参数对桥梁各构件概率性地震响应预测的影响大小。由于桥梁建模相关的不确定性分为结构层次不确定性(SU)、材料层次的不确定性(MU)以及边界参数不确定性(BU)三大类,因此将以上三类不确定性参数的影响用同一个"龙卷风"图来表示，但在图中又以虚线为界分为三层，对每一层都单独进行排序。最上面一层表示 BU，中间一层表示 MU，最下面一层表示 SU。这样处理的好处是，既可以比较每一类建模相关不确定性参数中影响最大的参数，又可以比较不同类型参数的影响大小和区别。需要说明的是，本书"龙卷风"图是根据建模相关参数对构件地震响应均值(μ)的影响大小排列的，而对数标准差(ζ)的"龙卷风"图的参数排列顺序则与均值(μ)"龙卷风"图的排列保持一致(图 5-3 ~ 图 5-10)。

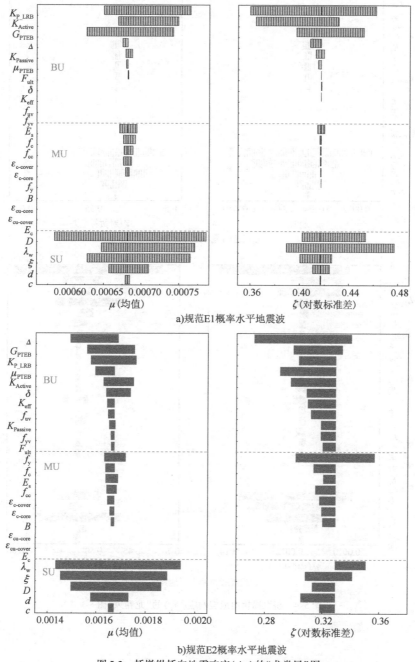

a) 规范E1概率水平地震波

b) 规范E2概率水平地震波

图 5-3　桥墩纵桥向地震响应(ϕ_L)的"龙卷风"图

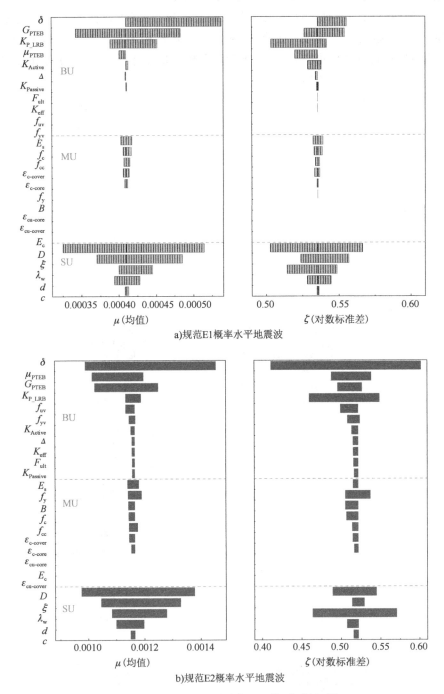

图 5-4 桥墩纵桥向地震响应(ϕ_T)的"龙卷风"图

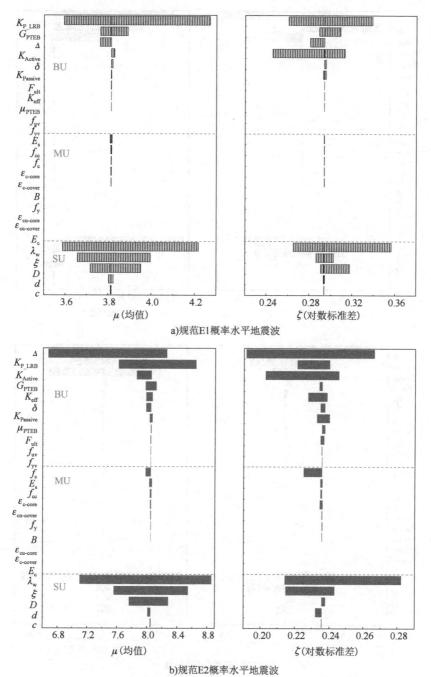

a) 规范E1概率水平地震波

b) 规范E2概率水平地震波

图 5-5 铅芯橡胶支座纵桥向地震响应 (δ_{LRB_L}) 的"龙卷风"图

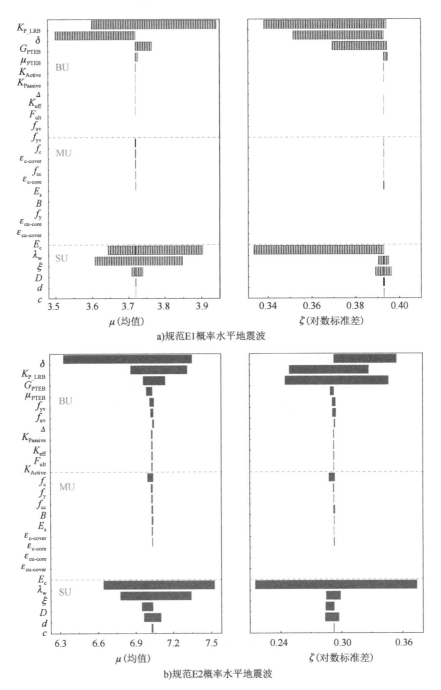

图 5-6 铅芯橡胶支座横桥向地震响应(δ_{LRB_T})的"龙卷风"图

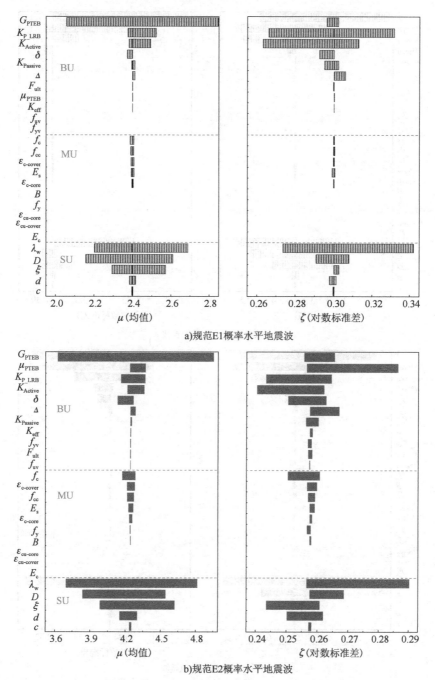

a) 规范E1概率水平地震波

b) 规范E2概率水平地震波

图 5-7 板式橡胶支座纵桥向地震响应(δ_{PTEB_L})的"龙卷风"图

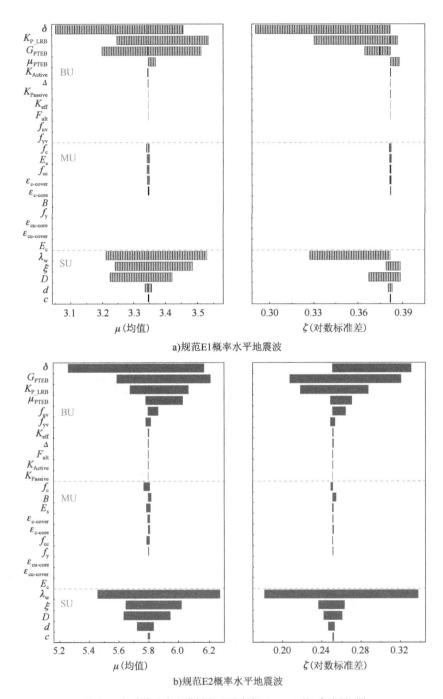

图 5-8 板式橡胶支座横桥向地震响应(δ_{PTEB_T})的"龙卷风"图

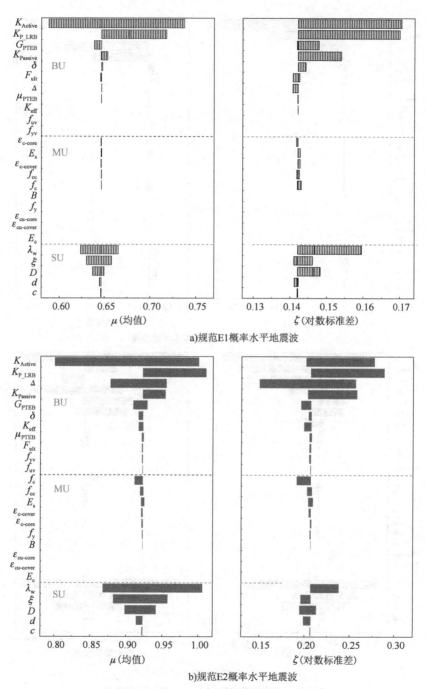

图 5-9 桥台主动变形($\Delta_{\text{Abut\_acti}}$)的"龙卷风"图

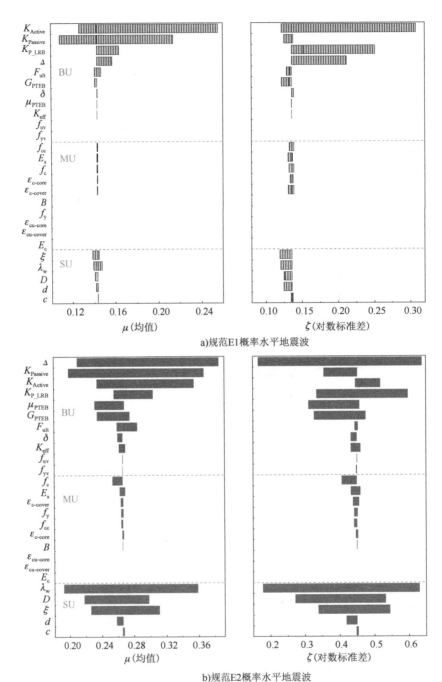

a) 规范E1概率水平地震波

b) 规范E2概率水平地震波

图 5-10 桥台被动变形($\Delta_{\text{Abut\_pass}}$)的"龙卷风"图

根据图 5-3～图 5-10 可以得到以下结论：

(1) 随着地震动强度的增加，影响构件地震响应预测的建模相关不确定性因素越多。例如，在规范 E1 概率水平地震波的激励下，只有 $K_{\text{P\_LRB}}$ 等 7 个 BU 参数和 E_s 等 5 个 MU 参数对桥墩纵桥向地震响应预测有不同程度的影响，然而在规范 E2 概率水平地震波的激励下，几乎全部的 BU 和 MU 参数都对桥墩纵桥向地震响应预测有影响。这主要是由于在地震波激励水平较低时，很多构件的非线性特性并没有表现出来。

(2) 建模相关不确定性参数对构件地震响应均值(μ)和对数标准差(ζ)的影响并非完全相同，例如，规范 E2 概率水平地震波激励下，对桥墩横桥向地震响应均值影响最大的是重度系数(λ_w)，而对桥墩横桥向地震响应对数标准差影响最大的却是桥墩直径(D)。

(3) 结构层次不确定性(SU)因素对所有构件的地震响应预测都有较大的影响，特别是结构重度系数(λ_w)、阻尼比(ξ)和桥墩直径(D)，保护层厚度(c)以及纵筋直径(d)的影响则较小。材料层次不确定性(MU)因素对所有构件的地震响应预测的影响均较小，特别是对规范 E1 概率水平地震波激励下构件地震响应的影响几乎可以忽略不计。边界参数不确定性(BU)因素的影响大小则因桥梁构件的不同而不同，主要规则为：①具有方向性的参数。例如，伸缩缝的间隙(Δ)对纵桥向的构件地震响应影响较大，但对横桥向地震响应几乎没有影响。横向挡块间隙(δ)则刚好相反。②与构件受力机制直接相关的参数。例如，桥台刚度等参数(K_{Passive}、K_{Active})对构件本身的影响明显大于对其他构件的影响。③对所有构件均有重要影响的参数。例如，铅芯橡胶支座和板式橡胶支座在上部结构与下部结构间起传递力的作用，其刚度相关参数($K_{\text{P\_LRB}}$、G_{PTEB} 和 μ_{PTEB})对所有构件的地震响应均有重要的影响。

综上所述，在桥梁工程的概率性地震需求分析中，有必要考虑各种建模相关不确定性的影响。然而，由于不同类型的不确定性参数对结构地震响应的影响程度不同，在实际应用中可以根据分析模型和研究对象的不同只考虑一些重要的不确定性参数。根据本书中的 8 个桥梁工程需求参数(EDP)的"龙卷风"图分析结果，分别对三类建模相关不确定性参数的重要性进行排列，如果假定凡是在前三位出现次数较多的参数均被认为是重要的不确定性参数，则可以总结出以下 13 个重要的桥梁建模相关不确定性参数，如表 5-3 所示。

重要的桥梁建模相关不确定性参数　　表 5-3

序号	类别	不确定性参数
1	结构层次(SU)	λ_w, ξ, D
2	材料层次(MU)	f_c, f_y, E_s
3	边界参数(BU)	$\mu_{\text{PTEB}}, G_{\text{PTEB}}, K_{\text{P\_LRB}}, K_{\text{Active}}, K_{\text{Passive}}, \Delta, \delta$

在桥梁概率性地震需求分析中如果忽略这 13 个重要桥梁建模相关不确定性参数的不确定性，会导致对桥梁的地震需求响应预测值不够准确。相反，其他 13 个不确定性参数对结构地震响应的影响可以忽略不计。尽管以上 13 个重要不确定性参数是基于本书算例桥梁得到的，但大部分的参数也会体现在其他类型的钢筋混凝土桥梁建模过程中，因此也可供其他类型钢筋混凝土桥梁的概率性地震需求分析参考。

5.2 地震波相关的不确定性的影响与评价

5.2.1 地震波库选取

5.2.1.1 历史近场地震波

基于 NGA-West2 Database 平台选取了 100 组近场强脉冲型地震波,其中的 80 组来自 Baker 于 2007 年发表的研究成果,另外 20 组则直接通过平台的脉冲筛选功能确定。PEER 地震波数据库提供的地震波都已经过正交化处理,每对地震波中包含一条平行于断层走向的地震波 (FP) 和一条垂直于断层走向的地震波 (FN),其中,脉冲型地震波更容易发生在垂直于断层走向,而较少发生在平行于断层走向。因此,本书只选取 100 组地震波中的 FN 波。100 条 FN 波的震级-震中距 (M-R) 以及峰值地面速度 (PGV) 分布情况如图 5-11 所示。

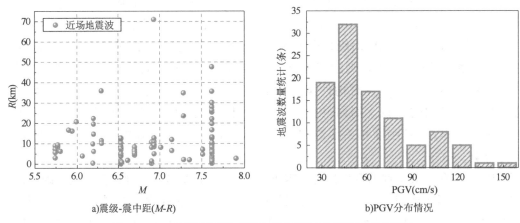

a)震级-震中距(M-R)   b)PGV分布情况

图 5-11　100 条近场地震波的震级-震中距(M-R)和 PGV 分布情况

5.2.1.2 历史远场地震波

基于 NGA-West2 Database 平台选取了 100 组远场强震地震波,为了与前文中近场地震波的数量保持一致,本书只选择 100 条 FP 方向的地震波。这些地震波的震级-震中距(M-R)以及峰值地面速度(PGV)分布情况如图 5-12 所示。由图 5-12a)可知,这些远场地震波的震中距在 20~79km 之间分布较均匀。此外,地震波震级分布区间为 5.5 级到 7.6 级。由于远场地震波的强度往往较低,为获取尽量多的强震记录,所选的 100 条远场地震波震级整体上较近场地震波震级偏大一些。同时,由图 5-12b)可知,远场地震波的峰值地面速度(PGV)比近场地震波要小得多,大部分远场地震波的 PGV 均小于 30cm/s。

5.2.1.3 人工远场地震波

本书采用 Yamamoto 和 Baker 提出的"随机地震波模型"来生成 100 条人工地震波时程,并假定以上"随机地震波模型"的四个基本参数(M、R_{hyp}、R 和 V_{30})都服从均匀分布,其最大值和最小值与前文中选取的100条远场地震波相同。然后,采用拉丁超立方抽样方法(LHS)生成100组地震动强度指标样本信息。将这100组样本信息输入前面提到的随机地震波模型中,即可生成100条随机人工地震波,其震级-震中距(M-R)以及峰值地面速度(PGV)分布情况如图5-13所示。由图可知,人工生成的100条地震波的震中距和震级分布都很均匀,震中距(R)均大于20km且PGV大部分都小于20cm/s,因此100条人工地震波也可归类于远场地震波的范畴。

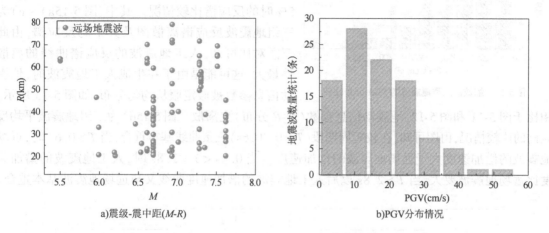

图5-12　100条远场地震波的震级-震中距(M-R)和PGV分布情况

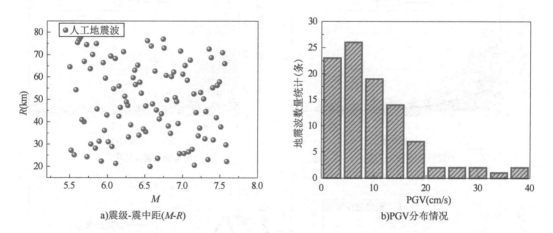

图5-13　100条人工地震波的震级-震中距(M-R)和PGV分布情况

5.2.1.4　地震波缩放

以上选择的三组地震波库都是直接基于震级(M)和震中距(R)等地震动信息获得的,并没有考虑峰值地面加速度(PGA)以及地震波频谱特性等的分布情况。如果以我国桥梁抗震设计中常用的PGA作为地震动强度指标,近场脉冲型地震波的PGA较大,100条波的PGA均值达383cm/s²,而远场地震波和人工地震波的PGA均值只有189cm/s²和97cm/s²,可见后两组地震波的PGA整体偏小。为了确保预测结果更多地反映桥梁结构的非线性动力响应,本书以近场地震波的PGA均值为基准,对后两组地震波的PGA值分别进行了统一的缩放调整,其

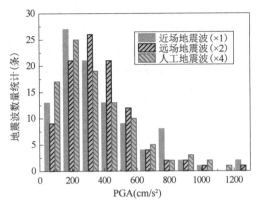

图 5-14 缩放后三类地震波的 PGA 分布比较

中,远场地震波统一乘放大系数 2,而人工地震波统一乘放大系数 4。经过缩放调整之后,三组地震波的 PGA 分布比较情况如图 5-14 所示。由图可知,缩放之后三组地震波的 PGA 分布情况基本相当。

图 5-15 为调整后的三组地震波在阻尼比 $\xi = 5\%$ 时的反应谱比较情况。其中,图 5-15a)~c)为三组地震波反应谱离散图及其平均反应谱,由此三图对比可知,人工地震波的反应谱曲线的离散性最大,这可能是由于在生成人工地震波时,地震动信息参数被假定服从均匀分布,如图 5-13 所示,相比于图 5-11 和图 5-12,地震动信息参数(M-R 分布)更离散。图 5-15d)为三组地震波平均反应谱的比较情况,由图可知,在较短周期段($T = 0 \sim 0.6$s)三条曲线基本重合,当 $T > 0.6$s 时,近场地震波的谱加速度大于远场地震波的谱加速度。当 0.6s $< T < 2.8$s 时,人工地震波的谱加速度比远场地震波要大,当 $T > 2.8$s 以后人工地震波的谱加速度曲线又与远场地震波基本重合。

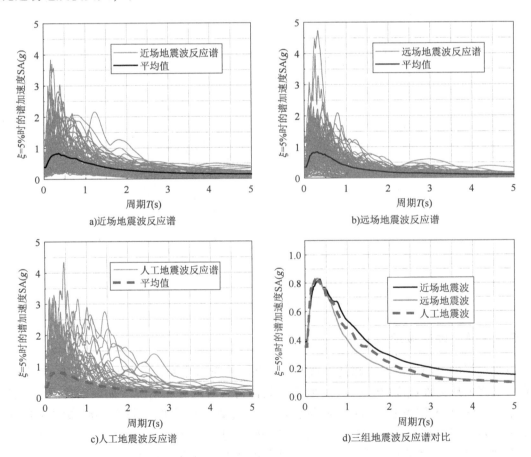

图 5-15 缩放后三组地震波的反应谱比较($\xi = 5\%$)

5.2.2 不同地震波库的不确定性分析

基于前文中建立的基本有限元模型(建模参数均取中值),分别输入上述三组经过缩放调整以后的地震波库存,基于 OpenSees 程序进行一系列非线性动力分析,并实时记录前 8 个 EDP(表 5-2)的地震响应。需要说明的是,本节中的桥墩工程需求参数不是直接以表 5-2 中的截面曲率来表示,而是以曲率延性比($\mu_{\phi L}$或$\mu_{\phi T}$)的形式来表示,曲率延性比为截面曲率响应与钢筋首次屈服曲率的比值。然后,按照 2.1 节给出的概率性地震需求分析方法,以 PGA 为地震动强度指标建立不同 EDP 在三类地震波激励下的 PSDM,如图 5-16 ~ 图 5-19 所示。

由图可知,对于同一构件,分别由近场地震波和远场地震波得到的 PSDM 有明显的差别,在相同的地震动强度(PGA 相同)下,由近场地震波得到的各构件的需求响应均值通常要高于由远场地震波得到的需求响应均值。然而,由人工地震波得到的 PSDM 则与远场地震波得到的 PSDM 十分接近,其原因可能是本书生成人工地震波所需的地震动信息直接来源于所选取的远场地震波统计结果,因此,人工地震波实际上也应属于无脉冲型远场地震波的范畴。

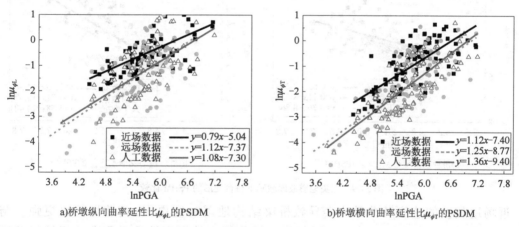

图 5-16　三类地震波库激励下桥墩曲率的 PSDM 比较

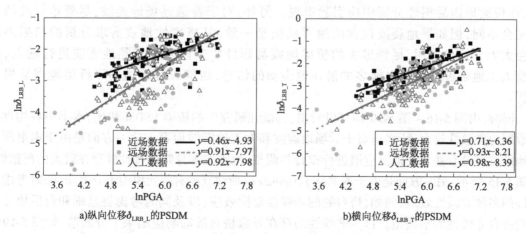

图 5-17　三类地震波库激励下铅芯橡胶支座位移的 PSDM 比较

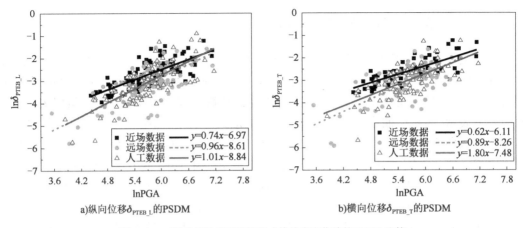

a) 纵向位移 δ_{PTEB_L} 的PSDM　　　　b) 横向位移 δ_{PTEB_T} 的PSDM

图 5-18　三类地震波库激励下板式橡胶支座位移的 PSDM 比较

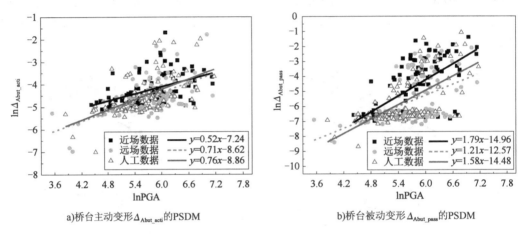

a) 桥台主动变形 Δ_{Abut_acti} 的PSDM　　　　b) 桥台被动变形 Δ_{Abut_pass} 的PSDM

图 5-19　三类地震波库激励下桥台变形的 PSDM 比较

近场地震波的速度脉冲效应会导致桥梁结构地震响应更大,其破坏性也更强。与普通远场地震波(无速度脉冲)相比,近场脉冲波作用下的概率性地震需求分析结果差别较大,在桥梁地震易损性分析中应引起重视。另外,对于普通远场地震波,尽管地震波的来源完全不同,但如果地震波包含的地震动信息一致,其概率性地震需求分析的结果差别不会太大。这也表明,尽管过去的桥梁地震易损性研究多采用天然地震波进行输入,但只要人工地震波能反映足够多的潜在地震动的信息,也能较好地适用于桥梁地震易损性分析。

同时,由图 5-16 ~ 图 5-19 还可以看出,与既往研究中的桥梁 PSDM 相比,本书中各构件响应数据的离散性较大,特别是对于远场地震波和人工地震波而言。这一方面是由于本书所选的地震波并没有基于规范反应谱进行拟合和调整,地震波本身频谱特性就存在较大的离散性,如图 5-15 所示;另一方面是由于本书基于 OpenSees 所建立的有限元模型十分复杂,同时考虑了构件的多种非线性效应,例如,桥台处的非线性碰撞效应,以及同时考虑桩基础和台后填土贡献的桥台非线性力学模型。这些非线性的存在导致桥台被动响应结果十分离散,如图 5-19b)所示,碰撞前和碰撞后的响应数据严重分离。

以上分析结果表明,不同类型的地震波库会导致建立的结构概率性地震需求模型(PSDM)相差很大,这种差别是由地震波库对地震波库的不确定性导致的。也就是说,在桥梁地震易损性分析中输入地震波的选择十分重要。在易损性分析中,一般认为输入地震波的选择取决于结构物所在工程场地的地震危险性分析,例如,美国地质勘探局(USUG)已经建立了较完善的可以查询美国全境内地震危险性的查询系统,研究人员可以通过该系统方便地查询到不同地区的地震危险性曲线,并以此来选择地震波。我国目前还没有类似的地震危险性查询系统,如果场地没有进行地震危险性分析,一般就采用基于规范设计反应谱对所选的地震波进行调整的方法,以此来减小输入地震波的选择带来的不确定性。然而,在桥梁结构的概率性地震需求分析或易损性分析中,来源于输入地震波库本身的不确定性是随机的,属于偶然的不确定性。显然,通过人为地改变输入地震波库来降低不确定性的做法是不太合理的。

除了以上讨论库对库的不确定性外,对于已经确定了的地震波库,地震波频谱特性的差异性同样会导致随机的不确定性,主要表现为概率性地震需求分析中数据点的离散程度,离散性越大,回归分析的对数标准差$\beta_{d|IM}$越大,地震波的不确定性也就越大。这种不确定性就是指地震波对地震波的不确定性。如果β_d值过大,则会导致采用式(2-3)进行的线性拟合效果不佳,拟合效果不佳的 PSDM 会在一定程度上影响概率性地震需求分析的精度。桥梁概率性地震需求分析中,一个好的 PSDM 应该能准确地预测结构工程需求参数(EDP)与地震动强度指标(IM)之间的概率关系,可见这种预测的准确性直接与 Record-to-Record 不确定性大小相关。

由概率性地震需求模型(PSDM)的表达式可知,PSDM 建立的是工程需求参数(EDP)和地震动强度指标(IM)之间的概率关系。然而,地震动强度指标可以用不同的 IM 表示。图 5-20 ~ 图 5-22 分别为三类地震波激励下,采用不同 IM 时对应的桥墩响应 PSDM 对比情况。图中粗实线表示以峰值地面加速度(PGA)为 IM 时的 PSDM,虚线表示以桥梁基本周期对应的谱加速度(SA)为 IM 时的 PSDM。由图可知,在近场地震波、远场地震波和人工地震波的激励下,以 PGA 作为 IM 时,桥墩纵向曲率延性比($\mu_{\phi L}$)对应 PSDM 的对数标准差分别为 0.51、0.76 和 0.69,线性回归分析的决定系数(R^2)分别为 0.41、0.41 和 0.49;以 SA 作为 IM 时,对应 PSDM 的对数标准差分别降低为 0.30、0.29 和 0.35,线性回归分析的决定系数增大到 0.78、0.92 和 0.88。由此可见,选择合理的地震动强度指标能减小 Record-to-Record 不确定性对地震响应预测结果的影响。然而,在基于全概率框架的结构抗震性能评估方法中,最优地震动强度指标的选择需要考虑效率性、实用性和充分性等多重标准。因此,后文将针对三类不同的地震波库,详细讨论和评估不同 IM 的合理性。

5.2.3　不同地震波库的合理 IM 比较和选择

根据 2.3.21 节中不同地震动强度指标(IM)的定义,首先计算地震波库中每条地震波对应的 28 个 IM,并针对每个 IM,分别建立桥墩($\mu_{\phi L}$ 或 $\mu_{\phi T}$)、铅芯橡胶支座(δ_{LRB_L} 或 δ_{LRB_T})、板式橡胶支座(δ_{PTEB_L} 或 δ_{PTEB_T})以及桥台(Δ_{Abut_pass} 或 Δ_{Abut_acti})的概率性地震需求模型(PSDM)。然后,依次根据效率性、实用性和充分性三个评价指标来判断不同 IM 的合理性。

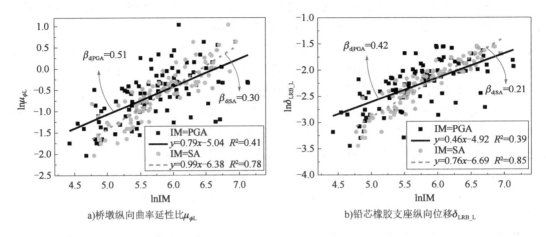

图 5-20 近场地震波库激励下基于 PGA 和 SA 的 PSDM 比较

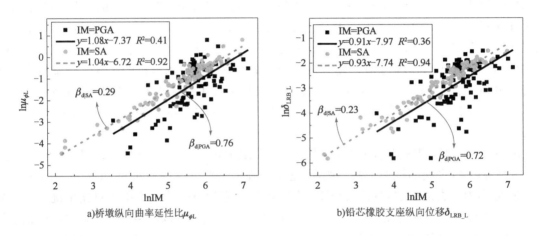

图 5-21 远场地震波库激励下基于 PGA 和 SA 的 PSDM 比较

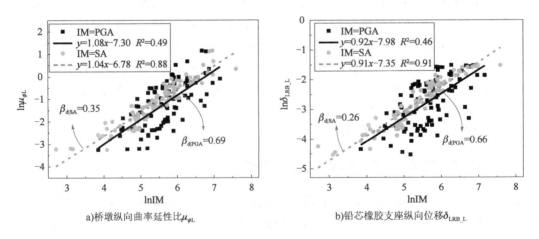

图 5-22 人工地震波库激励下基于 PGA 和 SA 的 PSDM 比较

5.2.3.1 近场地震波的 IM 评价

前面提到,参与评价的地震动强度指标(IM)首先应满足基于式(2-3)的标准 PSDM 模型假定。本书根据线性回归分析的决定系数(R^2)来对拟合优度进行评价,即R^2越大,标准 PSDM 的适用性就越强。图 5-23 为近场地震波 28 个 IM 对应不同构件响应 PSDM 的决定系数。由图可知,对于近场地震波而言,所有 IM 的决定系数都偏小($R^2<0.9$),特别是一些位移相关的 IM(PGD、EPD、DSI)、除I_A和A_{rms}以外的持时型 IM 以及除I_C以外的综合型 IM,这些 IM 的R^2值基本都小于 0.2。本书认为这些决定系数过小的 IM 不符合标准 PSDM 的假定,因此不再进入接下来的效率性评估环节。

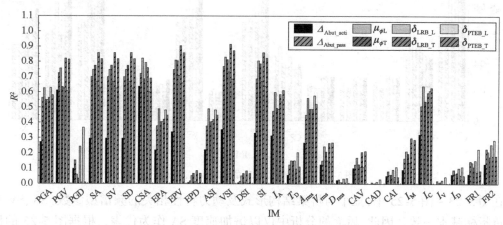

图 5-23 近场地震波 IM 对应不同构件响应 PSDM 模型的R^2分析

图 5-24 为去除决定系数过小的 IM 以后,剩下 14 个 IM 的对数标准差β_d(效率性)的比较结果。由图可知,决定系数较大的 14 个 IM 的对数标准差整体上分布比较均匀,除了个别构件响应 PSDM 的β_d值较大外,其他的β_d值基本都保持在 0.5 以下。这表明决定系数越大的 IM,其对应的"效率性"也越好。其中,桥台响应和桥墩横向地震响应的β_d过大,这可能是有限元模型中考虑了伸缩缝和挡块间隙处的非线性碰撞效应所致。仅从图 5-21 的对数标准差结果来看,可以认为这些参数都具有较好的效率性。

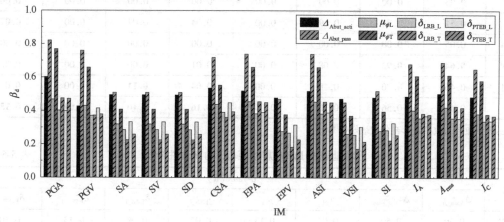

图 5-24 近场地震波 IM 的效率性(β_d)分析

综合考虑参数的实用性和效率性的特性,对不同 IM 的适用性进行比较分析。图 5-25 为效率性较好的 14 个 IM 的适用性比较结果。由图可知,尽管 14 个 IM 的对数标准差 β_d 比较接近(图 5-24),但是考虑了参数的实用性以后,其适用性计算结果却相差比较明显。其中,与桥梁结构形式及动力特性相关的频谱型参数(SA、SV、SD 和 CSA)以及基于速度的地震动强度指标(PGV、EPV、VSI 和 SI)的适用性表现较好。然而,基于加速度的地震动参数(PGA、EPA、ASI 和 A_{rms})、Arias 强度(I_A)以及特征强度(I_C)的适用性较差。

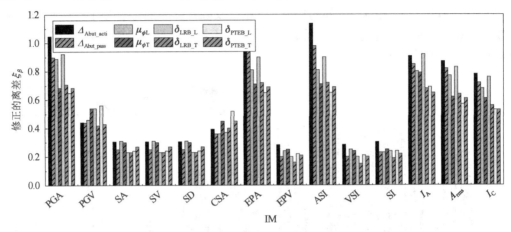

图 5-25 近场地震波 IM 的适用性(ζ_β)分析

在图 5-23~图 5-25 中,三个与桥梁结构形式及动力特性相关的频谱型参数(SA、SV、SD)的评价指标基本一致。因此,后面的分析中仅以谱加速度 SA 作为代表。根据图 5-25 的比较结果,选择适用性较好的 6 个 IM,包括 PGV、SA、CSA、EPV、VSI 和 SI,分别对其充分性进行分析。以上 6 个 IM 相应的标准 PSDM 的残差 $\varepsilon | IM$ 对震级(M)和震中距(R)的线性回归分析的 p-value 值汇总如表 5-4 和表 5-5 所示。

近场地震波 IM 对震级(M)的充分性分析　　　　表 5-4

IM	p-value(M)							
	Δ_{Abut_acti}	Δ_{Abut_pass}	$\mu_{\phi L}$	$\mu_{\phi T}$	δ_{LRB_L}	δ_{LRB_T}	δ_{PTEB_L}	δ_{PTEB_T}
PGV	0.05	0.00	0.00	0.00	0.00	0.00	0.00	0.00
SA	0.51	0.84	0.19	0.00	0.04	0.04	0.00	0.07
CSA	0.05	0.00	0.00	0.00	0.00	0.00	0.00	0.00
EPV	**0.64**	**0.92**	0.08	0.00	0.01	0.00	0.00	0.02
VSI	0.46	0.70	0.18	0.00	0.04	**0.11**	0.00	0.05
SI	0.42	0.56	**0.30**	0.00	**0.16**	0.10	**0.09**	**0.15**

注:表中加粗的数字表示充分性最好的 IM。

近场地震波 IM 对震中距(R)的充分性分析　　　　表 5-5

IM	p-value(R)							
	Δ_{Abut_acti}	Δ_{Abut_pass}	$\mu_{\phi L}$	$\mu_{\phi T}$	δ_{LRB_L}	δ_{LRB_T}	δ_{PTEB_L}	δ_{PTEB_T}
PGV	0.59	0.59	0.04	0.13	0.07	0.09	0.13	0.10

续上表

IM	Δ_{Abut_acti}	Δ_{Abut_pass}	$\mu_{\phi L}$	$\mu_{\phi T}$	δ_{LRB_L}	δ_{LRB_T}	δ_{PTEB_L}	δ_{PTEB_T}
				p-value(R)				
SA	0.55	0.34	**0.28**	**0.24**	**0.51**	**0.38**	0.85	**0.36**
CSA	0.66	0.64	0.05	0.02	0.06	0.04	0.10	0.04
EPV	0.62	0.28	**0.28**	0.21	0.44	0.35	**0.95**	0.34
VSI	0.66	0.32	0.26	0.20	0.40	0.33	0.93	0.34
SI	**0.99**	**0.71**	0.18	0.13	0.22	0.19	0.64	0.20

注：表中加粗的数字表示充分性最好的 IM。

由表 5-4 可知，对于近场地震波而言，几乎所有的 IM 均不能完全满足对震级(M)的充分性要求。其中，参数 PGV 和 CSA 的充分性最差，这两个参数对任何构件的地震响应均不满足充分性的要求。参数 SA、EPV 和 VSI 对桥台响应和桥墩纵向地震响应的充分性较好，但对其他构件的响应却不满足充分性的要求。相对而言，参数 SI 能满足对大部分构件响应的充分性的要求，因此其充分性最好。

由表 5-5 可知，对于近场地震波而言，除了参数 CSA、PGV 以外的所有 IM 都能满足对震中距(R)的充分性要求。其中，充分性最强的 IM 因工程需求参数的不同而不同，例如，对于桥台地震响应而言，充分性最强的 IM 是 SI，但对于桥墩地震响应而言，充分性最强的 IM 却是 SA。相对而言，所有参数中 SA 对震中距(R)的充分性最好。

综上所述，以上 6 个 IM 对震级(M)的充分性较差，对震中距(R)的充分性较强。然而，这些参数均无法同时满足对震级(M)和震中距(R)的充分性要求。例如，当以 VSI 为地震动强度指标时，板式橡胶支座纵向位移响应(δ_{PTEB_L})的残差($\varepsilon|VSI$)对震级(M)和震中距(R)的回归分析结果如图 5-26 所示。由图 5-26 可知，板式橡胶支座纵向位移响应(δ_{PTEB_L})对震级(M)的充分性较差，p-value=0.0005，表现为残差($\varepsilon|VSI$)与震级(M)之间存在一定的线性关系，如图 5-26a)中向下倾斜的回归直线(负相关)所示。而 δ_{PTEB_L} 对震中距(R)的充分性较强，p-value=0.93，表现为残差($\varepsilon|VSI$)与震中距(R)之间是相互独立的，如图 5-26b)中几乎水平的回归直线(零相关)所示。

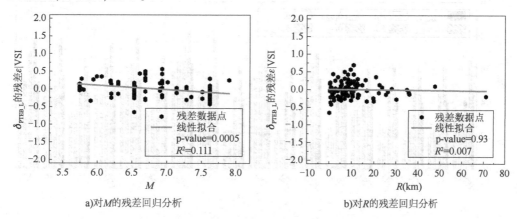

a) 对 M 的残差回归分析　　　　b) 对 R 的残差回归分析

图 5-26　近场地震波作用下 δ_{PTEB_L} 对震级(M)和震中距(R)的残差回归分析

5.2.3.2 远场地震波的 IM 评价

按照上述流程分别对远场地震波不同 IM 的各项指标进行评价。图 5-27 为全部 28 个 IM 的回归决定系数(R^2)分析结果。由图可知,相比于近场地震波,远场地震波不同 IM 的 R^2 明显要大得多。然而,仍有一部分 IM 的 R^2 较小。对于这些回归决定系数(R^2)过小的 IM(PGA、PGD、EPA、ASI、T_D、D_{rms}、CAI、I_D、FR1、FR2),同样认为不符合标准 PSDM 的假定。因此,以上 10 个参数不再进入后面的 IM 效率性评估环节。

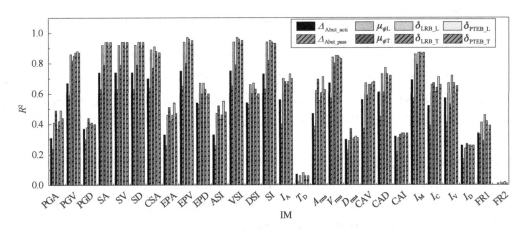

图 5-27 远场地震波 IM 对应不同构件响应 PSDM 模型的 R^2 分析

图 5-28 和图 5-29 为远场地震波剩下 18 个 IM 的效率性和适用性对比分析结果。由图可知,与近场地震波相同,与桥梁结构的形式及动力特性相关的频谱型参数(SA、SV、SD、CSA)以及基于速度的地震动强度指标(PGV、EPV、VSI、SI、V_{rms})的效率性和适用性均表现较好。此外,中周期强度参数 I_M 的效率性和适用性也较好。同理,由于 3 个与桥梁结构相关的频谱型参数(SA、SV、SD)的适用性评价指标基本一致,后文中仅以谱加速度 SA 作为代表。因此,对于远场地震波,将有 8 个适用性较好的 IM 进入充分性评估环节。

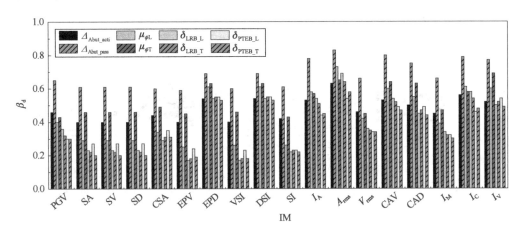

图 5-28 远场地震波 IM 的效率性(β_d)分析

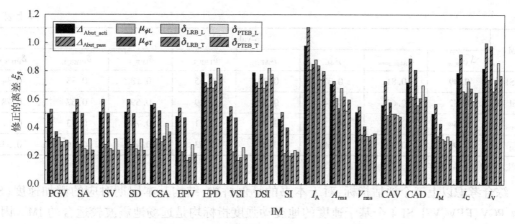

图 5-29 远场地震波 IM 的适用性(ζ_β)分析

以上 8 个地震动参数相应的标准 PSDM 的残差($\varepsilon | \mathrm{IM}$)对震级($M$)和震中距($R$)的线性回归分析的 p-value 值如表 5-6 和表 5-7 所示。由表可知,本书选择的 8 个 IM 均能同时满足对震级(M)和震中距(R)的充分性要求。与近场地震波的情况类似,其中充分性最好的 IM 因 EDP 的不同而不同。例如,桥台主动变形($\Delta_\mathrm{Abut\_acti}$)对震级($M$)充分性最好的 IM 是 PGV,但桥台被动变形($\Delta_\mathrm{Abut\_pass}$)对震级($M$)充分性最好的 IM 是 SA。此外,与近场地震波的情况有所不同的是,总体而言,以上 8 个 IM 对震级(M)的充分性比对震中距(R)的充分性要好一些。此外,在地震动强度指标满足充分性基本要求的前提下,没必要再过分强调 p-value 值的相对大小。

远场地震波 IM 对震级(M)的充分性分析 表 5-6

IM	p-value(M)							
	$\Delta_\mathrm{Abut\_acti}$	$\Delta_\mathrm{Abut\_pass}$	$\mu_{\phi L}$	$\mu_{\phi T}$	$\delta_\mathrm{LRB\_L}$	$\delta_\mathrm{LRB\_T}$	$\delta_\mathrm{PTEB\_L}$	$\delta_\mathrm{PTEB\_T}$
PGV	**0.71**	0.81	0.58	0.49	0.71	0.81	0.82	0.85
SA	0.34	**0.98**	**0.97**	0.49	0.69	0.64	0.58	0.57
CSA	0.32	0.73	0.67	0.70	0.43	0.56	0.61	0.64
EPV	0.39	**0.98**	0.82	0.39	0.67	0.75	0.65	0.76
VSI	0.45	0.90	0.65	0.33	**0.88**	**0.93**	0.74	**0.92**
SI	0.69	0.73	0.34	0.24	0.54	0.54	0.94	0.59
V_rms	0.68	0.75	0.52	0.42	0.68	0.68	**0.97**	0.68
I_M	0.22	0.81	0.54	**0.93**	0.36	0.32	0.22	0.29

注:表中加粗的数字表示充分性最好的 IM。

远场地震波 IM 对震中距(R)的充分性分析 表 5-7

IM	p-value(R)							
	$\Delta_\mathrm{Abut\_acti}$	$\Delta_\mathrm{Abut\_pass}$	$\mu_{\phi L}$	$\mu_{\phi T}$	$\delta_\mathrm{LRB\_L}$	$\delta_\mathrm{LRB\_T}$	$\delta_\mathrm{PTEB\_L}$	$\delta_\mathrm{PTEB\_T}$
PGV	0.66	0.55	0.18	0.61	0.33	**0.96**	**0.88**	**0.81**
SA	0.70	**0.94**	**0.97**	0.38	0.60	0.14	0.11	0.17
CSA	0.55	0.82	0.65	0.06	0.38	0.05	0.11	0.10
EPV	**0.99**	0.82	0.42	0.18	0.64	0.15	0.30	0.30

续上表

IM	p-value(R)							
	Δ_{Abut_acti}	Δ_{Abut_pass}	$\mu_{\phi L}$	$\mu_{\phi T}$	δ_{LRB_L}	δ_{LRB_T}	δ_{PTEB_L}	δ_{PTEB_T}
VSI	**0.99**	0.81	0.37	0.20	0.55	0.18	0.33	0.34
SI	0.82	0.67	0.14	0.32	0.29	0.59	0.67	0.78
V_{rms}	0.54	0.48	0.13	**0.78**	0.21	0.78	0.73	0.69
I_M	**0.99**	0.86	0.60	0.24	**0.83**	0.41	0.46	0.53

注：表中加粗的数字表示充分性最好的 IM。

综合考虑以上三个评估指标，对于本书的算例桥梁，结构基本周期对应的谱加速度（SA）以及 PGV、EPV、VSI、SI 4 个基于速度的地震动强度指标均是远场地震波较适合的 IM。因此，在钢筋混凝土连续桥梁的概率性地震需求分析或易损性分析中，可以根据需要选择以上 5 个 IM 中的一个作为最佳的 IM。

5.2.3.3 人工地震波的 IM 评价

采用相同的方法对人工地震波的 IM 进行评价。前面提到，本书生成的人工地震波可归类于远场地震波，分析结果也表明，其 R^2 分析和效率性分析的结果与远场地震波基本相同。因此，本节直接给出了效率性较高的 18 个参数的适用性（ζ_β）分析结果，如图 5-30 所示。由图可知，人工地震波有 18 个效率性较高的 IM 的适用性与远场地震波基本相同。对于人工地震波而言，适用性表现较好的 IM 仍为与桥梁结构的形式及动力特性相关的频谱型参数（SA、SV、SD、CSA）、基于速度的地震动强度指标（PGV、EPV、VSI、SI、V_{rms}）以及中周期强度参数 I_M。同样，以 SA 作为 SV 和 SD 的代表，则 8 个适用性较好的 IM 对应 PSDM 的残差 $\varepsilon|IM$ 对于震级（M）和震中距（R）的线性回归分析的 p-value 值如表 5-8 和表 5-9 所示。

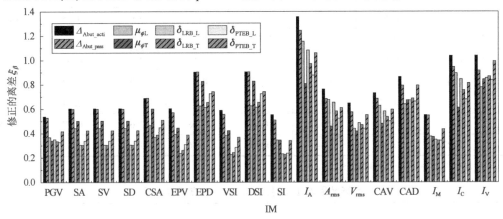

图 5-30　人工地震波 IM 的适用性（ζ_β）分析

人工地震波 IM 对震级（M）的充分性分析　　　　表 5-8

IM	p-value(M)							
	Δ_{Abut_acti}	Δ_{Abut_pass}	$\mu_{\phi L}$	$\mu_{\phi T}$	δ_{LRB_L}	δ_{LRB_T}	δ_{PTEB_L}	δ_{PTEB_T}
PGV	0.50	0.79	0.44	0.64	0.11	0.15	0.29	0.07

续上表

IM	p-value(M)							
	Δ_{Abut_acti}	Δ_{Abut_pass}	$\mu_{\phi L}$	$\mu_{\phi T}$	δ_{LRB_L}	δ_{LRB_T}	δ_{PTEB_L}	δ_{PTEB_T}
SA	**0.99**	0.31	0.71	0.17	0.70	**0.91**	0.76	0.41
CSA	0.82	0.25	0.43	0.12	**0.86**	0.71	0.53	**0.71**
EPV	**0.99**	0.30	0.68	0.13	0.64	0.89	0.75	0.38
VSI	0.97	0.32	0.72	0.13	0.57	0.82	0.79	0.34
SI	0.82	0.42	**0.99**	0.17	0.29	0.45	**0.84**	0.19
V_{rms}	0.48	**0.87**	0.41	**0.81**	0.17	0.22	0.32	0.11
I_M	0.53	0.75	0.49	0.60	0.13	0.19	0.34	0.09

注：表中加粗的数字表示充分性最好的 IM。

人工地震波 IM 对震中距(R)的充分性分析　　　　　表 5-9

IM	p-value(R)							
	Δ_{Abut_acti}	Δ_{Abut_pass}	$\mu_{\phi L}$	$\mu_{\phi T}$	δ_{LRB_L}	δ_{LRB_T}	δ_{PTEB_L}	δ_{PTEB_T}
PGV	0.06	0.09	0.29	0.05	0.36	0.19	0.29	0.66
SA	**0.16**	**0.22**	**0.89**	**0.45**	**0.98**	**0.67**	**0.97**	0.69
CSA	0.13	0.18	0.62	0.35	0.68	0.45	0.71	0.96
EPV	0.10	0.13	0.55	0.22	0.49	0.26	0.56	**0.99**
VSI	0.08	0.10	0.41	0.14	0.28	0.12	0.35	0.80
SI	0.06	0.07	0.28	0.06	0.18	0.06	0.16	0.62
V_{rms}	0.05	0.06	0.13	0.02	0.23	0.13	0.17	0.43
I_M	0.08	0.12	0.40	0.11	0.49	0.29	0.44	0.81

注：表中加粗的数字表示充分性最好的 IM。

由表 5-8 和表 5-9 可知，对于人工地震波而言，所选的 8 个 IM 对震级(M)和震中距(R)的充分性基本都能满足要求(p-value>0.05)。然而，与天然远场地震波相比较，其充分性整体上偏小，表现为表 5-9 中对震中距(R)的 p-value 值比表 5-7 中的 p-value 值要小。可能的原因是，在生成人工地震波时，尽管震级(M)和震中距(R)均作为地震动信息参数进行输入，且采用了随机分析方法，但地震波的频谱仍与二者有一定的联系。

5.2.4　关于地震动不确定性的讨论

在桥梁结构地震易损性分析中，往往要求输入的地震波与结构物所在工程场地的地震危险性分析结果相符合。因此，对工程场地进行准确的地震危险性分析是确保所选取地震波数据库合理的重要途径。然而，需要强调的是，确保选择地震波数据库的合理，并不一定就能减小地震波的不确定性。对于没有经过详细地勘和地震危险性分析的场地，一般采用基于规范设计反应谱谱形匹配的方法来调整历史地震波或生成人工地震波。尽管研究结果表明，采用该方法处理地震波有一定的合理性，而且可以明显降低结构地震需求响应的离散性，然而，不可否认的是，规范设计反应谱的建立和地震波的缩放调整过程都是基于某种假定，而这种假定实际上又会引入另外一种重要的不确定性,即认知的不确定性。因此,在结构概率性地震需求分析或易损性分析中,我们可以尽量保证所选地震波数据库的合理性,却很难消除和减小地震波固有的不确定性。

本书选取了三种不同类型的地震波数据库进行研究,我们希望看到的理想情况是,基于三个地震波数据库的同一构件的 PSDM 基本保持一致。然而,实际情况却是,不同构件的 PSDM 对地震波数据库的选择有依赖性。特别是由近场地震波和远场地震波建立的 PSDM 之间有明显的差别,在相同的地震动强度下,由近场地震波得到的地震需求响应均值通常要高于由远场地震波得到的需求响应均值。实际上,Neilson 在其博士论文中采用两组不同的人工地震波,对不同类型的桥梁进行了地震易损性分析,其研究结果也表明,两组地震波得到的地震易损性曲线存在较明显的差别。前面提到,这种地震波库与地震波库(Bin-to-Bin)之间的差异性或不确定性,真正反映的是地震波数据库选择过程的合理性。这种不确定性实际上更多地与概率性地震危险性分析(PSHA)相关。本书主要研究桥梁结构的概率性地震需求分析(PSDA)和概率性抗震能力分析(PSCA),因此,暂不对 Bin-to-Bin 的不确定性做进一步的讨论。

地震波固有的不确定性在地震易损性分析中是无法降低或消除的。然而,对于已经选定的地震波数据库,选择合适的 IM 却可以减小 PSDM 的不确定性。在结构概率性地震需求分析或易损性分析中,地震波的不确定性实际上表现为结构地震需求响应的离散性,并最终决定了概率性地震需求模型(PSDM)的预测精度。该精度可用 PSDM 的对数标准差(β_d)来表示,即对数标准差(β_d)越小,对 PSDM 的预测越准确,因此 β_d 又被称为衡量地震波对地震波(Record-to-Record)不确定性的重要指标。由于 PSDM 是用来表示结构工程需求参数(EDP)与地震动强度指标(IM)之间函数关系的模型,当 EDP 和 IM 取不同的值时,对数标准差 β_d 的值自然也会不同。因此,在地震波库和 EDP 确定的情况下,尽管地震波的不确定性无法再改变,但通过选择合适的 IM,可以减小地震波的不确定性对 PSDM 的影响。如果选择的 IM 对应的对数标准差 β_d 越小,则该 IM 越合理。

由前面的分析可知,合理地震动强度指标的选择是目前基于性能地震工程研究中的一个研究热点,很多学者针对不同类型的结构形式,对合理 IM 的选择展开了大量的研究。衡量一个地震动强度指标(IM)的合理性的评价指标有很多,其中,对数标准差 β_d 主要用来衡量 IM 的效率性,该指标反映了地震波激励下结构地震需求响应的不确定性。从结构工程师的角度来看,一个高效率的地震动强度指标应该能够使结构在指定 IM 情况下的地震响应有足够的可信度。此外,Padgett 等提出了修正对数标准差的概念,又称适用性,也能反映地震波不确定性的影响。

尽管充分性是用来衡量一个 IM 是否对地震动信息参数(震级 M 或震中距 R)保持统计独立的标准,并不能直接反映地震波不确定性的影响大小,然而,IM 的充分性决定了全概率理论能否被用于 PEER 提出的基于性能的抗震性能评估框架。因此,地震动强度指标的充分性直接关系到概率性地震需求分析与概率性地震危险性分析之间的逻辑关系,一个合理的地震动强度指标应该同时满足充分性的要求。本书分析结果表明,对近场地震波而言,当采用与桥梁结构的形式及动力特性相关的频谱型参数(SA、SV、SD 和 CSA)以及基于速度的地震动强度指标(PGV、EPV、VSI 和 SI)作为 IM 时,可以有效降低地震波不确定性对算例桥梁地震响应的影响,即这些参数的适用性较好。然而,所有这些 IM 的充分性却比较差。这主要是由于本书中的 IM 均为单参数标量型指标,Baker 和 Cornell 的研究表明,近场地震波更适用采用多参数的向量型指标作为 IM。对远场地震波(天然波或人工波)而言,适用性表现较好的 IM 均能同时满足对震级(M)和震中距(R)的充分性要求,这些参数分别为与桥梁结构的形式及动力特性相关的频谱型参数(SA、SV、SD、CSA)、基于速度的地震动强度指标(PGV、EPV、VSI、SI、V_{rms}),以及中周期强度参数I_M。

另外,既然充分性反映了地震动强度指标(IM)与地震动信息参数(震级 M,震中距 R)之间的统计独立性,也就是说,基于充分性较好的 IM 建立的 PSDM 与地震动信息参数的取值无关。前文中提到,地震波数据库的选择实际上是与地震动信息参数相关的,例如,近场地震波的震中距(R)一般小于 20km,而远场地震波的震中距(R)一般大于 20km。因此,如果所选取的地震动强度指标有较好的充分性,即与震中距(R)之间存在统计独立性,则可以排除选波过程对震中距的依赖。例如,以桥墩纵向地震响应($\mu_{\phi L}$)为例,当 IM 分别为 PGV 和 SA 时,由三个地震波库建立的 PSDM 的比较情况如图 5-31 所示。由前文中各地震波库的充分性分析结果(表 5-5、表 5-7、表 5-9)可知,当以 PGV 为 IM 时,近场、远场和人工地震波响应结果的残差对震中距(R)的回归 p-value 值分别为 0.04、0.18 和 0.29。由此可见,近场地震波以 PGV 为 IM 时不满足充分性的要求,而远场地震波和人工地震波以 PGV 为 IM 时的充分性较好。因此,基于近场地震波的 PSDM 与震中距(R)的选择有关,而远场和人工地震波的 PSDM 与震中距(R)的选择无关。如图 5-31a)所示,远场和人工两类地震波的 PSDM 十分接近,但近场地震波的 PSDM 却与之相差较大。相反,当以 SA 为 IM 时,三类地震波响应结果的残差对震中距(R)的回归 p-value 值分别为 0.28、0.97 和 0.89。此时得到的三个PSDM十分接近,如图 5-31b)所示。

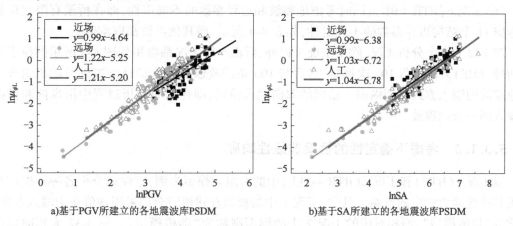

a)基于PGV所建立的各地震波库PSDM　　b)基于SA所建立的各地震波库PSDM

图 5-31　充分性对不同地震波库 PSDM 的影响

对于其他几个工程需求参数(EDP)或地震动强度指标(IM),也能得到类似的结论,本书不再一一列出。以上分析结果表明,如果一个地震动强度指标(IM)能够同时使由不同地震波库得到的地震响应残差对地震动信息参数(震级 M 或震中距 R)有较好的充分性,则地震波库与地震波库(Bin-to-Bin)之间的不确定性会大大降低。换句话说,选用充分性较好的 IM 可以在某种程度上简化概率性地震需求分析或易损性分析中地震波库的选波过程。

5.3 考虑不确定性的桥梁地震易损性分析

5.3.1 考虑不确定性的桥梁动力响应分析

5.3.1.1 不确定性分析工况

根据 5.1 节中不确定性参数敏感性分析选出的 13 个重要不确定性参数,综合考虑地震波不确定性(RTR),进一步研究各类不确定性参数在结构地震易损性分析中的传递效果。后文将针对以下几个不确定性分析工况来分别建立各构件的地震易损性函数:

(1)工况 1(RTR):只考虑地震波的不确定性,即在桥梁有限元建模时所有建模相关参数都取其均值。

(2)工况 2(RTR + ALL):同时考虑地震波和全部建模相关参数的不确定性,即在桥梁有限元建模时要考虑所有 26 个建模相关参数的不确定性,如表 4-2、表 4-3 和表 4-4 所示。

(3)工况 3(RTR + KEY):同时考虑地震波和本章确定的 13 个重要的桥梁建模相关不确定性参数,即在桥梁有限元建模时只考虑 13 个重要建模参数的不确定性,如表 5-3 所示,其他参数都取均值。

(4)工况 4(RTR + SU):同时考虑地震波和结构层次的不确定性,即在桥梁有限元建模时只考虑 5 个结构层次建模参数的不确定性,如表 4-2 所示,而其他参数都取均值。

(5)工况 5(RTR + MU):同时考虑地震波和材料层次的不确定性,即在桥梁有限元建模时只考虑 10 个材料层次建模参数的不确定性,如表 4-3 所示,而其他参数都取均值。

(6)工况 6(RTR + BU):同时考虑地震波和边界参数的不确定性,即在桥梁有限元建模时只考虑 11 个结构边界参数的不确定性,如表 4-4 所示,而其他参数都取均值。

对于以上 6 个分析工况,除了工况 1 以外,后面 5 种工况都将用到图 4-3 所示的拉丁超立方抽样(LHS)方法进行 100 次抽样,然后与 100 条缩放以后的远场地震波进行随机组合。本书地震波的输入方式采用纵向 + 横向的双向输入模式,即在动力分析过程中沿纵向和横向同时输入同一条地震波。

5.3.1.2 考虑不确定性的桥梁非线性响应

以工况 1(RTR)和工况 2(RTR + ALL)中的有限元模型为例,定性地分析各种不确定性对桥梁非线性动力响应的影响。其中,工况 1 中的模型在建模时全部采用均值作为输入参数,因此称为"均值模型";而相对应的工况 2 中的模型则称为"随机模型"。图 5-32 为相同地震波作用下两个模型的非线性动力滞回响应的对比情况。由图可知,考虑了桥梁建模参数的不确定性以后,各构件地震响应之间的差别十分明显。例如,均值模型的桥墩墩底的最大曲率延性比为 3.05,然而,相同地震波作用下随机模型的墩底最大曲率延性比仅为 2.01,减小量达 30% 以上;参照表 4-5 定义的桥墩在不同损伤状态的极限指标可知,均值模型的桥墩在该地震波作用下会发生中等损伤,但随机模型的桥墩则仅会发生轻微损伤。与此同时,由图 5-32 可知,考虑了建模参数的不确定性以后,桥台和支座等构件的地震响应却有所增大,例如,板式橡胶支座(PTEB)的最大相对位移从0.083m增大到了0.112m。由此可见,建模相关不确定性参数对不同构件地震响应的影响是不同的,但由于工况2同时考虑了26个建模相关参数的不确定性,而且这些参数之间的组合是完全随机的,因此这些不确定性的影响也是随机的。

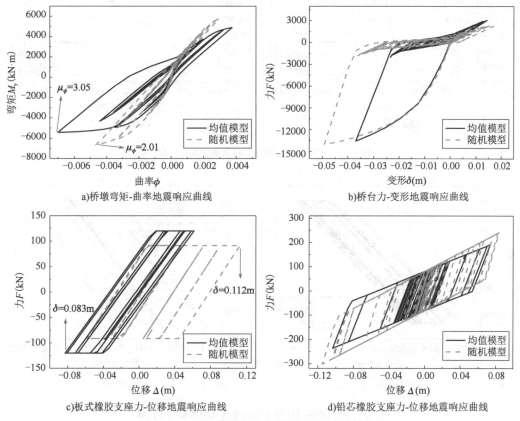

图5-32 相同地震波作用下不同构件的地震响应比较

图5-33~图5-35依次为桥台、板式橡胶支座、铅芯橡胶支座三种构件在3条不同地震波作用下滞回响应的比较情况。需要说明的是,随机模型是基于LHS方法得到,并与地震波一对一随机组合而成。由图5-33~图5-35可知,由于地震波本身不确定性的影响,均值模型在不同的地震波作用下各构件地震响应最大值不一样。然而,值得注意的是,相同构件不同滞回响应的包络轨迹却是完全一致的,如图5-33a)、图5-34a)、图5-35a)所示;对于桥梁随机模型,由于同时受到地震波不确定性和建模参数相关不确定性的双重影响,不仅各构件的滞回响应最大值会因输入地震波的不同而不同,而且其滞回响应的包络轨迹也完全不同,如图5-33b)、图5-34b)、图5-35b)所示。与构件力学模型相关的不确定性参数越多,这种包络轨迹的差异性越明显。例如,板式橡胶支座橡胶材料弹性模量G_{PTEB}以及支座摩擦因数μ_{PTEB}均为建模不确定性参数,因此图5-34b)中的支座水平剪切刚度和屈服力均不一致。由此可见,构件地震响应滞回曲线包络轨迹的不同是桥梁建模参数相关不确定性导致的,而响应最大值的不同则是地震波不确定性和建模参数相关不确定性共同作用的结果。

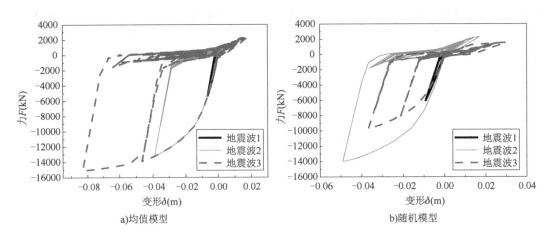

图 5-33　不同地震波作用下桥台地震响应比较

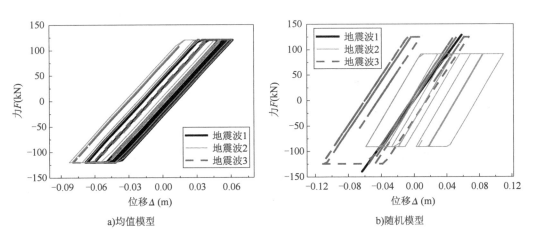

图 5-34　不同地震波作用下板式橡胶支座地震响应比较

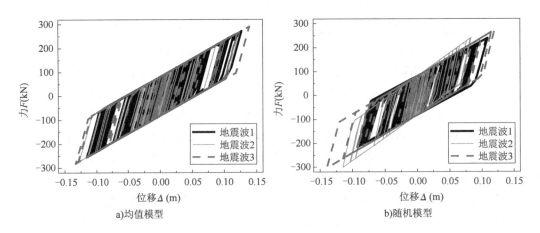

图 5-35　不同地震波作用下铅芯橡胶支座地震响应比较

5.3.2 桥梁构件地震易损性分析

5.3.2.1 确定模型的构件地震易损性曲线

根据已建立的概率性地震需求模型(PSDM)以及第4章确定的各构件在不同损伤状态下的极限指标,可以建立构件的地震易损性函数。将式(2-5)与式(2-3)相结合,可以得到:

$$P[D \geqslant \mathrm{DS}_i | I] = \Phi\left(\frac{\ln\mathrm{IM} - \dfrac{\ln S_{ci} - \ln a}{b}}{\dfrac{\sqrt{\beta_d^2 + \beta_{ci}^2}}{b}}\right) = \Phi\left(\frac{\ln\mathrm{IM} - \ln\mathrm{IM}_{mi}}{\zeta_{\beta i}}\right) \quad (5\text{-}2)$$

式中:DS_i——第 i 种损伤状态损伤指标,$i = 1 \sim 4$;

IM_{mi}——构件的第 i 种损伤状态对应的地震动强度均值,按式(5-3)计算;

a、b——概率性地震需求模型(PSDM)的回归系数;

$\zeta_{\beta i}$——修正的对数标准差或离差,该值反映了结构或构件能力和地震需求的联合不确定性,按式(5-4)计算。

$$\mathrm{IM}_{mi} = \exp\left(\frac{\ln S_{ci} - \ln a}{b}\right) \quad (5\text{-}3)$$

$$\zeta_{\beta i} = \frac{\sqrt{\beta_d^2 + \beta_{ci}^2}}{b} \quad (5\text{-}4)$$

IM_{mi}、$\zeta_{\beta i}$ 和式(2-1)中两个易损性参数 θ 和 β 相对应。根据式(5-2)可以建立桥梁系统中所有构件的地震易损性曲线。本书主要考虑桥墩、板式橡胶支座、铅芯橡胶支座和桥台4种构件的损伤。其中,每一种构件都分布在桥梁结构系统的不同部位。对于本书的算例桥梁,桥台和铅芯橡胶支座都只有两组,而且布置完全对称,因此,可取左边桥台以及布置在台帽上的铅芯橡胶支座(LRB)作为代表。分析结果表明,2号桥墩在所有截面位置均比1号桥墩更容易损伤,且墩顶横向的易损性要小得多,因此本书以2号桥墩墩底的易损性曲线作为桥墩损伤的代表,同时,本书以1号墩顶支座的易损性曲线作为板式橡胶支座损伤的代表。

图5-36为在4种损伤状态下不同构件的地震易损性曲线比较情况。由图可知,桥台处铅芯橡胶支座(LRB)为前三种损伤状态下最容易损伤的构件,而墩顶处板式橡胶支座(PTEB)的失效超越概率比铅芯橡胶支座要小得多。这主要是由于桥墩的侧向抗推刚度要小于刚性的桥台,因此,铅芯橡胶支座在地震作用下的相对位移响应要大于板式橡胶支座。然而,铅芯橡胶支座的完全破坏状态并不是由支座本身的破坏决定的,而是由落梁破坏决定的。本书算例桥梁是按最新的《公路桥梁抗震设计规范》(JTG/T 2231-01—2020)设计的,其主梁最小搭接长度为0.55m。因此,铅芯橡胶支座在完全破坏状态下的易损性要小于板式橡胶支座。在轻微损伤状态下,尽管桥墩在纵向的易损性略大于板式橡胶支座纵向的易损性,但在后三种损伤状态下,桥墩均为最不易损伤的构件之一。另外,由图5-36可知,桥台发生严重损伤和完全破坏的概率相对较小。由于桥台处的非线性碰撞效应导致桥台被动响应离散性很大,图中桥台被动响应的易损性曲线比其他构件的易损性曲线要平坦,这正是由于概率性地震需求分析中的

β_d 过大所致。总体而言,与既往旧桥地震易损性分析结果相比,本书算例桥梁不同构件的易损性曲线的分布是比较合理的,没有出现单个构件的失效超越概率远大于其他构件的情况,这主要是由于算例桥梁采用了较为合理的支座布置形式。

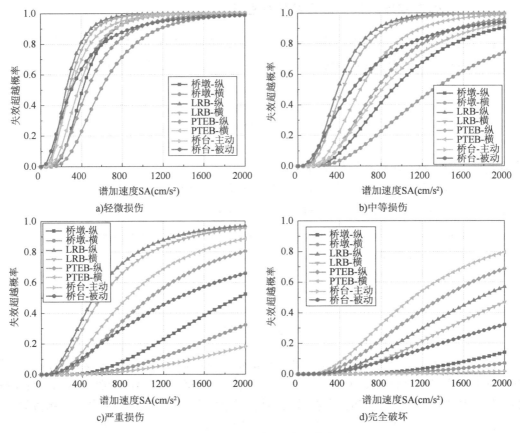

图 5-36　不同桥梁构件的易损性曲线比较

5.3.2.2　建模不确定性因素对构件易损性的影响

下面将结合另外几种工况,分别讨论各类不确定性因素对桥梁地震易损性曲线的影响。由式(5-2)可知,构件的地震易损性函数主要是由不同损伤状态下的地震动强度均值(IM_m)和对数标准差(ζ_β)共同决定的,因此,本书将分别讨论不确定性对二者的影响。

(1) 不确定性对地震动强度均值(IM_m)的影响

地震波本身的不确定性会导致桥梁构件的最大地震需求值存在差异,考虑了建模相关的不确定性以后,构件的最大地震需求值同样会改变。然而,采用拉丁超立方抽样(LHS)方法得到的不确定性参数组合是完全随机的,定性的分析结果无法对这些不确定性的影响大小进行量化。概率性地震需求分析和易损性分析则可以用来量化这种影响的大小。图 5-37 为工况 1(RTR)、工况 2(RTR + ALL)以及工况 4(RTR + SU)对应的桥墩(纵向)和桥台(被动)的概率性地震需求模型(PSDM)。由图可知,桥梁建模相关参数不确定性对均值的影响随构件的不同而不同。图 5-37a)中的三条直线几乎重合,表明桥梁建模相关参数的不确定性对桥墩纵向响应的均值几乎没有影响。图 5-37b) 中的三条直线却存在一定的差别,特别是考虑了全部 26 个桥梁建模相关参数的不确定性之后,这种差别更加明显了,这表明桥梁建模相关参数的不确定性对桥台被动响应的均值有较大的影响,但仅考虑结构层次的不确定性(SU)时的影响较小。

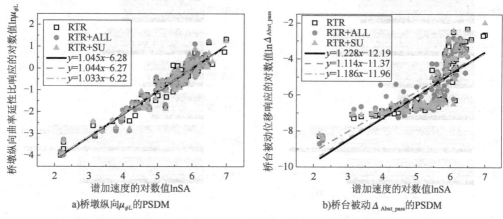

图 5-37　各种不确定性对桥墩和桥台 PSDM 的影响

确定了各构件的损伤指标以后,可直接根据式(5-2)中的地震动强度均值(IM_m)来表示各种不确定性因素对易损性函数的影响。图 5-38 为 6 种不确定性工况下,8 个工程需求参数(EDP)在 4 种损伤状态下的地震动强度均值。需要说明的是,由于桥台在主动方向发生严重损伤和完全破坏的概率极小,其对应的地震动强度均值远远高于其他构件,因此,图 5-38 并未给出其在这两种损伤状态下的均值。由图 5-38 可知,桥梁建模相关参数对桥墩横向、板式橡胶支座纵向以及桥台的易损性函数的均值影响较大,对其他构件的易损性函数的均值影响较小。例如,对桥墩纵向响应,RTR、RTR + ALL 以及 RTR + SU 三种工况的 IM_m 值相差并不大,表明桥梁建模相关参数的影响很小;对于桥台被动响应,RTR 和 RTR + SU 两种工况的 IM_m 值差不多,但 RTR + ALL 工况的 IM_m 值明显要小,表明结构层次不确定性的影响较小,但其他参数的影响不可忽略。

对比结构层次(SU)、材料层次(MU)以及边界条件(BU)三类不确定性参数的影响可知,边界条件不确定性的影响最大,材料层次不确定性的影响最小。总的来说,当同时考虑 26 个桥梁建模相关参数的不确定性时,对各构件易损性函数均值的影响最大,此时建立的易损性曲线也是最准确的。然而,由图 5-38 可知,当只考虑 13 个重要的桥梁建模相关不确定性参数时,得到各构件的易损性函数的均值与考虑全部桥梁建模相关参数时相当。因此,从方便工程应用的角度来看,实际应用中也可只考虑一些重要的不确定性参数的影响。

(2) 不确定性对对数标准差(ζ_β)的影响

在结构地震易损性分析中,对数标准差反映了结构 PSDM 的精确性,最终体现了地震易损性分析的可信度。因此,对数标准差常常被直接用来衡量易损性函数不确定性的大小。图 5-39 为不同工程需求参数在各种不确定性工况下的对数标准差比较。由图可知,所有工程需求参数所对应的对数标准差的变化规律是完全一致的,都是随不确定性程度的增加而增大。与前文中不确定性因素对地震动强度均值的影响相比,其变化规律基本一致,但是在此处更加明显。

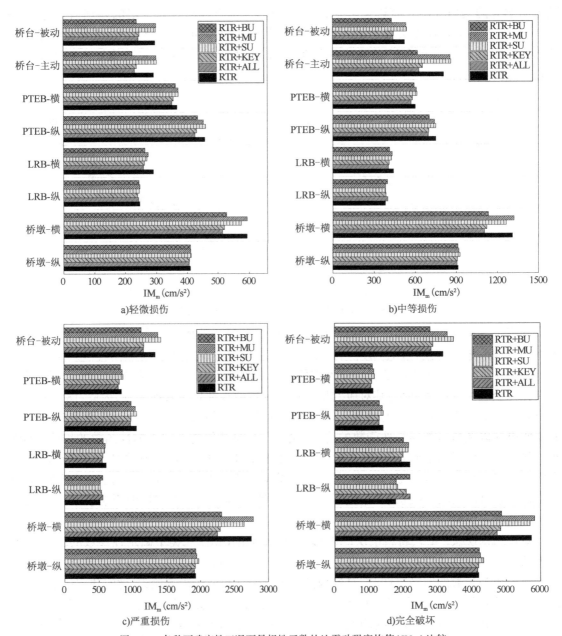

图 5-38 各种不确定性工况下易损性函数的地震动强度均值（IM_m）比较

图 5-39 中除了 RTR 工况以外的其他 5 种工况的对数标准差都同时包含了地震波以及桥梁建模相关参数的不确定性，既往的研究表明，总的不确定性与对应的分项不确定性因素之间满足如下关系：

$$\beta_d = \sqrt{\beta_{RTR}^2 + \beta_{Model}^2} \tag{5-5}$$

式中：β_d——构件地震需求总的不确定性；
β_{RTR}——地震波相关参数导致的不确定性；
β_{Model}——桥梁建模相关参数导致的不确定性。

式(5-5)中,β_d可通过不同需求参数的线性回归分析得到,而β_{RTR}可通过只考虑地震波不确定性的PSDM回归分析得到。

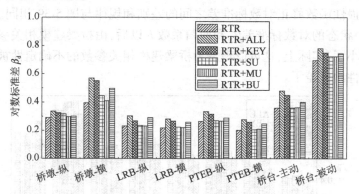

图5-39 各种不确定性工况下PSDM对数标准差的比较

对式(5-5)进行转换以后可得：

$$\beta_{Model} = \sqrt{\beta_d^2 - \beta_{RTR}^2} \tag{5-6}$$

利用式(5-6)可计算不同工况对应的桥梁建模相关参数的不确定性。当$\beta_d = \beta_{RTR}$时,$\beta_{Model} = 0$表示所有桥梁建模相关参数都取均值,即对应只考虑地震波不确定性的工况1(RTR工况)。图5-40为分离之后的各种不确定性之间的比较情况,由图可知,尽管多数情况下地震波的不确定性比桥梁建模相关参数的不确定性要大,但如果考虑全部建模相关参数的不确定性,二者之间的差距并不大,甚至在个别情况下β_{RTR}比β_{Model}还要小,例如桥墩横向响应。对于桥台被动响应,β_{RTR}比β_{Model}要大得多,这可能是桥台的非线性碰撞效应对地震波的频谱特性十分敏感所致。同时,由图5-40还可以发现,本书算例桥梁建模相关参数的不确定性主要来源于边界条件的不确定性(BU),结构层次的不确定性(SU)和材料层次的不确定性(MU)的贡献很小。

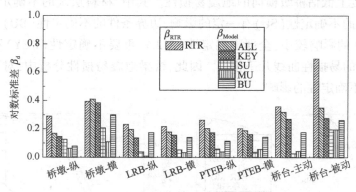

图5-40 单项不确定性因素的对数标准差的比较

确定了各构件的损伤指标(β_{Model})及其不确定性(β_{ci})以后,以上各种不确定性因素的影响,最终将通过式(5-2)中修正的对数标准差$\zeta_{\beta i}$传递至地震易损性函数,结合式(5-2)可得$\zeta_{\beta i}$计算式如下：

$$\zeta_{\beta i} = \frac{\sqrt{\beta_{RTR}^2 + \beta_{Model}^2 + \beta_{ci}^2}}{b} \tag{5-7}$$

式中各参数的意义同前。以表4-5中各构件的严重损伤极限状态为例,图5-41为通过式(5-7)计算的各种不确定性工况下易损性函数修正的对数标准差。由图5-41可知,各种不确定性工况下易损性函数修正对数标准差之间的差别和规律与图5-39相同。然而,有所不同的是,引入了极限状态的对数标准差β_{ci}和回归系数b以后,由桥梁建模相关参数导致的不确定性的相对影响更小了,实际上,这可以理解为桥梁建模相关参数的不确定性被地震波本身和极限状态的不确定性给掩盖了。

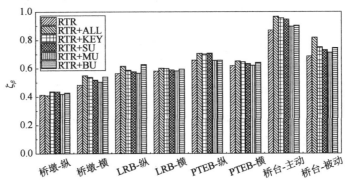

图5-41 各种不确定性工况下易损性函数修正的对数标准差比较

(3) 不确定性对易损性曲线的影响

前面分别讨论了各种不确定性因素对桥梁地震易损性函数均值和对数标准差的影响,接下来将讨论这些不确定性因素最终传递至易损性曲线时的影响效果。图5-42为各种不确定性工况下桥墩在4种损伤极限状态下的易损性曲线比较。由图5-42可知,桥梁建模相关不确定性对桥墩在纵向的易损性曲线几乎没有影响,然而对桥墩在横向的易损性曲线影响较大。考虑的不确定性因素越多,桥墩在横向的失效超越概率越大。可见不考虑桥梁建模相关不确定性会在一定程度上低估桥墩横向的地震易损性。其中,材料层次的不确定性(MU)的影响非常小,结构层次的不确定性(SU)有一定的影响,边界条件的不确定性(BU)的影响最大。总的来说,MU和SU的影响较小,全部不确定性(ALL)、重要不确定性(KEY)和边界不确定性(BU)三种工况下的易损性曲线几乎相当。因此,桥梁地震易损性分析中,对于桥墩而言可以只考虑边界条件不确定性的影响。

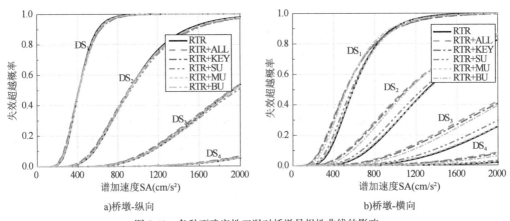

a) 桥墩-纵向　　　　　　b) 桥墩-横向

图5-42 各种不确定性工况对桥墩易损性曲线的影响

图 5-43 为各种不确定性工况下铅芯橡胶支座(LRB)在 4 种损伤极限状态下的易损性曲线比较。由图 5-43 可知,桥梁建模相关不确定性因素对 LRB 纵向和横向的地震易损性曲线都有一定的影响,但影响结果却刚好相反。考虑了桥梁建模相关不确定性以后,LRB 在纵向的失效超越概率反而随不确定性程度的增加而减小,但在横向的失效超越概率同桥墩的情况类似,都是随着不确定性程度的增加而变大。同样,材料层次的不确定性(MU)和结构层次的不确定性(SU)的影响很小,但边界条件不确定性(BU)的影响最大。对于铅芯橡胶支座(LRB)而言,随着地震损伤程度的增加,不确定性的影响也相应增强。

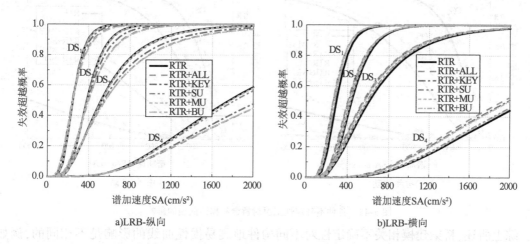

图 5-43 各种不确定性工况对 LRB 易损性曲线的影响

图 5-44 为各种不确定性工况下板式橡胶支座(PTEB)在 4 种损伤极限状态下的易损性曲线比较。由图 5-44 可知,与前两种构件相比,桥梁建模相关不确定性对 PTEB 地震易损性曲线的影响不是很大。尽管 PTEB 在纵向的地震易损性会随着不确定性程度的增加有一定的增加,特别是在严重损伤和完全破坏极限状态,然而,PTEB 在横向的易损性曲线对桥梁建模相关不确定性并不敏感。

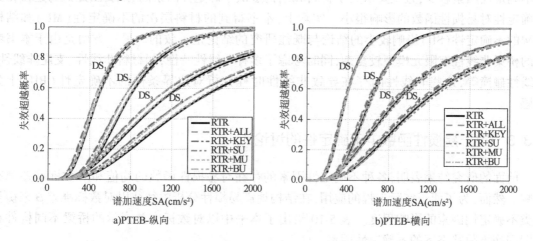

图 5-44 各种不确定性工况对 PTEB 易损性曲线的影响

图 5-45 为各种不确定性工况下桥台在 4 种损伤极限状态下的易损性曲线比较。由图 5-45 可知,桥梁建模相关不确定性对桥台主动和被动方向易损性曲线的影响都非常大,而且其影响效果也更加复杂。边界条件不确定性(BU)会导致桥台的地震易损性更高,但材料层次的不确定性(MU)和结构层次的不确定性(SU)会使桥台的地震易损性略有降低。因此,当同时考虑这三种不确定性(RTR + ALL 和 RTR + KEY)时,桥台的失效超越概率比仅考虑边界条件不确定性时稍低一些。

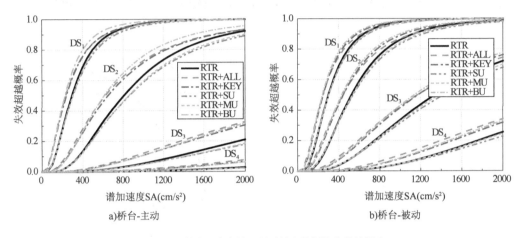

图 5-45　各种不确定性工况对桥台易损性曲线的影响

综上所述,桥梁建模相关不确定性对不同构件地震易损性曲线的影响是不相同的,例如,桥墩纵向易损性几乎不变,铅芯橡胶支座纵向易损性减小了,而桥墩和铅芯橡胶支座横向易损性都增加了。此外,不同类型的不确定性因素的影响也不相同,材料层次的不确定性(MU)和结构层次的不确定性(SU)几乎可以忽略不计,但边界条件不确定性(BU)在桥梁地震易损性分析中不能忽略。

值得注意的是,本书结论与既往研究中的结论并不完全相同,一方面是由于既往研究考虑的不确定性因素较少,且主要研究了材料和结构层次不确定性因素的影响,因此认为建模相关不确定性对易损性函数的影响很小。实际上,本书得到的材料层次的不确定性(MU)和结构层次的不确定性(SU)影响较小的结论与既往研究的结论是一致的。另一方面是由于本书考虑的桥梁非线性有限元模型较复杂,同时考虑了多种非线性特性,如材料非线性、支座非线性、非线性碰撞等,这些非线性的存在导致非线性时程分析对边界条件的不确定性(BU)十分敏感。

5.3.3　关于易损性函数中不确定性的讨论

前面的研究结果表明,各种不确定性因素的存在对易损性函数的均值和对数标准差都有影响。然而,为了便于实际工程的应用,在结构地震易损性分析中往往以对数标准差 β 来衡量各类不确定性因素的影响程度。表 5-10 给出了本书中以对数标准差表示的桥梁不同构件在不同损伤极限状态下的不确定性因素。

桥梁不同构件在不同损伤极限状态下的不确定性因素　　　　表 5-10

构件响应	损伤状态	β_{RTR}	β_{Model}	β_d	β_c	β_{Total}	$\zeta_{\beta_{Total}}$
桥墩-纵	轻微损伤	0.290	0.170	0.336	0.127	0.359	0.344
	中等损伤				0.274	0.434	0.415
	严重损伤				0.321	0.465	0.445
	完全破坏				0.383	0.509	0.488
桥墩-横	轻微损伤	0.395	0.411	0.570	0.127	0.584	0.533
	中等损伤				0.274	0.632	0.577
	严重损伤				0.321	0.654	0.597
	完全破坏				0.383	0.687	0.627
LRB-纵	轻微损伤和中等损伤	0.232	0.195	0.303	0.246	0.390	0.466
	严重损伤和完全破坏				0.472	0.561	0.670
LRB-横	轻微损伤和中等损伤	0.218	0.177	0.281	0.246	0.373	0.409
	严重损伤和完全破坏				0.472	0.549	0.602
PTEB-纵	轻微损伤和中等损伤	0.264	0.203	0.333	0.246	0.414	0.505
	严重损伤和完全破坏				0.472	0.578	0.705
PTEB-横	轻微损伤和中等损伤	0.202	0.190	0.277	0.246	0.370	0.441
	严重损伤和完全破坏				0.472	0.547	0.652
桥台-主动	轻微损伤和中等损伤	0.359	0.319	0.480	0.246	0.539	0.774
	严重损伤和完全破坏				0.472	0.673	0.966
桥台-被动	轻微损伤和中等损伤	0.697	0.350	0.780	0.246	0.818	0.734
	严重损伤和完全破坏				0.472	0.912	0.819

注：$\beta_d = \sqrt{\beta_{RTR}^2 + \beta_{Model}^2}$，$\beta_{Total} = \sqrt{\beta_d^2 + \beta_c^2}$，$\zeta_{\beta_{Total}} = \dfrac{\beta_{Total}}{b}$，参数 b 为回归分析的系数。

由表 5-10 可知，地震波的不确定性 β_{RTR} 和桥梁建模相关的不确定性 β_{Model} 都随工程需求参数（EDP）的不同而不同。在本书中，地震波不确定性 β_{RTR} 的变化范围为 0.202～0.697，桥梁建模相关不确定性的变化范围为 0.170～0.411。整体而言，与地震波本身的不确定性相比，桥梁建模相关的不确定性相对较小。然而，值得注意的是，尽管大部分情况下 β_{RTR} 比 β_{Model} 要大，但是也有个别构件的 β_{RTR} 与 β_{Model} 基本相当，例如，桥墩和板式橡胶支座的横向响应。因此，在桥梁结构地震易损性分析中仅仅考虑地震波的不确定性是不够的，桥梁建模相关的不确定性同样不可忽略。

由表 5-10 还可以发现，损伤极限状态的不确定性 β_c 随损伤程度的增加而增加，以桥墩纵向地震响应为例，轻微损伤状态的 $\beta_c = 0.127$，比地震波的不确定性 β_{RTR} 要小，然而，完全破坏状态的 $\beta_c = 0.383$，要远远大于地震波的不确定性。其他构件响应也存在类似的现象。需要说明的是，本书中损伤极限状态不确定性 β_c 的取值都是基于既往研究成果得到的经验值，具有一定的主观性。在实际运用中，如果假定的 β_c 过大，将会导致结构地震需求分析的不确定性被掩盖。例如，表 5-10 中，很多情况下 β_c 的取值与计算得到的 β_d 值相当甚至更大一些，表明本书中损伤极限状态的不确定性与其他两类不确定性的总体水平是相当的。如此一来，似乎桥梁地震易损性分析的不确定性有一半来自假定损伤极限指标的不确定性,显然,这与实际情况是不相符的。实际上,构件损伤极限状态的不确定性与桥梁施工过程以及有限元建模的精确度等因素有关。因此,本书建议在以后的桥梁地震易损性分析中,损伤极限状态的不确定性β_c的取值可以参考桥梁建模相关不确定性β_{Model}的大小进行假定,以避免出现β_c占主导地位的情况。

假设只考虑地震波不确定性对结构地震需求均值的影响,其他不确定性因素的影响仅以对数标准差来表示。根据表5-10中的不确定性取值,得到桥墩地震易损性曲线的变化情况如图5-46所示。由图5-46可知,损伤极限状态的不确定性β_c对桥墩纵向地震易损性曲线的影响较大,且随着损伤程度的增加这种影响越来越明显;桥梁建模相关的不确定性β_{Model}对桥墩在横向的易损性曲线的影响较大。这与表5-10中各不确定性参数取值的比较情况是一致的。

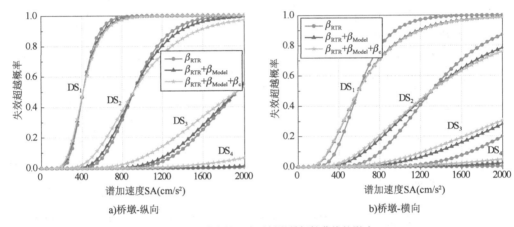

图 5-46 不确定性程度对桥墩易损性曲线的影响

图5-46与图5-42相比,忽略了桥梁建模相关不确定性对地震需求响应均值的影响。表5-10中的$\zeta_{\beta_{Total}}$实际上同时隐含了地震波和建模相关参数的不确定性对地震需求响应均值的影响以及全部不确定性对对数标准差的影响。结合前文的分析结果(图5-41)可知,考虑了极限状态的对数标准差β_c和回归系数b以后,桥梁系统总的不确定性与不确定性分析工况之间的关系变弱了。此时,桥梁构件的易损性曲线形状将主要取决于地震需求响应均值的变化,如图5-42~图5-45所示。最后,值得指出的是,基于云图法的地震易损性分析方法无法考虑不确定性对损伤极限状态均值(S_c)的影响。关于这一点,将在第6章的系统易损性分析中进行详细的讨论。

5.4 本章结语

(1) 随着输入地震波缩放程度的增加,影响构件地震响应预测的建模相关不确定性因素越多,建模相关不确定性对构件地震响应均值(μ)和对数标准差(ζ)的影响并非完全相同。

(2) 相比于结构层次不确定性(SU)和边界条件不确定性(BU)的影响,材料层次不确定性(MU)的影响几乎可以忽略不计,其中,SU对几乎所有的工程需求参数都有较大影响,但BU的影响却因构件的不同而不同。

(3) 确定了13个重要的不确定性参数,并认为桥梁概率性地震需求分析中如果不考虑这些参数的不确定性,会导致对桥梁地震需求响应预测不够准确。然而,由"龙卷风"图也可以发现，实际上单个不确定性参数变化的绝对影响是有限的，大部分参数单独变化的影响甚至可以忽略不计。

（4）由于 Bin-to-Bin 不确定性的影响，不同类型地震波库建立的 PSDM 相差很大，因此在桥梁概率性地震需求分析中应重视输入地震波的选择。对于已经选定的地震波库，由于地震波与地震波（RTR）间频谱特性的差异，桥梁地震需求分析结果存在一定不确定性，这种不确定性的衡量标准是 PSDM 的条件对数标准差（β_d）。

（5）尽管我国的公路和城市桥梁抗震设计规范中都采用 PGA 表征地震动强度大小，然而，以 PGA 为 IM 建立的 PSDM 有时会不满足 PSDM 的基本假定，因此 PGA 并不是最理想 IM。

（6）对于不同类型的地震波库，与桥梁结构形式及动力特性相关的频谱型参数（SA、CSA 等）以及基于速度的参数（PGV、VSI 等）的效率性比较好，以上参数都可有效降低 RTR 不确定性。如果进一步考虑实用性和充分性标准，则结构基本周期对应的谱加速度（SA）以及 PGV、EPV、VSI、SI 4 个基于速度的参数是远场地震波和人工地震波较理想的 IM。然而，全部标量型 IM 均不适合近场地震波的概率性地震需求分析。

（7）IM 对震中距（R）的充分性足够好，则不同地震波库基于该 IM 建立的 PSDM 会十分接近。因此，充分性指标实际上也可以用来衡量地震波库对地震波库（BTB）的不确定性。需要说明的是，目前的充分性分析中暂时只考虑了 M 和 R 两个地震波信息参数，在后续研究中，需针对更多能区别近场和远场地震波的信息参数进行充分性分析。

（8）构件响应滞回曲线包络轨迹的不同，主要是桥梁建模相关参数的不确定性导致的，而且与构件本身力学模型相关的不确定性参数越多，包络轨迹的差异性越明显。然而，构件地震响应最大值的不同则是由地震波本身的不确定性和建模参数相关不确定性共同作用的结果。

（9）易损性分析中同时考虑 26 个桥梁建模相关参数的不确定性对各构件易损性函数均值的影响最大，此时建立的易损性曲线也应该是最准确的。然而，当只考虑 13 个重要的桥梁建模相关参数的不确定性时，得到各构件的易损性函数均值与考虑全部建模相关参数不确定性时相当。因此，从方便工程应用的角度来看，实际应用中可只考虑一些重要的不确定性参数的影响。尽管对数标准差随不确定性程度的增加而变大，但桥梁建模相关参数的不确定性容易被地震波本身和极限状态的不确定性掩盖。

（10）桥梁建模相关参数不确定性对不同构件地震易损性曲线的影响不同，材料层次的不确定性（MU）和结构层次的不确定性（SU）的影响几乎可以忽略不计，但边界条件不确定性（BU）在桥梁地震易损性分析中不能忽略。

（11）既往桥梁地震易损性分析中直接采用组合离差 $\beta_{Total}=0.4$（IM=SA）来建立易损性曲线。然而，研究结果表明，桥梁工程不同构件的易损性函数的对数标准差的变化范围很大，从 0.359 到 0.912 不等，因此对所有构件采用统一组合离差的做法是不合适的。

6 桥梁结构系统地震易损性分析

桥梁结构是由相互联系和作用的不同构件组成的复杂系统,在地震作用下各个组成部分都可能发生损伤或破坏,且桥梁整体的损伤概率被证明比任何单个构件的损伤概率要高,采用单个构件的地震易损性来表示结构整体的易损性会高估桥梁结构的抗震能力,本章主要对桥梁结构系统地震易损性分析方法进行讨论和比较。

6.1 桥梁系统可靠度理论

目前运用最广的桥梁体系可分为串联体系模型和并联体系模型。为此,有必要根据两个基本桥梁体系的区别,分别对桥梁系统可靠度分析的基本理论和算法进行介绍。

串联体系是指结构的任何一个构件的失效都可导致结构整体失效的体系,串联体系是一种无冗余的最弱的体系,如结构力学中的简单静定结构。从理论上讲,工程结构串联体系的失效超越概率可用下式计算:

$$P_\mathrm{s} = P(F_1 \cup F_2 \cup \cdots \cup F_n) = P(\bigcup_{m=1}^{n} F_m \leq 0)$$
$$= \iint \cdots \int_{\bigcup_{i=1}^{n} F_i \leq 0} f_{x_1,x_2,x_3,\cdots,x_n}(x_1,x_2,x_3,\cdots,x_n)\mathrm{d}x_1\mathrm{d}x_2\mathrm{d}x_3\cdots\mathrm{d}x_n \tag{6-1}$$

式中: P_s ——系统失效超越概率;
$F_i(i=1,2,3,\cdots,n)$ ——结构第 i 个构件失效的事件;
$x_i(i=1,2,3,\cdots,n)$ ——第 i 个失效事件对应的随机变量;
$f_{x_1,x_2,x_3,\cdots,x_n}(x_1,x_2,x_3,\cdots,x_n)$ ——联合概率密度函数。

并联体系则是指结构的所有构件都失效时才会失效的体系,也就是说只要有一个构件是完好的,结构的功能就可以继续保持。因此,从理论上讲,工程结构并联体系的失效超越概率可用下式计算:

$$P_\mathrm{s} = P(F_1 \cap F_2 \cap \cdots \cap F_n) = P(\bigcap_{i=1}^{n} F_i \leq 0)$$
$$= \iint \cdots \int_{\bigcap_{i=1}^{n} F_i \leq 0} f_{x_1,x_2,x_3,\cdots,x_n}(x_1,x_2,x_3,\cdots,x_n)\mathrm{d}x_1\mathrm{d}x_2\mathrm{d}x_3\cdots\mathrm{d}x_n - mm \tag{6-2}$$

式(6-2)中各参数的意义与式(6-1)相同。由式(6-1)和式(6-2)的形式可知,工程结构两种基本体系的失效超越概率实际上可用相同的式子表达:

$$P_{\text{sys}} = \iint \cdots \int_D f_{x_1,x_2,x_3,\cdots,x_n}(x_1,x_2,x_3,\cdots,x_n) \mathrm{d}x_1 \mathrm{d}x_2 \mathrm{d}x_3 \cdots \mathrm{d}x_n \qquad (6\text{-}3)$$

式(6-3)中的 D 表示工程结构的失效域。当失效域 $D = \bigcap_{i=1}^{n} F_i \leq 0$ 时,式(6-3)为并联体系的系统失效超越概率;当 $D = \bigcup_{i=1}^{n} F_i \leq 0$ 时,式(6-3)为串联体系的系统失效超越概率。以两种失效模式为例,不同体系的失效域如图6-1所示。因此结构系统失效超越概率的计算最终归于多维随机变量概率密度的多重积分计算。

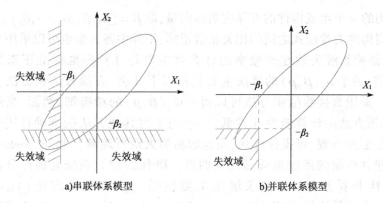

a) 串联体系模型 b) 并联体系模型

图6-1 不同体系失效域示意图

注:X_1、X_2 表示两种失效模式对应随机变量的取值;β_1、β_2 表示相应可靠指标的常数。

如果假定式(6-3)中的随机向量 $X = [x_1,x_2,x_3,\cdots,x_n]$ 服从正态分布,其均值和协方差分别为 $\boldsymbol{\mu}_X$ 和 $\boldsymbol{C}_X$,则正态概率密度函数为

$$f_X(X,\boldsymbol{\mu}_X \boldsymbol{C}_X) = \frac{1}{(2\pi)^{n/2}|\boldsymbol{C}_X|^{1/2}} \exp\left[-\frac{1}{2}(X-\boldsymbol{\mu}_X)^{\mathrm{T}} \boldsymbol{C}_X^{-1}(X-\boldsymbol{\mu}_X)\right] \qquad (6\text{-}4)$$

从正态向量 X 的协方差矩阵 $\boldsymbol{C}_X$ 中提取相应的对角元素,可得到方差向量 $\boldsymbol{\sigma}_X^2 = [\sigma_{x_1}^2,\sigma_{x_2}^2,\sigma_{x_3}^2,\cdots,\sigma_{x_n}^2]$,将 X 转换为标准正态变量 $Y = [y_1,y_2,y_3,\cdots,y_n]$,则式(6-4)可进一步用标准正态概率密度函数和标准正态累积分布函数表示:

$$\varphi_n(Y,\boldsymbol{\rho}) = \frac{1}{(2\pi)^{n/2}|\boldsymbol{\rho}|^{1/2}} \exp\left(-\frac{1}{2}Y^{\mathrm{T}}\boldsymbol{\rho}^{-1}Y\right) \qquad (6\text{-}5)$$

$$\Phi_n(Y,\boldsymbol{\rho}) = \int_{-\infty}^{Y} \varphi_n(s,\boldsymbol{\rho}) \mathrm{d}s \qquad (6\text{-}6)$$

式中:φ_n——n 维标准正态概率密度函数;

Φ_n——n 维标准正态累积分布函数;

Y——由 X 转换而来的标准正态变量,$Y_i = (x_i - \mu x_i)/\sigma_{xi}, i = 1 \sim n$;

s——Y 的取值;

$\boldsymbol{\rho}$——Y 的相关系数矩阵,按式(6-7)计算。

$$\rho_{Y_i,Y_j} = \rho_{X_i,X_j} = \frac{\text{Cov}(X_i,X_j)}{\sigma_{x_i},\sigma_{x_j}} \tag{6-7}$$

由一次可靠度方法(First Order Reliability Method,FORM)的基本原理可知,不同失效模式所对应的极限状态曲面可以由最大可能失效点处的极限平面来替代。然后,根据以上变换可将结构串联体系和并联体系的失效超越概率表示成标准正态累积分布函数的形式:

$$P_{\text{sys}} = \begin{cases} 1 - \Phi_n(\boldsymbol{\beta},\boldsymbol{\rho}) & \text{串联} \\ \Phi_n(-\boldsymbol{\beta},\boldsymbol{\rho}) & \text{并联} \end{cases} \tag{6-8}$$

式中:$\boldsymbol{\beta}$——结构的 n 个组成构件的可靠度指标向量,取 $\boldsymbol{\beta} = [\beta_1,\beta_2,\beta_3,\cdots,\beta_n]$;

$\boldsymbol{\rho}$——不同构件失效模式之间的相关系数矩阵,矩阵中各元素也可以采用式(6-7)计算。

如此一来,结构系统失效超越概率的计算就主要是计算多维标准正态累积分布函数 $\Phi_n(\boldsymbol{\beta},\boldsymbol{\rho})$。目前,关于 $\Phi_n(\boldsymbol{\beta},\boldsymbol{\rho})$ 的算法主要包括以下几类:直接数值积分法、近似求解法、界限估计法等。采用直接数值积分法可以得到 $\Phi_n(\boldsymbol{\beta},\boldsymbol{\rho})$ 的精确解,然而,当结构可能的失效模式较多时,该方法的计算效率非常低,一般用于对其他方法的准确性进行验证。界限估计法的优点是更加直观、可操作性强,而且容易为大众所理解。此外,Nielson 等直接采用蒙特卡罗方法建立桥梁的系统地震易损性曲线。既往的桥梁系统易损性分析中多采用界限估计法或蒙特卡罗方法。近似求解法主要包括一次多维正态法(First Order Multinormal,FOMN)和条件边缘乘积法(Product of Conditional Marginal,PCM)两类基本方法,其中,PCM 算法可以避免烦琐的迭代和寻优等问题,更适用于实际工程的系统可靠度计算。

6.2 界限估计法

桥梁的系统易损性曲线可以根据震后桥梁的使用功能或修复费用来确定,也可以联合单个构件的易损性函数来生成。界限估计法能够直接通过构件易损性函数建立系统易损性函数。从工程实用的角度来看,由于界限估计法最容易为大众所理解,且可操作性比较强,因此,在当前的桥梁系统地震易损性分析中应用最广泛。下面将采用这种方法建立桥梁的系统易损性曲线。

6.2.1 一阶界限估计法

建立桥梁系统易损性曲线的本质是计算多维标准正态累积分布函数。目前,采用最广泛的桥梁系统易损性计算方法是一阶界限估计法。一阶界限估计法考虑构件相关系数等于 0 和 1 的两种特殊情况,从而获得桥梁系统最大及最小失效超越概率:

$$\max_{i=1 \sim n}(P_{\text{fi}}) \leq P_{\text{sys}} \leq 1 - \prod_{i=1}^{n}(1 - P_{\text{fi}}) \tag{6-9}$$

式中:P_{sys}——结构系统失效超越概率;

P_{fi}——结构第 i 种构件失效超越概率;

n——可能失效的构件数目,个。

式(6-9)中的下界表示所有构件是完全正相关的($\rho_{ij}=1$),此时,只要有一个构件失效,其他构件会迅速相继失效。因此,下界值由结构体系中失效超越概率最大的构件决定;相反,式(6-9)中的上界表示所有构件是完全相互独立的($\rho_{ij}=0$),是对桥梁系统失效的一种理想保守估计。

对于各构件失效模式之间为正相关($\rho_{ij}>0$)的桥梁并联模型,其一阶界限估计区间可用下式表示:

$$\prod_{i=1}^{n}P_{fi}\leq P_{sys}\leq \min_{i=1\sim n}(P_{fi}) \tag{6-10}$$

式中,各参数的含义与式(6-9)相同。式(6-10)的下界表示各构件是完全相互独立的($\rho_{ij}=0$),此时,只有当所有构件都失效时,结构整体才会失效;式(6-10)的上界表示各构件是完全正相关的($\rho_{ij}=1$),此时的下界值由结构体系中失效超越概率最小的构件决定。式(6-10)的失效超越概率区间往往过宽,且与地震作用下的桥梁实际损伤评估不相符。因此,本书中采用式(6-9)来预估桥梁系统的失效超越概率界限。

6.2.2 二阶界限估计法

对于实际桥梁结构而言,假定桥梁不同构件之间完全相关或完全独立是两种极端情况,这就导致一阶界限估计法计算的结构系统失效超越概率区间过宽。为了解决这个问题,Hunter 人又提出了一种考虑不同失效模式之间相关性的二阶界限估计法来计算结构系统失效的概率区间:

$$P_{f1}+\sum_{i=2}^{n}\max(P_{fi}-\sum_{j=1}^{i-1}P_{fij},0)\leq P_{sys}\leq \sum_{i=1}^{n}P_{fi}-\sum_{i=2,j<i}^{n}\max(P_{fij}) \tag{6-11}$$

式中:P_{f1}——单个构件失效的概率;

P_{fi}——第 i 个构件失效的概率(P_{f1} 除外);

P_{fij}——第 i 个和第 j 个构件同时失效的概率,按式(6-12)计算。

$$P_{fij}=P_r(F_i\cap F_j) \tag{6-12}$$

此外,需要特别指出的是,式(61-1)构件失效模式的排列顺序对失效超越概率区间宽度的估计有较大影响,而且,在一般情况下,决定二阶界限估计法易损性曲线上界最小值的失效模式排列顺序与决定下界最大值的失效模式排列顺序并不一致。因此,要想得到最优二阶界限估计法易损性曲线,需要经过高达 $n!$ 次的计算。既往的研究表明,按 $P_{f1}\geq P_{f2}\geq P_{f3}\geq \cdots \geq P_{fn}$ 的顺序排列时可得到相对较窄的失效超越概率区间,也就是说,为了获得较窄的失效超越概率区间,P_{f1} 可以表示为最易发生地震损伤构件的失效超越概率。

6.3 联合概率性地震需求模型法

界限估计法只能得到桥梁系统失效超越概率的上下界区间,当该区间太宽时将会失去相应的工程应用价值。尽管二阶界限法得到的易损性区间较小,但由于其下界对构件失效模式的排列较敏感,当实际的构件失效模式较多时可能会比较麻烦。因此,有必要建立更准确的系统易损性曲线。Nielson 等人基于蒙特卡罗模拟技术,提出了一种更为直接的数值计算方法,该方法可以直接利用各构件的概率性地震需求模型(PSDM)来建立系统的易损性曲线。

首先建立桥梁不同构件(桥墩、支座等)的概率性地震需求模型(PSDM),然后考虑各种失效模式之间的相关性建立它们的联合概率性地震需求模型(Joint Probabilistic Seismic Demand Model,JPSDM)。由前文的内容可知,不同桥梁构件的地震需求可以看作是服从对数正态分布的。因此,如果用随机向量 $\boldsymbol{X} = (X_1, X_2, X_3, \cdots, X_n)$ 来表示 n 个桥梁构件的地震需求,则 $\boldsymbol{X}$ 的边缘分布都服从对数正态分布。对 $\boldsymbol{X}$ 中的每个元素进行对数转换 $Y_i = \ln X_i$,则随机向量 $\boldsymbol{Y} = (Y_1, Y_2, Y_3, \cdots, Y_n)$ 服从正态分布。如果假定联合概率分布也服从正态分布,则此时我们只需确定均值向量 $\boldsymbol{\mu}_Y$ 和相应的相关系数矩阵 $\boldsymbol{\rho}_{ij}[n \times n]$,即可建立多构件的 JPSDM。需要说明的是,JPSDM 中相关系数矩阵并非直接来源于不同构件响应值之间的相关系数,而是用各构件响应对数值之间的相关系数来代替,即

$$\rho_{ij} = \frac{\mathrm{Cov}(\ln X_i, \ln X_j)}{\sqrt{D(\ln X_i)}\sqrt{D(\ln X_j)}} \tag{6-13}$$

式中:$\mathrm{Cov}(\ln X_i, \ln X_j)$——协方差;

$D(\ln X_i)$——$\ln X_i$ 的方差,取 $D(\ln X_i) = \sigma_i^2$。

在桥梁不同构件的 JPSDM 的基础上,采用蒙特卡罗模拟技术对需求和能力同时进行大量的随机抽样,然后对抽样结果进行比较,并通过以下的指标函数来计算桥梁系统失效次数:

$$\boldsymbol{I}_\mathrm{F} = \begin{cases} 1 & \text{其他} \\ 0 & [X_1, X_2, X_3, \cdots, X_n] < [S_{c1}(\mathrm{DS}_i), S_{c2}(\mathrm{DS}_i), S_{c3}(\mathrm{DS}_i), \cdots, S_{cn}(\mathrm{DS}_i)] \end{cases} \tag{6-14}$$

式中:$[X_1, X_2, X_3, \cdots, X_n]$——由随机抽样得到的 n 个构件需求响应值组成的向量;

$[S_{c1}, S_{c2}, S_{c3}, \cdots, S_{cn}]$——由随机抽样得到的 n 个构件在第 i 个损伤状态的能力极限值组成的向量。

因此,由式(6-14)可知,当所有构件的地震需求均小于其抗震能力时,指标函数等于 0,否则就等于 1。通过蒙特卡罗模拟技术进行大量的随机抽样以后,对指标函数进行统计分析,即可计算不同损伤状态下桥梁结构系统的失效超越概率:

$$\boldsymbol{P}_\mathrm{sys}[\mathrm{DS} | \mathrm{IM}] = \frac{\sum_{i=1}^{N} \boldsymbol{I}_\mathrm{F}}{N} \tag{6-15}$$

式中:N——每次抽样的总次数。

因此对于指定的第 i 种损伤极限状态(DS_i),在不同的地震动强度水平下分别进行抽样和统计分析,即可得到不同 IM 处的桥梁系统失效超越概率点,然后,通过对所有的失效超越概

率点进行对数正态分布拟合,可绘制桥梁系统地震易损性曲线。

需要特别说明的是,在对不同构件的抗震能力进行抽样时,每次抽样过程中,相同构件在不同损伤状态的样本应该满足:

$$S_c(\mathrm{DS}_1) < S_c(\mathrm{DS}_2) < S_c(\mathrm{DS}_3) < S_c(\mathrm{DS}_4) \tag{6-16}$$

式中:DS_1、DS_2、DS_3、DS_4——轻微损伤、中等损伤、严重损伤和完全破坏4种损伤极限状态。

在实际操作中,式(6-16)可以通过假定同一构件的4种损伤极限状态完全相关来保证。

6.4 基于PCM近似算法的桥梁系统易损性分析

6.4.1 PCM算法介绍

前文中提到,多维标准正态累积分布函数$\Phi_n(\boldsymbol{\beta},\boldsymbol{\rho})$的近似求解方法是解决复杂结构系统可靠度问题的一种有效分析方法。近似方法中的条件边缘乘积法(PCM)因其简单高效的优点而更加适合实际工程的应用。因此,本书提出了以PCM算法为基础建立桥梁系统地震易损性曲线的过程。

条件边缘乘积法的基本核心仍然是条件概率理论,根据这一理论基础,多维联合分布函数可以写成一系列条件概率相乘的形式,而每一个条件概率都可以被近似成一维的标准正态分布函数。Pandey提出的基于PCM算法的多维标准正态分布似函数可用如下Markov链的形式来表示:

$$\begin{aligned}
\Phi_n(\boldsymbol{\beta},\boldsymbol{\rho}) &= P[(X_n \leq \beta_n) \mid \bigcap_{k=1}^{n-1}(X_k \leq \beta_k)] \times P[(X_n-1 \leq \beta_n-1) \mid \bigcap_{k=1}^{n-2}(X_k \leq \beta_k)] \times \cdots \times P(X_1 \leq \beta_1) \\
&\approx \Phi(\beta_{n \mid (n-1)}) \times \Phi(\beta_{(n-1) \mid (n-2)}) \times \cdots \times \Phi(\beta_1) \\
&= \prod_{k=1}^{n} \Phi(\beta_{k \mid (k-1)})
\end{aligned} \tag{6-17}$$

式中: n——构件失效模式的个数;
$\beta_k(k=1,2,3,\cdots,n)$——第$k$个构件的可靠度指标;
$\beta_{k\mid(k-1)}$——条件正态分位数,按式(6-18)计算。

$$\beta_{k \mid (k-1)} \approx \Phi^{-1}(P[(X_k \leq \beta_k) \mid \bigcap_{j=1}^{k-1}(X_j \leq \beta_j)]) \tag{6-18}$$

根据Pandey的公式推导,可得条件正态分位数的计算公式如下:

$$\beta_{i \mid k} = \frac{\beta_{i \mid (k-1)} - A_{k \mid (k-1)} \rho_{ik \mid (k-1)}}{\sqrt{1 - \rho_{ik \mid (k-1)}^2 B_{k \mid (k-1)}}} \tag{6-19}$$

式中: k——构件编号,$k=1,\cdots,n-1$;

i——参数,$i = k+1,\cdots,n$;

$A_{k|(k-1)}$、$B_{k|(k-1)}$——条件参数,分别按式(6-20)和式(6-21)计算:

$$A_{k|(k-1)} = \phi(\beta_{k|(k-1)})/\Phi(\beta_{k|(k-1)}) \tag{6-20}$$

$$B_{k|(k-1)} = A_{k|(k-1)}(\beta_{k|(k-1)} + A_{k|(k-1)}) \tag{6-21}$$

式中:$\phi(\cdot)$——标准正态分布概率密度函数。

然后,计算式(6-19)中的条件相关系数$\rho_{ik|(k-1)}$如下:

$$\rho_{(i+1)(k+1)|k} = \frac{\rho_{(i+1)(k+1)|(k-1)} - \rho_{k(k+1)|(k-1)}\rho_{k(i+1)|(k-1)}B_{k|(k-1)}}{\sqrt{(1-\rho^2_{k(k+1)|(k-1)}B_{k|(k+1)})(1-\rho^2_{k(k+1)|(k-1)}B_{k|(k-1)})}} \tag{6-22}$$

式(6-17)~式(6-22)的系列公式给出了PCM的具体算法和过程,基于以上公式,我们很容易对多维标准正态分布似函数$\Phi_n(\boldsymbol{\beta},\boldsymbol{\rho})$进行求解。当失效模式数$n$较大时,利用以上公式进行编程计算也是十分便捷的。与传统FOMN相比,PCM算法无须进行交互式线性化、迭代计算,更加适用于实际工程。

Yuan和Pandy进一步的研究表明,以上论述的PCM算法对于结构并联可靠度模型是准确的,但对于结构串联可靠度模型,当构件可靠度较大时,式(6-20)中的$\phi(\cdot)$会趋向于0,而$\Phi(\cdot)$会趋向于1,从而导致条件参数$A_{k|(k-1)}$趋向于0,最终便得$\Phi_n(\boldsymbol{\beta},\boldsymbol{\rho}) = \Phi(\beta_n) \times \Phi(\beta_{n-1}) \times \cdots \times \Phi(\beta_1)$。实际上,如果考虑各构件的相关性,上式会低估结构系统的可靠度,相反会导致得到的结构系统失效超越概率偏高。因此,Yuan和Pandy对条件正态分位数的计算过程进行了如下的改进:

$$\beta_{i|k} = \Phi^{-1}\left[1 - \frac{\Phi(-\beta_{i|(k-1)}) - \Phi(-\beta_{i|(k-1)}, -\beta_{k|(k-1)}, \rho_{ik|(k-1)})}{\Phi(\beta_{k|(k-1)})}\right] \tag{6-23}$$

$$\Phi(-\beta_{i|(k-1)}, -\beta_{k|(k-1)}, \rho_{ik|(k-1)}) = \Phi(c_{i|k})\Phi(c_{k|(k-1)}) \tag{6-24}$$

$$c_{i|k} = (-\beta_{i|(k-1)} + \rho_{ik|(k-1)}A_{k|(k-1)})/\sqrt{1-\rho^2_{ik|(k-1)}A_{k|(k-1)}(-\beta_{i|(k-1)} + A_{k|(k-1)})} \tag{6-25}$$

$$A_{k|(k-1)} = \phi(c_{k|(k-1)})/\Phi(c_{k|(k-1)}) \tag{6-26}$$

$$c_{k|(k-1)} = -\beta_{k|(k-1)} \tag{6-27}$$

以上各式中,相关参数的意义与前文中一致,其中,条件相关系数同样可采用式(6-22)计算。式(6-23)~式(6-27)可以提高传统PCM算法在计算串联体系模型时的精度,被称为改进的条件边缘乘积法(Improved Product of Conditional Marginal, IPCM)。Yuan和Pandy在其研究中对该改进方法的精度和计算效率进行了详细的论证。

6.4.2 基于 PCM 系统易损性分析

由前文中对 PCM 及其改进方法 IPCM 的介绍可知,只要知道了不同构件在地震作用下的可靠度指标($\beta_1,\beta_2,\beta_3,\cdots,\beta_n$)以及各构件之间的相关系数 $\boldsymbol{\rho}[n\times n]$,即可直接计算结构系统的失效超越概率。根据结构可靠度理论可知:

$$\beta = -\Phi^{-1}(P_f) \tag{6-28}$$

式中:β——构件的可靠度指标;

P_f——构件失效的概率。

根据各构件在不同损伤状态的易损性曲线,可以算出其对应的可靠度指标,再用 PCM(或 IPCM)算法计算结构系统的失效超越概率,因此,基于 PCM(或 IPCM)算法的结构系统易损性分析基本流程如图 6-2 所示。

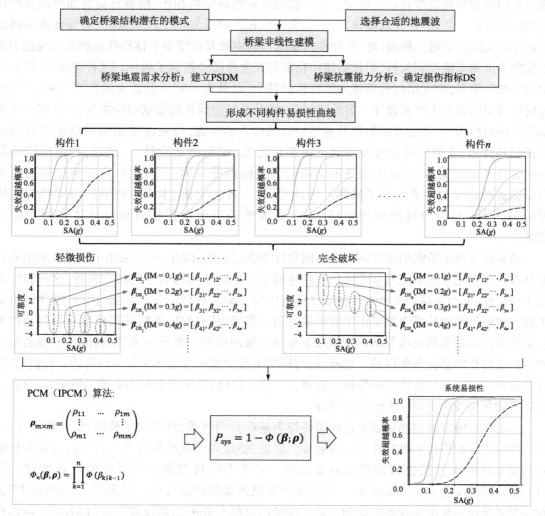

图 6-2 基于 PCM(或 IPCM)算法的结构系统易损性分析基本流程

6.5 桥梁系统地震易损性分析

6.5.1 算例桥梁系统可靠度模型

桥梁工程是一个十分复杂的结构系统,要想绝对准确地计算其在地震作用下的失效超越概率是很困难的。因此,在进行桥梁系统地震易损性分析之前,首先要根据结构系统可靠度基本理论,将实际桥梁工程简化为理想的可靠度基本模型。一般情况下,按照结构体系失效与构件失效之间的关系,可以将工程结构分为串联体系和并联体系两种基本模型。仅从理论分析的角度来看,这两种基本的可靠度模型还是比较容易区分的。然而,对于一个实际的桥梁工程而言,我们很难将其归类于某一种基本体系之中。

我们知道,桥梁工程一般由上部结构、下部结构、支座连接件等构件组合而成,每一个构件都对结构的完整性发挥着重要作用。与一般的房屋建筑结构相比,桥梁结构更加强调其使用功能的完整性。例如,在大地震作用下,如果桥台和伸缩缝发生了严重破坏,会导致两岸路面上的车辆无法正常驶入桥面,此时,即使桥梁结构的主梁和桥墩等主体构件的剩余承载能力足以保障人员和车辆顺利通行,但桥梁使用功能的完全性已经遭到了破坏。这种情况下,仅从结构力学的角度看,桥梁结构的整体力学特性仍健全,是具有一定承载能力的结构体系。然而,此时的桥梁已发生了严重破坏。另外,建筑结构是沿竖向延伸的层状结构体系,其任何一个楼层发生的地震损伤,都会直接影响其他楼层的结构力学性能,但是桥梁结构是沿水平方向延伸的结构体系,在沿桥梁轴线方向通常由多跨组成(单跨桥梁除外)。此时,即使桥梁的某一跨发生了地震破坏,有时候也并不会影响其他桥跨的结构完全性,但由于整体的通行能力受限而被定义为桥梁发生了破坏。因此,从这个意义上讲,本书中提到的桥梁结构或构件的失效并不是简单地指结构性破坏,而更多地是指地震损伤对桥梁整体使用功能的破坏。

通常假定桥梁沿纵轴线方向是由不同构件串联组成的,因此,可以采用串联体系模型来计算其在地震作用下的系统可靠度或失效超越概率。尽管从结构力学的观点来看,这种假定不是十分合理,但由于该假定更符合桥梁在地震中发生破坏导致的实际后果,因此,既往的桥梁工程的地震易损性分析中多采用串联体系模型。需要说明的是,串联体系模型中任何构件发生某种程度的损伤都意味着结构整体发生相同等级的损伤。如此一来,串联体系模型的每个构件的重要性都是完全相同的。然而,这与桥梁工程的实际情况却又是不相符的。我们知道,桥梁的桥墩和主梁往往比支座等构件要重要一些。因此,在采用串联体系模型假定时,有必要先对桥梁各构件的重要性等级进行划分。

本书以一座多跨钢筋混凝土连续梁桥作为基准算例桥梁,且考虑了桥墩、铅芯橡胶支座、板式橡胶支座和桥台4类构件的地震破坏。显然,桥墩属于重要构件之一,因此,可认为桥墩对桥梁系统的4种损伤状态都有重要影响。对于中间桥墩墩顶盖梁处的板式橡胶支座(PTEB),即使支座发生完全破坏,一般也不会导致落梁的情况发生。因此,本书只考虑PTEB对桥梁系统前三种损伤状态的影响。对于桥梁两岸桥台处的铅芯橡胶支座(LRB),其损伤程度过大则可能导致整体的落梁破坏,因此在桥梁系统的4种损伤状态下都得考虑。本书采用了带背墙和翼墙的座式桥台,在强地震作用下背墙一般被设计为"牺牲"构件,以保护桥台对桥梁整体的支撑功能,因此,也可不考虑桥台损伤对桥梁系统完全破坏的贡献。因此,本书中建议的多跨连续桥梁的系统可靠度模型如下:

$$\mathrm{DS}_{\mathrm{system}} = \begin{cases} \mathrm{DS}_{桥墩} \infty \mathrm{DS}_{\mathrm{LRB}} \infty \mathrm{DS}_{\mathrm{PTEB}} \infty \mathrm{DS}_{桥台} & 轻微损伤 \\ \mathrm{DS}_{桥墩} \infty \mathrm{DS}_{\mathrm{LRB}} \infty \mathrm{DS}_{\mathrm{PTEB}} \infty \mathrm{DS}_{桥台} & 中等损伤 \\ \mathrm{DS}_{桥墩} \infty \mathrm{DS}_{\mathrm{LRB}} \infty \mathrm{DS}_{\mathrm{PTEB}} \infty \mathrm{DS}_{桥台} & 严重损伤 \\ \mathrm{DS}_{桥墩} \infty \mathrm{DS}_{\mathrm{LRB}} & 完全破坏 \end{cases} \quad (6\text{-}29)$$

式中:∞——各构件组成串联模型。

6.5.2 桥梁系统易损性曲线的建立及讨论

基于5.3节基准算例桥梁各构件的易损性曲线计算结果,并结合式(6-29)中所假定的桥梁系统可靠度模型,运用不同的系统易损性分析方法得到桥梁结构的系统地震易损性曲线,如图6-3所示。

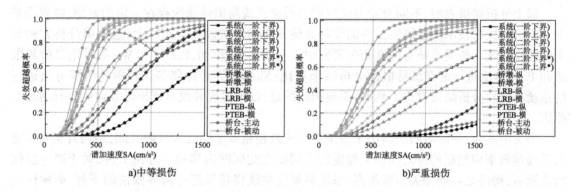

图6-3 系统易损性与构件易损性的比较

由图可知,桥梁系统失效超越概率要高于任何单个构件的失效超越概率,这表明当桥梁面临多种可能的失效模式时,用单个构件的易损性来代表结构整体的易损性是不合适的。此外,二阶界限法得到的桥梁系统易损性曲线的失效超越概率区间要明显小于一阶界限法。图中带"*"号的二阶界限法易损性曲线表示各构件按失效超越概率"从大到小"的顺序排列的情况,不带"*"号的表示"随机排列"的情况。由图可知,基于二阶界限法的易损性曲线的下界对构件排列顺序较为敏感,特别是在地震动强度水平较大时,甚至出现了比一阶界限法的下界还小的情况。因此,当各构件按失效超越概率"从大到小"的顺序进行排列时,得到桥梁系统易损性曲线稳定性较好。

图6-4给出了4种不同损伤状态下,由前文中提到的各种系统易损性分析方法得到的桥梁系统易损性曲线的对比情况,其中,二阶界限法仅给出了"顺序排列"的稳定情况。

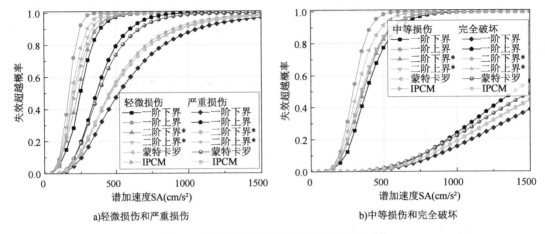

图 6-4 不同方法得到的桥梁系统易损性曲线比较

由图可知,基于二阶界限法和 PCM 算法的系统易损性曲线更靠近一阶界限法的下界,且基于 PCM 算法的系统易损性曲线正好位于基于二阶界限法的系统易损性区间内,这表明基于 PCM 算法建立的桥梁系统易损性曲线是准确的。然而,由蒙特卡罗方法得到的桥梁系统失效超越概率要大于 PCM 算法得到的系统失效超越概率,甚至比二阶界限区间的上界还要高,而且该曲线更加靠近一阶界限法的上界。

以上分析结果表明,不同分析方法得到的桥梁系统易损性曲线存在一定的差别,特别是基于蒙特卡罗模拟技术的系统易损性曲线与其他方法的差别较大。实际上,这种由分析方法带来的差别在既往桥梁系统易损性相关研究中也有所体现,例如,Pan 等和 Wu 等采用二阶界限法和 PCM 算法进行的系统易损性分析结果对比;Nielson 等和钟剑等采用蒙特卡罗方法进行的系统易损性分析结果对比。然而,需要指出的是,以上研究并没有指出导致这些差异的根本原因。

前文中提到,一阶界限法给出了桥梁系统失效超越概率的最大界限区间,结构真实的系统失效超越概率应根据构件之间相关程度的不同而在此区间内移动。理论上讲,对于同一损伤状态而言,构件之间的相关程度越高,系统易损性曲线将越靠近一阶界限法的下界,而构件之间的相关程度越低,系统易损性曲线将越靠近一阶界限法的上界。由于桥梁地震易损性分析中各个构件之间的相关系数往往较大,因此从这个意义上来讲,二阶界限法和 PCM 算法得到的系统易损性曲线要更加准确一些。

实际上,界限估计方法和 PCM 算法得到的系统易损性曲线都直接来源于构件易损性曲线,因此,对于各种不确定性的考虑,只能反映在建立构件易损性曲线的过程中。然而,由蒙特卡罗方法得到的系统易损性曲线直接来源于 JPSDM 以及各构件抗震能力模型,对于各种不确定性因素的考虑则直接体现在蒙特卡罗模拟的随机抽样过程中。可见,基于蒙特卡罗模拟技术的易损性分析方法不仅能考虑需求的不确定性,还能完整地考虑各构件抗震能力或损伤极限的不确定性。然而,构件易损性分析中主要考虑了地震需求的不确定性,对构件抗震能力不确定性的考虑则通过假定对数标准差 β_c 来体现。图 6-5 为采用不同方法考虑不确定性时,基于蒙特卡罗模拟技术得到的系统易损性曲线比较,以及与 PCM 算法得到的系统易损性曲线的对比(以中等损伤和严重损伤为例)。

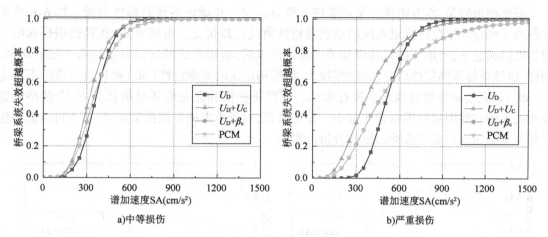

图 6-5 蒙特卡罗方法中不确定性对桥梁系统易损性曲线的影响

图中，U_D 表示只考虑地震需求的不确定性；$U_D + U_C$ 表示同时考虑地震需求和抗震能力的不确定性；$U_D + \beta_c$ 表示同时考虑地震需求的不确定性和以 β_c 表示的抗震能力的不确定性（与构件易损性分析方法相同）。由图可知，如果在蒙特卡罗模拟中只考虑地震需求的不确定性，系统易损性曲线会更陡，这表明桥梁系统失效超越概率随地震动强度的增加而增加得更快；如果在蒙特卡罗模拟中以随机抽样的方式来考虑结构抗震能力的不确定性，即同时考虑了各损伤极限状态均值不确定性的影响，这时的桥梁系统易损性明显会增加；如果在蒙特卡罗模拟中考虑不确定性方法与构件易损性分析方法相同时，则其得到的桥梁系统易损性曲线与 PCM 算法是完全重合的。由此可见，正是由于蒙特卡罗方法对抗震能力（损伤指标）不确定性的考虑更为全面，从而导致了得到的桥梁系统失效超越概率要高于另外两种方法。

此外，由前面的分析和讨论可知，蒙特卡罗方法可以不依赖构件易损性分析的结果，在考虑抗震能力不确定性方面有优势。而其他方法不能考虑构件抗震能力均值的不确定性，会低估结构系统失效超越概率。然而，一方面结构抗震能力不确定性的量化仍比较困难，目前的研究大多是基于某种假定，而这些假定是否合理仍有待验证。另一方面尽管蒙特卡罗模拟能更全面地考虑不确定性的影响，但当失效模式过多时会导致计算量偏大。相比较而言，PCM（或 IPCM）算法提供了一种能快速和准确计算桥梁系统可靠度的新途径。因此，对于失效模式较多的复杂体系桥梁，利用基于 PCM（或 IPCM）算法的系统地震易损性分析方法来建立桥梁系统易损性曲线更为合适。

6.5.3 考虑不确定性的桥梁系统易损性分析

第 5 章的研究结果表明，桥梁建模相关不确定性对各构件易损性的影响并不相同，例如，随着桥梁建模相关不确定性程度的增加，桥墩的失效超越概率是逐渐增大的，但铅芯橡胶支座纵向的失效超越概率却是下降的。本章将进一步研究各种不确定性对桥梁系统地震易损性曲线的影响大小。

需要指出的是,本节将统一采用蒙特卡罗方法建立桥梁的系统易损性曲线。图 6-6 为考虑各种不确定性工况时桥梁系统的地震易损性曲线比较情况。由图可知,在轻微损伤和中等损伤极限状态下,考虑了桥梁建模相关不确定性以后,桥梁系统的地震易损性有一定的增加。同样,边界条件不确定性(BU)的影响较大,而结构层次的不确定性(SU)和材料层次的不确定性(MU)对系统易损性曲线几乎没有影响。在严重损伤和完全破坏极限状态下,全部桥梁建模相关不确定性因素的影响都非常小。总的来说,对于本书的算例桥梁而言,基本可以忽略建模相关不确定性对系统桥梁易损性分析的影响。

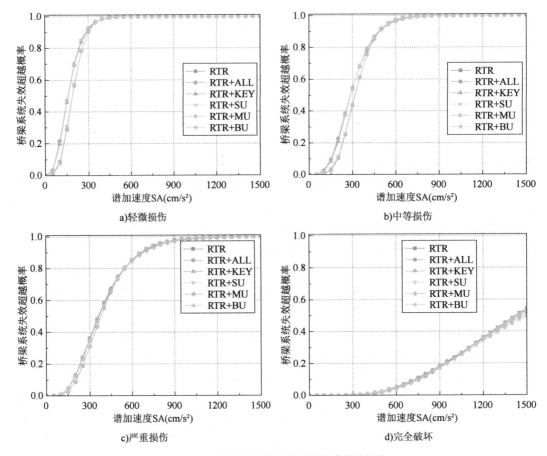

图 6-6 不确定性对桥梁系统易损性曲线的影响

6.6 本章结语

(1)一阶界限法由于不能考虑各构件之间的相关性,得到的系统易损性曲线的失效超越概率区间较宽,特别是在严重损伤和完全破坏极限状态。基于二阶界限法的系统易损性曲线的失效超越概率区间要小得多。然而,二阶界限法系统易损性的下界对构件排列顺序非常敏感,特别是在地震动强度水平较大时,二阶界限法的下界值甚至会比一阶界限法下界值还要小。研究表明,当构件失效超越概率按"从大到小"的顺序排列时能有效改善下界值不稳定的状况。

(2)本书提出的基于PCM(或IPCM)算法建立的桥梁系统易损性曲线与由直接积分法得到的系统易损性曲线几乎重合,且都位于已经较窄的二阶界限法系统易损性曲线区间内,这表明基于PCM(或IPCM)算法的系统易损性分析的精度较高。由于该方法的分析流程十分简单且计算速度很快,因此可以作为一种方便的、高效率的结构系统易损性分析方法。

(3)蒙特卡罗方法是直接通过联合概率性地震需求模型(JPSDM)和假定的构件能力模型来进行系统地震易损性分析的。与其他几种系统易损性分析方法相比,该方法得到的桥梁系统失效超越概率要大得多。这是由于蒙特卡罗模拟过程可以直接考虑各构件抗震能力均值(S_c)的随机性,然而,其他方法只能以对数标准差(β_c)来反映构件抗震能力不确定性的影响。

(4)考虑了桥梁建模相关参数的不确定性以后,在两种较低的损伤状态下桥梁的系统失效超越概率有一定的增加。同样,边界条件不确定性(BU)的影响相对较大,而结构层次的不确定性(SU)和材料层次的不确定性(MU)对系统易损性曲线几乎没影响。在两种较高的损伤状态下,所有桥梁建模相关不确定性的影响都较小。

7 基于易损性曲线的桥梁抗震性能评估实例

前面几章详细介绍了基于云图法的中等跨径混凝土梁桥易损性曲线的建立方法和过程,这种桥型在实际工程中应用最多也最为典型,其分析方法具有很好的普适性。实际桥梁结构类型和结构布置多种多样,地震响应也各具特点,本章以实际工程中应用广且具有典型结构布置特征的大跨径桥梁为分析实例,阐述大跨径桥梁易损性曲线的建立方法和实际应用过程,主要包括的桥型有一座预应力混凝土连续刚构桥、一座典型双塔三跨式混凝土斜拉桥以及一座高墩多塔混凝土斜拉桥,这几类桥梁在结构布置、建模方法、损伤指标的确定等方面均有各自的特点,分析时应区别对待。

7.1 连续刚构桥易损性评估

本节以一座主跨跨径60m的预应力混凝土连续刚构桥为例,全面阐述各类基于数值模拟的理论易损性方法(云图法、需求能力比法、缩放法、极大似然估计法及机器学习法)的计算流程,并横向对比各类理论易损性方法建立构件和系统易损性曲线的主要过程、关键问题及各易损性曲线的异同。

7.1.1 桥梁基本情况

算例模型为一座跨径布置为(35+60+35)m的预应力混凝土连续刚构桥,主梁采用单箱单室截面,截面顶宽、底宽分别为11.5m、6.5m,箱梁梁高按二次抛物线变化,支点和跨中梁高分别为3.5m、2.0m,C50混凝土。桥型布置和主梁截面如图7-1、图7-2所示。

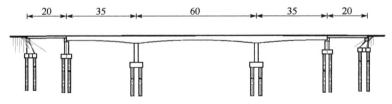

图7-1 算例桥型布置图(尺寸单位:m)

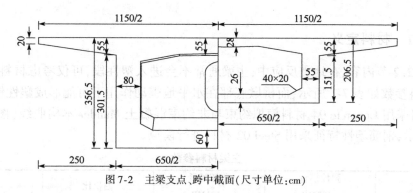

图 7-2 主梁支点、跨中截面(尺寸单位:cm)

图 7-3 和图 7-4 分别为主墩截面和边墩截面。主墩高 25m,矩形截面,纵桥向宽 2.2m、横桥向长 6.5m。主墩截面纵向受力钢筋直径为 28mm,配筋率为 1.15%,保护层厚度为 50mm;箍筋直径为 16mm,间距 100mm。边墩高 10m,采用桩式桥墩,桩径 1.8m,间距 4.5m,边墩截面纵向受力钢筋直径为 20mm,配筋率为 1.22%,保护层厚度为 50mm;箍筋直径为 A18mm,间距 80mm,配筋率为 0.8%。桥墩采用 C40 混凝土,纵筋型号为 HRB400,箍筋型号为 HRB335。

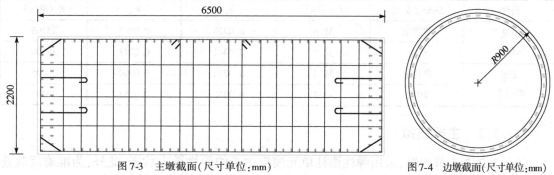

图 7-3 主墩截面(尺寸单位:mm)　　图 7-4 边墩截面(尺寸单位:mm)

7.1.2 有限元分析模型

基于 OpenSees 有限元分析软件建立算例桥梁的动力非线性分析模型,阻尼比取 5%,其材料、单元、截面等模拟方式如图 7-5 所示。

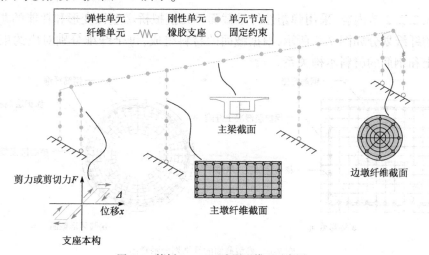

图 7-5 算例 OpenSees 有限元模型示意图

7.1.2.1 材料定义

基于3.2.2节内容,在地震反应中,主梁通常不会进入塑性段,可仅考虑材料的弹性受力特性,其材料参数如表7-1所示;而桥墩底部在水平地震动作用下可能形成塑性铰,应考虑材料非线性,可采用Concrete 04材料模拟约束与非约束混凝土Mander本构曲线(图3-7),参数如表7-2所示,钢筋塑性特征采用Steel 02材料进行模拟。

主梁材料参数 表7-1

材料类型	弹性模量 ($\times 10^4$ MPa)	剪切模量 ($\times 10^4$ MPa)	泊松比	重度 (kN/m³)
C50	3.45	1.43	0.2	25
C40	3.25	1.35	0.2	25
HRB400	19.5	7.5	0.3	78.5

Concrete 04材料Mander定义参数 表7-2

构件	混凝土类型	f_c (MPa)	ε_c	ε_{cu}	E_c (MPa)
边墩混凝土	非约束	31.6	0.0020	0.0060	28106
	约束	38.6	0.0042	0.0245	28106
主墩混凝土	非约束	39.5	0.0020	0.0060	29495
	约束	43.5	0.0030	0.0253	29495

7.1.2.2 主梁模拟

基于3.2.2.1节内容,采用弹性梁柱单元模拟主梁的弹性受力状态,此外,为准确反映连续刚构桥的质量和刚度分布,主梁纵向划分成51个单元,每个单元的截面参数取相应节段端部截面参数的平均值。

7.1.2.3 桥墩模拟

基于3.2.2.2节内容,采用弹塑性纤维截面单元模拟桥墩塑性变形和耗能的非线性行为,典型截面的纤维划分如图7-6所示,根据截面的材料组成,每个纤维分别对应约束混凝土、非约束混凝土和钢筋的材料本构关系。

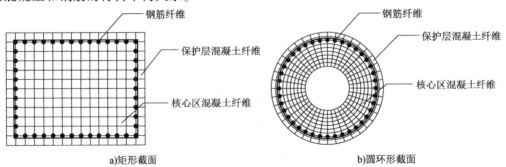

图7-6 典型截面的纤维划分示意图

7.1.2.4 边界条件模拟

算例桥梁边墩设置型号为 GJZ 400×400×69 的板式橡胶支座,基于 3.2.3.1 节内容,采用双折线模型模拟其水平力-位移滞回曲线(图 3-23)。根据支座规格和支座反力,由式(3-6)~式(3-8)计算可得:支座剪切刚度为 $K = 2782\text{kN/m}$,临界滑移摩擦力 $F_y = 0.25 \times 1287 = 322(\text{kN})$,采用 OpenSees 的理想弹塑性材料模拟。

7.1.3 不确定性的考虑

7.1.3.1 地震动的不确定性

为保证云图法选择的地震波的平均反应谱与目标反应谱一致,需要根据抗震设计规范、工程技术参数和场地条件计算设计反应谱。根据我国抗震设计规范,算例桥梁设防类别为 B 类,桥位场地类型为 II 类,特征周期取 0.4s,设防烈度为 VII(0.15g),设计加速度反应谱最大值计算公式如下:

$$S_{\max} = 2.5\, C_i C_s C_d A \tag{7-1}$$

式中:$S_{\max}$——设计加速度反应谱最大值,g;
　　　C_i——抗震重要性系数;
　　　C_s——场地系数;
　　　C_d——阻尼调整系数;
　　　A——水平向基本地震动峰值加速度,g。

我国抗震设计规范采用两阶段两水准设计思想,其要求 B 类桥梁在 E1 地震作用下处于弹性受力阶段,而在 E2 地震作用下允许发生塑性变形,但结构强度不能出现大幅降低。为全面地评估结构的抗震性能,本书选择 E2 地震作用的反应谱作为目标谱。水平和竖向 E2 地震作用的设计加速度反应谱最大值的计算参数取值如表 7-3 所示,设计加速度反应谱如图 7-7 所示。

E2 作用设计加速度反应谱最大值计算参数　　表 7-3

项目	C_i	C_s	C_d	$A(g)$	$S_{\max}(g)$
水平 E2 地震作用	1.7	1.0	1.0	0.15	0.638
竖向 E2 地震作用	1.7	0.6	1.0	0.15	0.383

根据 2.3.1 节地震波选取原则,基于目标反应谱,采用两种方式选取分析所要用到的地震波:(1)按照 SMSR、LMSR、SMLR、LMLR 地震波库划分方式,从 PEER 中为每类地震波库选择 25 条地震波,以进一步考虑地震动间的特性差异。所选地震波的 R-M(震中距-震级)的分布情况如图 7-8 所示,与目标反应谱对比情况如图 7-9 所示。(2)从 PEER 中选取 15 条典型地震波,并进行调幅,使之与目标反应谱匹配,用于 IDA 分析。所选地震波的信息如表 7-4 所示,调幅后与目标反应谱对比情况如图 7-10 所示。

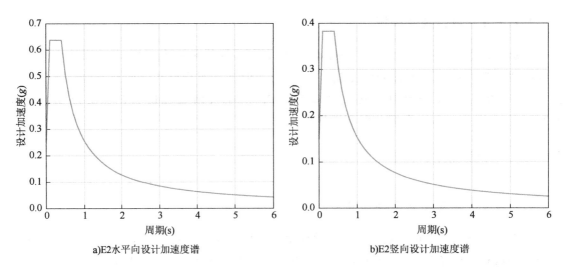

a) E2水平向设计加速度谱   b) E2竖向设计加速度谱

图 7-7　E2 地震作用设计加速度反应谱

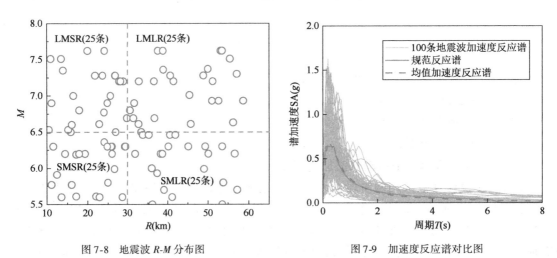

图 7-8　地震波 R-M 分布图　　　　图 7-9　加速度反应谱对比图

IDA 选择地震波信息　　　　　　　　　　　　　　　　表 7-4

序号	RSN	地震波名称	发生时间	测点位置	分量	调整系数
1	162	Imperial Valley-06	1979	Calexico Fire Station	CXO225	1
2	212	Livermore-01	1980	Del Valle Dam	DVD246	1
3	236	Mammoth Lakes-03	1980	Convict Creek	CVK180	1
4	299	Irpinia_ Italy-02	1980	Brienza	BRZ270	1
5	322	Coalinga-01	1983	Cantua Creek School	CAK360	0.5
6	502	Mt. Lewis	1986	Halls Valley	HVR090	1
7	549	Chalfant Valley-02	1986	Bishop LADWP	LAD270	1
8	578	Taiwan SMART1(45)	1986	SMART1 O02	45O02NS	1
9	587	New Zealand-02	1987	Matahina Dam	MAT353	1

续上表

序号	RSN	地震波名称	发生时间	测点位置	分量	调整系数
10	799	Loma Prieta	1989	SF Intern. Airport	SFO090	0.5
11	1184	Chi-Chi_ Taiwan	1999	CHY010	CHY010	1
12	1636	Manjil_ Iran	1990	Qazvin	185066	1
13	1642	Sierra Madre	1991	Cogswell Dam	COG155	1
14	1750	Northwest China-02	1997	Jiashi	JIA000	1
15	3475	Chi-Chi_ Taiwan-06	1999	TCU080	TCU080N	0.3

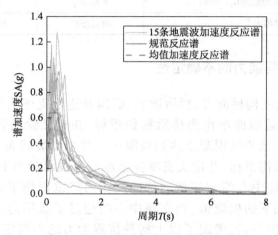

图 7-10　IDA 地震波加速度反应谱对比图

7.1.3.2　结构建模相关的不确定性

根据 4.2 节的分析,将算例桥梁建模相关不确定性划分为结构、材料、边界三个层次,并考虑各个层次中影响程度较大的不确定性参数,如表 7-5 所示。值得注意的是,各参数的概率分布特征和分布参数主要来自试验结果、统计分析和专家意见。采用拉丁超立方抽样考虑各类不确定性因素的传递效应,并与所选采取的地震波随机配对组合形成 N 组"桥梁-地震动"样本对。

桥梁结构建模相关不确定性参数　　　　表 7-5

参数类型	参数变量	概率分布类型	统计参数	
			平均值	变异系数
结构层次	重度系数 λ_w(kN/m³)	正态分布	1.06	0.10
	桥梁边墩直径 D(m)	正态分布	1.8	0.05
	桥梁主墩长度 L(m)	正态分布	6.5	0.05
	桥梁主墩宽度 W(m)	正态分布	2.2	0.05
	桥梁结构阻尼比 ζ	正态分布	0.05	0.28

续上表

参数类型	参数变量	概率分布类型	统计参数	
			平均值	变异系数
材料层次	非约束混凝土强度$f_{cc_{nc}}$(MPa)	对数正态分布	31.6	0.20
	边墩约束混凝土强度$f_{cc_{c1}}$(MPa)	对数正态分布	38.6	0.20
	主墩约束混凝土强度$f_{cc_{c2}}$(MPa)	对数正态分布	34.8	0.20
	纵向钢筋屈服强度f_y(MPa)	对数正态分布	400	0.07
	纵向钢筋弹性模量E_s(MPa)	对数正态分布	2×10^5	0.03
边界层次	支座剪切模量G_e(MPa)	正态分布	1.2	0.14
	支座摩擦因数μ(kN/m)	均匀分布	0.15	0.25

7.1.3.3 构件抗震能力的不确定性

对于中等跨径连续刚构桥而言,桥墩墩底、墩顶及边墩支座为结构抗震的关键部位。基于2.4节分析,选用截面曲率作为桥墩损伤指标,并定义纵向钢筋屈服、截面等效屈服、保护层混凝土压溃、核心区混凝土达到极限压应变为桥墩截面4类损伤状态;选用边墩支座位移作为支座损伤指标,并定义支座在正常使用极限状态下的最大允许位移为轻微损伤下的极限值、支座中心线与底板端部的间距为严重损伤下的极限值,并取该间距值的半数作为中等损伤下的极限值,当支座中心线超过了墩帽边缘,支座则被认为完全破坏。同时,基于4.4节分析,考虑了以上构件抗震能力的不确定性,损伤指标S_c及β_c如表7-6所示。

构件损伤指标的不确定性　　表7-6

构件	损伤指标	轻微损伤		中等损伤		严重损伤		完全破坏	
		S_c	β_c	S_c	β_c	S_c	β_c	S_c	β_c
边墩支座	δ_d(mm)	50	0.25	75	0.25	100	0.47	125	0.47
边墩截面	$\phi_s(10^{-3}/m)$	1.33	0.13	1.84	0.27	2.45	0.32	35.80	0.38
主墩墩顶	$\phi_{mt}(10^{-3}/m)$	1.26	0.13	1.55	0.27	2.28	0.32	39.87	0.38
主墩墩底	$\phi_{mb}(10^{-3}/m)$	1.34	0.13	1.63	0.27	2.36	0.32	41.04	0.38

7.1.4　地震动强度指标的评估

根据2.1节所阐述的各类易损性曲线建立流程,在进行易损性分析之前,应对IM进行评估,继而选取合适的IM以便后续分析。因此,本节将基于云图法中所建立的100组算例桥模型-地震波样本对,开展大量有限元时程分析,获得边墩支座位移δ_d、边墩墩底截面曲率ϕ_s、主墩墩顶截面曲率ϕ_{mt}和主墩墩底截面曲率ϕ_{mb},此后,建立针对常见的振幅类及频谱类地震动指标与以上结构需求响应值的概率性地震需求模型,并基于2.3.2.2节内容,从效率性指标β_d、实用性指标b和适用性指标ζ_β三个方面进行评估,包括地震动峰值指标(PGA、PGV、PGD)、反应谱峰值指标(PSA、PSV、PSD)和反应谱指标(SA_{T1}、SV_{T1}、SD_{T1})。计算结果如图7-11～图7-13所示。

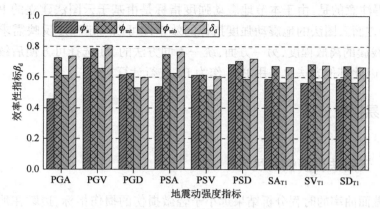

图 7-11　地震动强度指标的效率性指标 β_d 对比

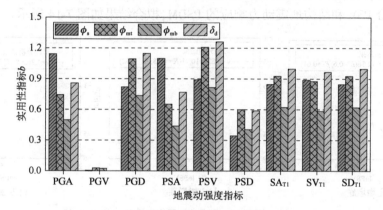

图 7-12　地震动强度指标的实用性指标 b 对比

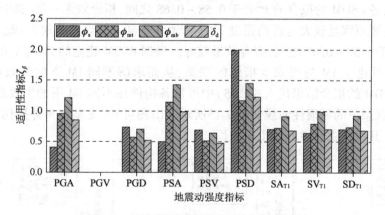

图 7-13　地震动强度指标的适用性指标 ζ_β 对比

注：PGV 的适用性指标相较其余 IM 过大，因此图中未标注其具体数值以方便比较。

由图可知：(1) 从效率性指标 β_d 来看，各构件的纵向地震响应在指标 PGD 和指标 PSV 下的离散程度均较低；(2) 从实用性指标 b 角度看，指标 PGD 和指标 PSV 与各构件的动力响应呈较强相关性；(3) 在适用性指标 ζ_β 方面，PSV 在各构件纵向的需求预测中有更好表现，具备更强的适用性。基于以上分析，算例桥梁选择反应谱峰值指标 PSV 作为易损性分析中的地震动强度指标。值得注意的是,由于本节地震动强度指标是由基于云图法建立的 PSDM 所获得的评价参数,而一方面云图法的地震动强度指标的效率性可以一定程度反映需求能力比法二次拟合及 IDA 曲线簇的离散程度,另一方面,统一不同方法的 IM 选择可方便后续不同方法易损性曲线的对比,因此其他方法也采用 PSV 作为 IM 进行计算。

7.1.5 桥梁易损性分析

7.1.5.1 云图法易损性曲线

由于边墩截面曲率的时程分析结果远小于轻微损伤的损伤指标,边墩在地震作用下基本不发生损伤破坏,因此概率性地震需求模型仅考虑主墩截面曲率和支座位移延性比。采用对数线性回归拟合 PSV 和结构地震动力响应的 PSDM,拟合结果如图 7-14 所示。

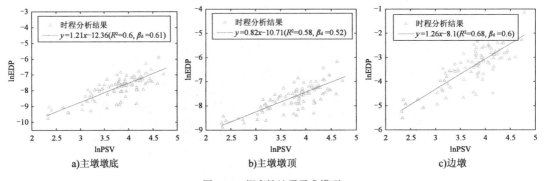

图 7-14 概率性地震需求模型

由图可知,各 PSDM 的拟合的 R^2 介于 0.58 ~ 0.68 之间,拟合效果一般,其中主墩截面的拟合效果较差,主要原因是较大地震动强度下的主墩动力响应预测偏差较大;此外,PSDM 的对数标准差 β_d 介于 0.52 ~ 0.61 之间,拟合效果较好。根据 PSDM 建立的 IM 与 λ_d 的关系和 PSDM 的对数标准差可建立 IM 与可靠度指标的联系,从而求解不同 IM 下的失效超越概率。将图 7-14 所得 PSDM 的拟合结果代入式(2-5)中可得各构件在不同 IM 下的失效超越概率,各构件在不同损伤状态下的易损性曲线如图 7-15 所示。由图可知,支座在 4 种损伤状态下的失效超越概率最大,其次是主墩墩底和主墩墩顶。

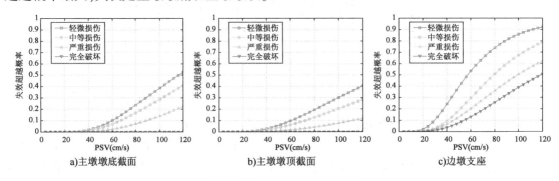

图 7-15 云图法构件易损性曲线

7.1.5.2 需求能力比法易损性曲线

需求能力比法首先采用拉丁超立方抽样方法得到不同损伤状态下的100组构件抗震能力样本,然后,结构动力响应与抗震能力样本通过随机组合得到不同损伤状态下的需求比,最后,分别以需求比对数和 IM 对数为因变量和自变量,采用二次函数拟合两者关系。图 7-16 和图 7-17 分别是轻微损伤和中等损伤状态下各构件的概率性地震需求模型,4 种损伤状态下各构件概率性地震需求模型的拟合回归参数如表 7-7 所示。

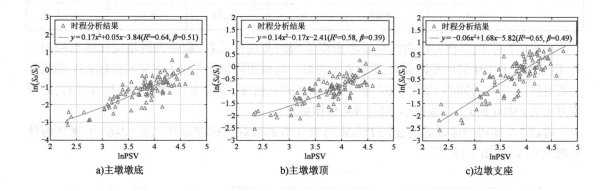

图 7-16 轻微损伤状态下各构件的概率性地震需求模型

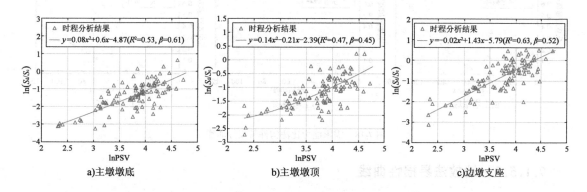

图 7-17 中等损伤状态下各构件的概率性地震需求模型

4 种损伤状态下各构件概率性地震需求模型的拟合回归参数 表 7-7

损伤状态	EDP	a	b	c	R^2	$\sigma_{d/c}$
轻微损伤	ϕ_{mb}	0.17	0.05	−3.84	0.64	0.51
	ϕ_{mt}	0.14	−0.17	−2.41	0.58	0.39
	δ_d	−0.06	1.68	−5.82	0.65	0.49
中等损伤	ϕ_{mb}	0.08	0.60	−4.87	0.53	0.61
	ϕ_{mt}	0.14	−0.21	−2.39	0.47	0.45
	δ_d	−0.02	1.43	−5.79	0.63	0.52

续上表

损伤状态	EDP	a	b	c	R^2	$\sigma_{d/c}$
严重损伤	ϕ_{mb}	0.02	1.06	-5.99	0.54	0.58
	ϕ_{mt}	0.20	-0.60	-2.22	0.46	0.49
	δ_d	0.06	0.81	-4.96	0.48	0.68
完全破坏	ϕ_{mb}	0.11	0.49	-8.01	0.51	0.66
	ϕ_{mt}	0.22	-0.81	-4.60	0.39	0.54
	δ_d	-0.07	1.75	-6.89	0.54	0.62

由表7-7可知,二次回归曲线可以考虑变量间的非线性关系,理论预测精度比线性回归更高,但云图法PSDM的R^2整体更大、拟合效果更好。这说明算例构件动力响应与指标PSV的线性关系更强,考虑两者间的非线性效应会导致PSDM预测精度下降。但从效率性指标β来看,需求能力比法PSDM的$\sigma_{d/c}$总体更小、拟合效果整体更好。

将表7-7所得的需求能力比法PSDM的拟合结果和对数标准差代入式(2-6)中建立构件易损性曲线,如图7-18所示。

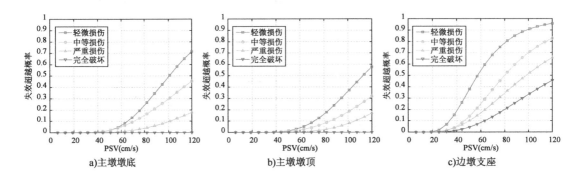

图7-18 需求能力比法构件易损性曲线

7.1.5.3 缩放法易损性曲线

对所选取的15条地震波按PSV最大取120cm/s等步长调幅19次,共计得到15组285条地震波。为考虑桥梁结构层次的不确定性对IDA分析的影响,同样采用拉丁超立方抽样方法生成建模参数样本空间矩阵$B_{285\times12}$,将矩阵$B_{285\times12}$与调幅得到的285条地震波随机组合生成"桥梁-地震波"样本对,并进行非线性时程分析。根据分析结果绘制各构件地震响应的IDA曲线,如图7-19所示。

IDA曲线的统计分析主要用于概率性地震需求模型的求解和构件损伤状态的定义。本节将50%分位的IDA曲线或基于50%分位IDA曲线的对数线性拟合结果作为概率性地震需求模型。同时,50%分位IDA曲线的特征点可用于定义不同极限状态下的损伤指标,为保证不同分析方法的可比较性,缩放法损伤指标均值和标准差仍按表7-6确定。

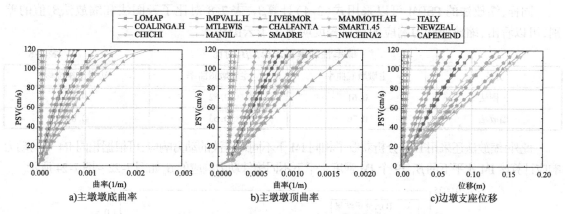

图7-19 各构件地震响应IDA曲线

根据各构件地震响应的IDA曲线,可求解不同IM水平下的不同结构动力响应的均值$S_{d_m|IM=x}$和标准差$\beta_{d|IM=x}$,不同强度的$S_{d_m|IM=x}$连线可得50%分位的IDA曲线,不同强度的$S_{d_m|IM=x} \pm \beta_{d|IM=x}$的连线可得84%分位和16%分位的IDA曲线。各构件地震响应的IDA曲线统计分析结果如图7-20所示。

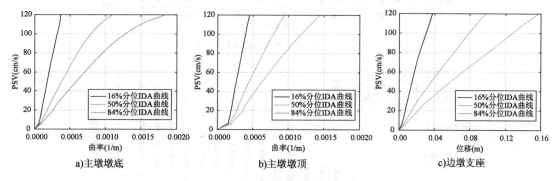

图7-20 各构件地震响应的IDA曲线统计分析

基于IDA曲线的统计分析结果,可将50%分位IDA曲线中的$S_{d_m|IM=x}$和IM采用对数线性拟合建立概率性地震需求模型。图7-21对比了对数坐标系下两种方式的概率性地震需求模型,由于主墩墩顶和墩底截面在较大IM下进入塑性段,表现出非线性特征,导致采用对数线性拟合建立的PSDM存在一定误差,因此本书将50%分位IDA曲线作为PSDM。

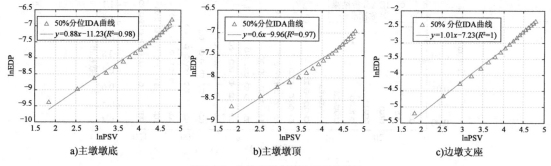

图7-21 各构件概率性地震需求模型

同样,缩放法的 PSDM 可以采用式(2-4)计算β_d,表 7-8 对比了云图法和缩放法β_d值的差别,可以看出,缩放法动力响应的离散程度明显大于云图法。

概率性地震需求模型β_d对比 表 7-8

方法	主墩墩底曲率	主墩墩顶曲率	边墩支座位移
云图法	0.61	0.52	0.60
缩放法	0.76	0.63	0.84

此外,缩放法还采用 IDA 分析获取了相同 IM 下不同地震波的动力响应,可根据相同 IM 下的动力响应计算该 IM 水平下的β_d,19 个 IM 强度水平下不同构件动力响应的β_d如图 7-22~图 7-24 所示。

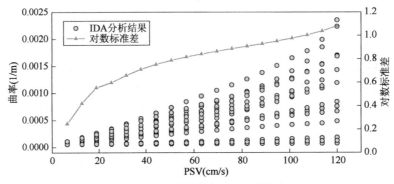

图 7-22 主墩墩底曲率β_d随 IM 的分布

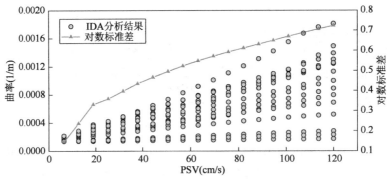

图 7-23 主墩墩顶曲率β_d随 IM 的分布

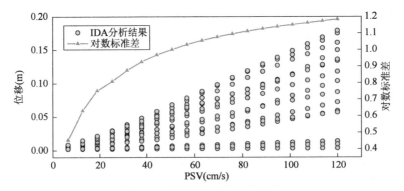

图 7-24 支座位移β_d随 IM 的分布

由图可知,各构件动力响应的离散程度均随 IM 的增大而增大,但不同构件β_d随 IM 的变化规律并不相同,例如支座位移的对数标准差增长趋势逐渐减缓,而主墩墩顶和墩底截面曲率的对数标准差先呈线性增长,当 PSV 超过 20cm/s 时对数标准差增长速率突然减小且随后增长速率基本保持不变。

如前所述,缩放法可以采用两种方式计算构件地震响应的对数标准差β_d:按式(2-4)计算β_d或按式(2-13)分别计算不同 IM 水平下的β_d,前者计算结果为固定值,而后者的计算结果随 IM 变化而变化。由公式可知,概率性地震需求模型相同但β_d不同会导致失效超越概率的差异。但由于变化β_d的易损性曲线分别考虑了不同 IM 下结构动力响应的离散程度,其计算结果更准确地表征了不同 IM 下的可靠度指标和失效超越概率,因此本节采用变化的对数标准差计算不同构件的失效超越概率,得到的地震易损性曲线如图 7-25 所示。

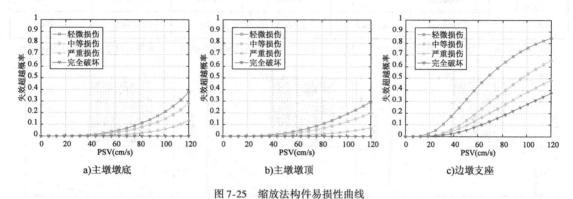

图 7-25 缩放法构件易损性曲线

7.1.5.4 极大似然估计法易损性曲线

极大似然估计法首先是基于时程分析结果来生成似然函数构建所需的二元向量,再建立与构件易损性函数相关的似然函数。生成二元向量的具体步骤如下:根据云图法的时程分析数量,采用拉丁超立方抽样方法生成相同数量的构件抗震能力样本,再通过比较时程分析结果和构件抗震能力样本获取构件完好-损伤二元向量。获得构建似然函数所需样本后,假设构件在 4 种损伤状态下的易损性函数的对数均值为 $\theta = [\theta_1, \theta_2, \theta_3, \theta_4]$,对数标准差为$\beta$,按式(2-16)定义构件各损伤状态事件对应的发生概率$P(E_i)(i = 1 \sim 4)$。最后,按照式(2-17)将各损伤状态事件的可能性连乘作为似然函数。

构建似然函数后,本节采用模式搜索算法求解似然函数的最大值。模式搜索算法属于无导数优化范畴的优化算法,优化求解只考虑目标函数本身信息而不考虑目标函数的导数。模式搜索算法的每一步都会搜索当前点附近的一系列点,该步的所有点组成的单元称为网格,网格是通过当前点在一系列矢量的倍数中形成的,而这一系列矢量称为模式。每当网格中某个点的函数值可以改善优化结果时,算法将把该点替换为算法下一步计算的当前点。

不同时程分析结果生成的二元向量必然不同,这进一步导致似然函数及参数优化结果的不同,最终导致构建易损性曲线的差异。基于云图法和缩放法时程分析结果的似然函数待定参数优化结果的差异如表7-9所示。由表7-9所得优化结果可绘制构件易损性曲线,如图7-26所示。

似然函数待定参数优化结果　　　　　　　　　　　　　　　表7-9

时程分析结果来源	EDP	θ_1	θ_2	θ_3	θ_4	β
缩放法所用地震波	主墩墩底	4.8119	4.9486	5.1108	162.0000	0.2270
	主墩墩顶	4.9120	5.0713	5.3273	162.0000	0.3359
	边墩支座	4.2853	4.7697	5.1311	5.5670	0.7200
云图法所用地震波	主墩墩底	4.7719	4.9514	5.1527	98.0000	0.4268
	主墩墩顶	4.7753	5.0096	5.2731	162.0000	0.3951
	边墩支座	4.1842	4.6675	4.9749	5.4997	0.6594

注:θ_1、θ_2、θ_3、θ_4分别表示轻微损伤、中等损伤、严重损伤和完全破坏的对数均值;β表示各损伤状态相同的对数标准差。

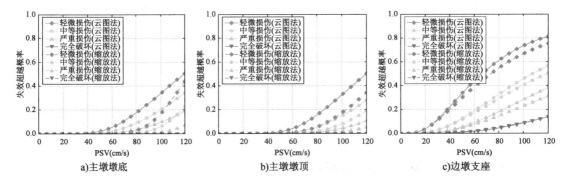

图7-26　极大似然估计法构件易损性曲线

7.1.5.5　机器学习法易损性曲线

(1) 多维PSDM模型

相较于传统易损性分析方法中的单变量概率性地震需求模型,基于机器学习法的易损性分析可以采用回归算法建立精度更高的多维PSDM,而采用回归算法建立多维PSDM前需要明确模型的输入特征和目标变量。在明确好输入特征及目标变量后,即可采用神经网络算法建立训练输入特征-目标变量神经网络,进而建立多维PSDM。

在输入特征方面,为尽可能涵盖影响构件动力响应的变量,本节建立的多维PSDM的输入特征同时考虑了7.2.4节中的地震动强度指标PSV及表7-5中的12种不确定性随机变量,因此多维PSDM考虑的特征个数共有13个。本节考虑的输入特征向量 x 可按下式表示:

$$x = [\mathrm{IM}, P_1, P_2, \cdots, P_{12}] \quad (7\text{-}2)$$

式中,IM为地震动强度指标PSV;$[P_1, \cdots, P_{12}]$为不确定性随机变量$[\lambda_w, D, L, W, \zeta, f_{cc_{nc}},$

$f_{cc_{c1}}, f_{cc_{c2}}, f_y, E_s, G_e, \mu]$,符号意义见表7-5。

多维PSDM的目标变量是指构件在地震作用下的动力响应。为便于后文的比较分析,本节的结构动力响应选择云图法的时程分析结果,采用ANN算法建立输入特征和目标变量之间的关系,即多维PSDM。因此,多维PSDM中的地震动不确定性和结构相关不确定性与云图法一致,即两种方法采用相同的"桥梁-地震波"样本对,而特征向量 x 也由云图法的地震波选择和结构随机变量的拉丁超立方抽样方法确定。此外,多维PSDM的目标变量同样仅考虑主墩墩底截面的纵向曲率 ϕ_1、主墩墩顶截面的纵向曲率 ϕ_2 和边墩支座的纵向位移 δ_1。鉴于ANN算法建立的多维PSDM是高度非线性的,本节将从决定系数 R^2、对数标准差 β 和均方误差MSE三个方面进行比较,如图7-27所示。由图可知,基于ANN算法建立的多维PSDM的 R^2 均大于云图法线性PSDM的 R^2,且对数标准差和均方误差均远小于后者。由此可知,基于ANN算法建立的多维PSDM的预测精度、拟合效率和预测误差均明显优于云图法。

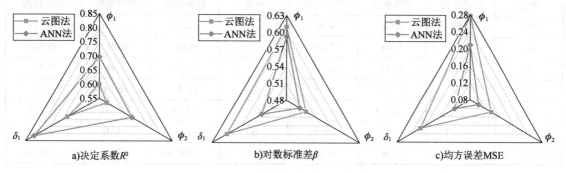

图7-27 机器学习法多维PSDM预测精度分析

(2)机器学习-Logistic回归积分法易损性曲线

建立基于机器学习的多维PSDM后,首先通过各变量的概率空间分布进行 $N=10^5$ 次随机抽取获取输入特征变量矩阵 $\boldsymbol{B}_{13 \times N}$,矩阵每一行代表一组样本,每一列代表一种变量。其中,结构不确定性变量的概率分布函数及参数见表7-5,而地震动强度指标的概率分布假设服从对数正态分布,本节通过对100条地震波的PSV进行对数正态分布拟合以估计其相关参数。然后将特征变量矩阵 $\boldsymbol{B}$ 输入多维PSDM中,获得各构件的动力响应预测值;根据表7-6中构件抗震能力的概率分布,通过蒙特卡罗方法随机生成不同构件在不同损伤状态下的能力值。最终,通过比较能力值和构件响应预测值,获得不同损伤状态下各构件的完好-损伤二元向量。之后,将特征变量矩阵 $\boldsymbol{B}$ 作为输入特征、各构件的完好-损伤二元向量作为目标变量,采用Logistic回归分类算法拟合各构件的完好-损伤二元向量,可得不同构件的多维易损性函数。同理,假设桥梁结构是由各构件组成的串联系统,即任意构件发生损伤意味着系统发生损伤。根据串联体系模型假设,可得系统在不同损伤状态下的完好-损伤二元向量。采用Logistic回归分类算法拟合系统的完好-损伤二元向量可得桥梁系统多维易损性函数。具体的分析流程见图2-11。表7-10所示为各构件在轻微损伤状态下的Logistic回归系数;表7-11所示为桥梁系统在各损伤状态下的Logistic回归系数。当选择PSV为地震动强度指标,采用蒙特卡罗积分算法可求解得到多维易损性函数关于地震动强度指标PSV的单变量地震易损性曲线。桥梁不同构件和系统的地震易损性曲线如图7-28和图7-29所示。

各构件在轻微损伤状态下的 Logistic 回归分类算法拟合回归系数　　表 7-10

变量	主墩墩底	主墩墩顶	边墩支座	变量	主墩墩底	主墩墩顶	边墩支座
PSV	17.01	11.79	9.02	$f_{cc_{c1}}$	0.77	0.81	-0.54
λ_w	0.47	4.01	4.37	$f_{cc_{c2}}$	0.00	0.00	0.00
D	0.00	0.00	0.00	f_y	0.00	0.00	0.00
L	9.04	4.27	1.74	E_s	15.79	4.28	10.99
W	-9.02	-9.99	-3.72	G_e	-10.41	-4.15	-2.97
ζ	-5.20	-4.18	-1.55	μ	-7.44	-4.04	-3.28
$f_{cc_{nc}}$	2.72	3.85	1.14	常数	-453.85	-206.53	-262.31

桥梁系统在各损伤状态下的 Logistic 回归分类算法拟合回归系数　　表 7-11

变量	轻微损伤	中等损伤	严重损伤	变量	轻微损伤	中等损伤	严重损伤
PSV	9.09	9.03	4.80	$f_{cc_{c1}}$	-0.54	-0.31	-0.19
λ_w	4.40	3.80	2.09	$f_{cc_{c2}}$	0.65	0.44	0.33
D	0.00	0.00	0.00	f_y	1.07	0.66	0.49
L	1.74	2.75	0.75	E_s	11.13	10.28	5.67
W	-3.76	-4.70	-2.16	G_e	-3.01	-2.94	-1.58
ζ	-1.57	-1.55	-0.82	μ	-3.32	-3.45	-2.06
$f_{cc_{nc}}$	1.15	1.28	0.64	常数	-286.10	-270.15	-150.14

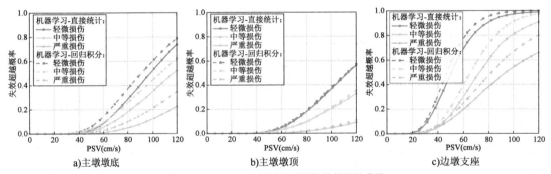

图 7-28　基于 ANN 算法的桥梁构件易损性曲线

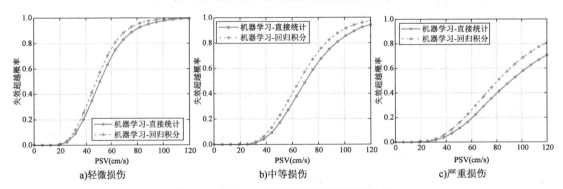

图 7-29　基于 ANN 算法的桥梁系统易损性曲线

(3) 机器学习-直接统计法易损性曲线

根据表 7-5 中 12 个建模相关参数的分布特征,采用拉丁超立方抽样(LHS)方法随机生成 10^5 个桥梁参数,地震动强度指标 PSV 保持一个固定的初始值不变(初始值为一个较小的数值),从而形成 10^5 组"桥梁-地震波"样本对,输入基于 ANN 算法的多维 PSDM 进行计算,可以得到 10^5 组工程需求参数预测值。采用前一小节的方法生成不同构件在不同损伤状态下的 10^5 个能力值。通过比较预测值(需求值)和能力值,由损伤标记函数计算在固定 PSV 条件下不同构件在不同损伤状态下的失效超越概率。随后,通过逐级增大 PSV 取值计算每一级 IM 下不同构件在不同损伤状态下的失效超越概率,从而得到相应的构件地震易损性曲线。具体分析流程见图 2-12。同理,假设桥梁结构是由各构件组成的串联系统,即任意构件发生损伤意味着系统发生损伤。只需改变相应的损伤标记函数即可得到桥梁结构在各损伤状态下的系统地震易损性曲线。桥梁不同构件和系统的地震易损性曲线如图 7-28 和图 7-29 所示。

由图 7-28 和图 7-29 可知,基于 Logistic 回归积分法和基于直接统计法建立的桥梁地震易损性曲线存在一定差别,且二者之间的差别大小与构件类型以及损伤程度有关。总的来说,对于本算例而言,基于 Logistic 回归积分法计算的构件或桥梁失效超越概率略大于基于直接统计法计算的失效超越概率。

7.1.6 易损性分析方法影响因素探讨

通过本案例桥梁的概率性地震需求模型(PSDM)和地震易损性曲线的比较分析,探讨云图法与需求能力比法、缩放法、极大似然估计法及机器学习法所建立地震易损性函数的差异产生原因。

7.1.6.1 云图法与需求能力比法

为便于比较,本节假定需求能力比法采用固定 β_c 来考虑各构件抗震能力的随机性。云图法和需求能力比法分别采用对数线性和对数二次函数建立 PSDM,图 7-30 为两种方法 PSDM 的对比,纵坐标均采用需求比对数均值 $\lambda_{d/c}$。经分析可知,无论需求能力比法 PSDM 的二次项拟合结果为正还是为负,云图法的 PSDM 都会和需求能力比法的 PSDM 存在一个或两个交点。例如,在图 7-30a)和 b)中,需求能力比法 PSDM 的二次项拟合结果为正且与云图法的线性 PSDM 存在两个交点,因此云图法的 $\lambda_{d/c}$ 会先小于、再大于、最终小于需求能力比法;在图 7-30c)中,需求能力比法 PSDM 的二次项拟合结果为负且与云图法的线性 PSDM 存在两个交点,因此云图法的 $\lambda_{d/c}$ 会先大于、再小于、最终大于需求能力比法。

在需求比对数标准差方面,由于两种方法在 PSDM 中采用构件抗震能力均值计算需求比,因此图 7-30 中各构件的 PSDM 的对数标准差实际仅反映了构件动力响应的离散情况。由图可知,在采用同样的方式考虑构件抗震能力不确定性的情况下,需求能力比法的构件动力响应对数标准差 $\sigma_{d/c}$ 明显小于云图法。此外,由于后续两种方法采用固定的 β_c 以考虑构件抗震能力的不确定性,因此需求能力比法的需求比对数标准差 $\sigma_{d/c}$ 会同样小于云图法,具体如表 7-12 所示。

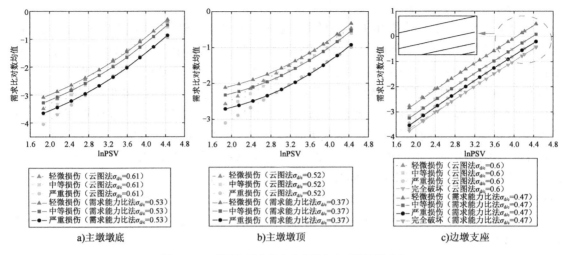

图 7-30 云图法与需求能力比法需求比对数均值对比

对数标准差对比 表 7-12

方法	主墩墩底	主墩墩顶	边墩支座
需求能力比法	0.54	0.39	0.53
云图法	0.63	0.53	0.65

图 7-31、图 7-32 分别为两种方法的易损性曲线对比和概率差值分布。结合两种方法 $\lambda_{d/c}$ 和 $\sigma_{d/c}$ 的大小关系及其对可靠度指标的影响规律可探讨两种方法易损性曲线的差异。由图 7-30a) 可知,两种方法的 $\lambda_{d/c}$ 恒为负,云图法的 $\lambda_{d/c}$ 先小于、再大于、最终小于需求能力比法,且云图法的 $\sigma_{d/c}$ 更大。由图 7-32a) 可知,当云图法的 $\lambda_{d/c}$ 小于需求能力比法时,两种方法构件动力响应远小于损伤指标,失效超越概率接近 0,因此两种方法的概率差值很小;当云图法的 $\lambda_{d/c}$ 大于需求能力比法时,由于云图法的 $\sigma_{d/c}$ 更大,云图法的可靠度指标和失效超越概率会大于需求能力比法;当云图法的 $\lambda_{d/c}$ 再次小于需求能力比法时,尽管云图法的 $\sigma_{d/c}$ 更大,但由于两者 $\lambda_{d/c}$ 差距更大、影响更大,因此需求能力比法的可靠度指标和失效超越概率会大于云图法。图 7-32b) 和 c) 中两种方法易损性曲线的差异同样可以根据两者需求比对数均值和对数标准差的大小关系及其对失效超越概率的影响规律来解释。

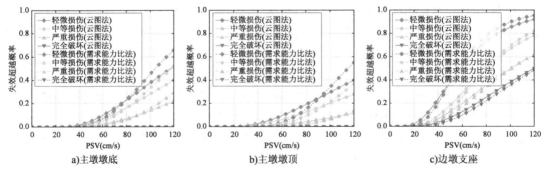

图 7-31 云图法与需求能力比法构件易损性曲线对比

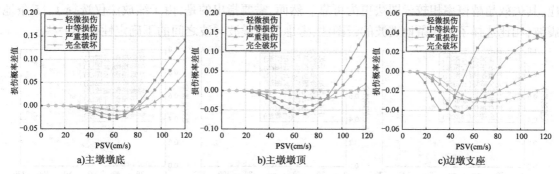

图7-32 需求能力比法相较云图法的概率差值分布

7.1.6.2 云图法与缩放法

在结构非线性时程分析策略方面,云图法依次输入100条地震波进行时程分析,而缩放法仅选择15条地震波调幅得到一组相同 IM 的地震波后再进行时程分析。为仅考虑时程分析方式对易损性分析的影响,本节缩放法 PSDM 采用50%分位 IDA 曲线;同时统一缩放法和云图法的对数标准差取值,确保易损性结果差异仅受时程结果影响。基于各自的时程分析结果的云图法和缩放法的 PSDM 对比如图 7-33 所示。由图可知,在较小地震动强度作用下,云图法 PSDM 预测的构件动力响应均值均大于缩放法的动力响应均值;在较大地震动强度作用下,云图法 PSDM 预测的构件动力响应均值均小于缩放法的动力响应均值。

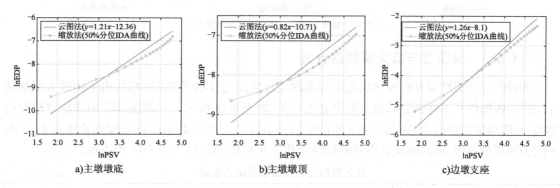

图7-33 云图法和缩放法 PSDM 对比

两种方法的构件易损性曲线对比和概率差值分布如图 7-34 和图 7-35 所示。由于两种方法的可靠度指标计算中的 β_d、λ_c 和 β_c 相同,因此两者可靠度指标的差异主要取决于构件动力响应均值 λ_d。由图 7-35 可知,在较小地震作用下,缩放法的 λ_d 更大,其可靠度指标和失效超越概率更大,但此时结构动力响应远小于损伤状态的均值,因此两者失效超越概率的差异基本可忽略不计;在较大地震作用下,由于缩放法的 λ_d 更小且此时的构件动力响应超过了损伤指标,因此缩放法的失效超越概率会小于云图法。云图法和缩放法时程分析方式的差异会导致 PSDM 的不同,从而导致两种方法在较大 IM 下明显的概率偏差。云图法所选地震波的强度等级和分布仍有限,无法考虑足够数量的极大和极小地震作用,导致云图法和缩放法的 PSDM 的差异会集中在较小和较大地震动作用下,最终导致两种方法在较大 IM 水平下的可靠度指标和失效超越概率存在较大差异。由于缩放法可以获取更多较小和较大地震动作用下的结构动力响应,其失效超越概率相较云图法更为可靠。然而,需要指出的是,由于缩放法仅选择了15条地震波,相比选择了100条地震波的云图法,考虑的地震波与波之间的不确定性要小一些。

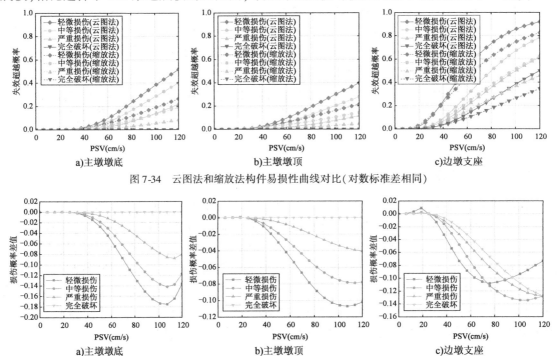

图7-34 云图法和缩放法构件易损性曲线对比(对数标准差相同)

图7-35 缩放法相对云图法的概率差值分布

7.1.6.3 云图法与极大似然估计法

通过时程分析结果和构件抗震能力样本的比较生成完好-损伤二元向量,再采用极大似然估计法得到各构件易损性函数的最大概率参数取值,如表7-13所示。云图法基于同样的时程分析结果,采用对数线性拟合 IM 与需求比S_d的函数关系以建立 PSDM,基于可靠度理论可得不同 IM 下的失效超越概率,再通过反算得到易损性函数的 θ 和 β,同样列入表7-13中进行比较。

极大似然估计法易损性函数参数　　　　表7-13

EDP	分析方法	$\theta_1(\beta_1)$	$\theta_2(\beta_2)$	$\theta_3(\beta_3)$	$\theta_4(\beta_4)$
主墩墩底	云图法	4.757 (0.520)	4.919 (0.557)	5.225 (0.574)	6.560 (0.382)
	极大似然法	4.772 (0.427)	4.951 (0.427)	5.152 (0.427)	98.00 (0.427)
主墩墩顶	云图法	4.947 (0.653)	5.201 (0.718)	5.674 (0.746)	6.562 (0.322)
	极大似然法	4.775 (0.395)	5.010 (0.395)	5.273 (0.395)	162.00 (0.395)
边墩支座	云图法	4.050 (0.518)	4.372 (0.518)	4.560 (0.608)	4.777 (0.608)
	极大似然法	4.184 (0.659)	4.668 (0.659)	4.975 (0.659)	5.000 (0.659)

注:$\theta_1 \sim \theta_4$、$\beta_1 \sim \beta_4$分别表示轻微损伤、中等损伤、严重损伤和完全破坏的对数均值。

对比表 7-13 中两种方法的易损性函数相关参数可知:极大似然法的对数标准差 β 为固定值,介于云图法对数标准差的最大值和最小值之间。图 7-36 和图 7-37 分别为两种方法的易损性曲线对比和概率差值分布。图 7-37 中主墩墩底和墩顶的概率差值分布特征相似,均呈先减后增的趋势;而边墩支座轻微损伤对应的概率差值分布呈先增后减的趋势,其余损伤对应的概率差值分布呈单调递减趋势。两种方法概率差值分布一方面由相同对数标准差假设导致,另一方面由参数估计方法本身导致,例如,极大似然法假设各损伤状态下的易损性曲线对数标准差相同,这个往往与实际情况不符。

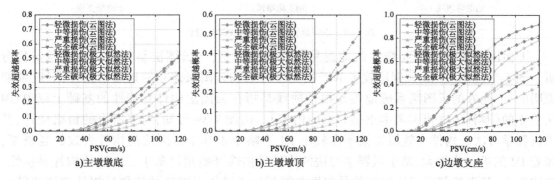

图 7-36 云图法和极大似然法构件易损性曲线对比

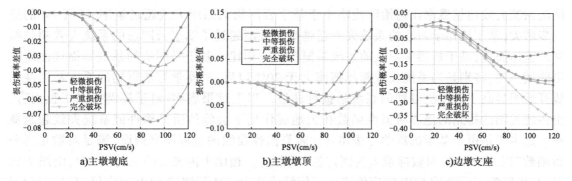

图 7-37 极大似然法相较云图法的构件失效超越概率差值分布

7.1.6.4 云图法与机器学习法

由于基于机器学习法建立的多维 PSDM 不具有显式的表达式,本文首先根据多维 PSDM 中 13 个随机参数分布特征,采用拉丁超立方抽样生成 $N=10^5$ 组随机样本,并输入机器学习多维 PSDM 中生成 10^5 组工程需求参数(EDP),然后分别以 IM 和不同构件的 EDP 为横坐标和纵坐标,在对数坐标系中绘制其基于单参数 IM 的机器学习离散点,最后对这些离散点进行线性拟合,拟合结果如图 7-38 所示。为与传统云图法 PSDM 进行比较,图 7-38 中还同时给出了基于原始非线性时程分析数据的云图法 PSDM(离散点及线性拟合),图中,粗实线为线性拟合预测均值,虚线表示均值 ±1 倍标准差的范围。由图 7-38 可知,在较大范围的 IM 内,基于云图法的 PSDM 预测均值小于基于机器学习法的 PSDM 预测均值,而且云图法 PSDM 均值 ±1 倍标准差的范围要大于机器学习法预测结果的离散性。

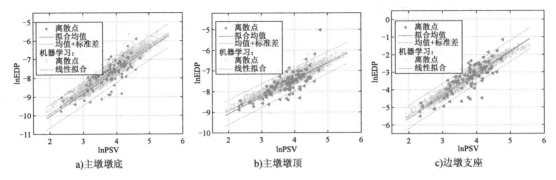

图 7-38　不同分析方法的构件 PSDM 对比

下面以机器学习-直接统计法地震易损性函数为例,与云图法易损性函数进行对比分析。图 7-39 和图 7-40 分别比较了基于机器学习法和云图法建立的地震易损性曲线,需要说明的是,此处的云图法系统地震易损性曲线是指在云图法构件易损性的基础上以 IPCM 法建立的(具体方法可参考本书第 6 章的内容)。由图 7-39 可知,对于所有的桥梁构件,基于机器学习法的构件失效超越概率在较小 IM 下略小于基于云图法的构件失效超越概率,随着 IM 的进一步增大,基于机器学习法的构件易损性开始超过基于云图法的构件易损性。整体而言,基于机器学习法的构件易损性曲线相比于基于云图法的构件易损性曲线更陡峭一些,且随着损伤程度的增加,这个趋势愈发显著。同样地,由图 7-40 可知,基于机器学习法的系统失效超越概率在初始阶段略小于基于云图法的系统失效超越概率,随着 IM 的进一步增大,基于机器学习法的系统失效超越概率逐渐超过了基于云图法的系统失效超越概率。整体而言,基于机器学习法的系统易损性曲线相比于基于云图法的系统易损性曲线也更陡峭一些,特别是当系统失效超越概率大于 20% 以后,机器学习法得到的系统易损性曲线开始明显高于云图法得到的系统易损性曲线。以上结果表明,对于算例桥梁工程而言,由传统云图法得到的地震易损性函数在大地震作用下会低估桥梁构件或系统失效超越概率。这主要是由于基于机器学习法建立地震易损性曲线的过程没有预设"满足对数正态分布函数"以及"PSDM 对数标准差为固定值"的假定。相比于传统云图法的 PSDM,由图 7-38 可知,机器学习预测的 EDP 响应值略大于传统线性 PSDM 预测的 EDP 响应值,且机器学习法的对数标准差更小。

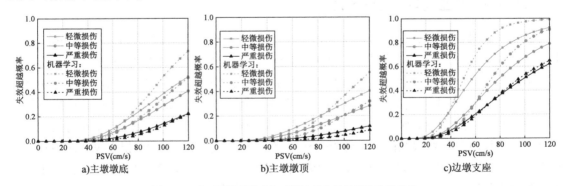

图 7-39　基于机器学习法和云图法的构件易损性曲线对比

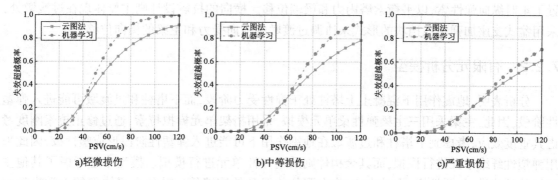

a) 轻微损伤　　　　b) 中等损伤　　　　c) 严重损伤

图7-40　基于机器学习法和云图法的系统易损性曲线对比

7.1.7　小结

大跨连续刚构桥采用PSV作为IM进行易损性分析时,效率性、实用性及适用性表现相对更佳。相较于其他抗震构件,边墩支座失效超越概率相对更高,应在同类型桥梁抗震设计中予以重点考虑。

首先,在参数化分析方法中,云图法和缩放法由于时程分析方式的差异导致两者在较大IM下的动力响应预测和失效超越概率存在较大偏差。其次,需求能力比法采用二次拟合的形式建立PSDM,可以更好地反映构件在大震作用下的非线性效应。最后,极大似然估计法的相同对数标准差假设虽然简化了计算,但也会导致其计算结果与其他方法的概率偏差较大。

对比参数化方法和非参数化方法,由于机器学习法是基于ANN算法建立参数化的多维PSDM,且地震易损性分析过程无须预设"满足对数正态分布函数"和"PSDM对数标准差为固定值"的假定,更符合实际情况。

7.2　大跨径混凝土斜拉桥易损性评估

一方面,与常规桥梁相比,大跨径斜拉桥周期长、体系柔、阻尼小,因此,在有限元建模、地震动强度指标的选取、损伤构件和指标的确定等方面与常规桥梁有较大的不同。另一方面,常规桥梁通常采用延性抗震的策略进行抗震设计,而大跨径斜拉桥重要程度高,在地震作用下的失效超越概率大,故结构抗震体系设计显得尤为关键。本节以一座主跨264m的双塔双索面混凝土斜拉桥为例,阐述了有限元建模、地震动强度指标的选取、构件和系统易损性曲线建立的全过程,并将易损性分析方法与抗震体系的优化设计相结合,针对大跨斜拉桥纵向抗震体系设计的关键问题进行了分析。

7.2.1　桥梁基本情况

算例模型为一座跨径布置为(132+264+132)m的双塔双索面混凝土斜拉桥,总体布置如图7-41a)所示。桥址场地类型为Ⅲ类,抗震设防烈度为8度。在桥梁结构体系的选择上,尽管漂浮体系的索塔内力会小很多,但梁端位移却很大,而过大的梁端位移会增加支座、伸缩缝等构件的设计难度,因此本桥采用漂浮加塔梁纵向弹性约束结构体系,即在塔-梁相接处设置了4对纵向弹性索,以平衡索塔内力和梁端位移。横向的抗震设计则主要体现在过渡墩处,采用盆式支座加弹塑性挡块的形式来协调过渡墩的横向受力和主梁的横向位移。

7.2.2 有限元分析模型

分析表明,地震作用下混凝土上塔柱处于弹性受力阶段,而下塔柱和过渡墩可能进入弹塑性阶段,因此,主梁采用三主梁弹性梁单元模拟,采用桁架单元模拟拉索,通过修正拉索刚度考虑其垂度效应;考虑到下塔柱和过渡墩在地震作用下可能进入弹塑性阶段形成塑性铰,因此采用弹塑性纤维单元进行模拟,而其余构件则采用弹性单元进行模拟。模型中还考虑了其他主要构件的建模,如弹性索、滑动支座、横向限位装置和伸缩缝等。其他主要构件的力学模型和设计参数如图7-41b)~f)所示。考虑到本桥基础位于岩层上,故忽略了桩-土作用效应。同时模型没有考虑引桥部分但考虑其质量对主桥分析的影响,梁端设置Gap接触单元模拟伸缩缝处碰撞相互作用。

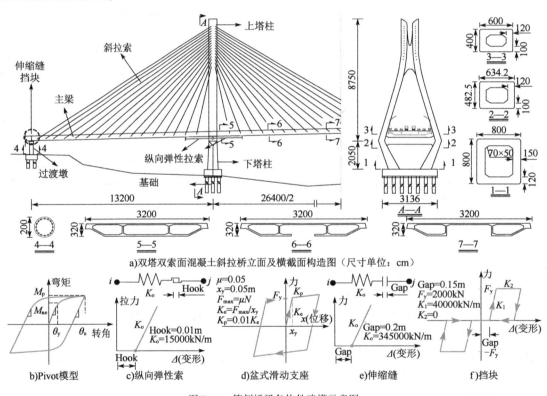

图7-41 算例桥梁各构件建模示意图

7.2.3 地震动及损伤指标

7.2.3.1 地震动输入

基于2.3.1节地震波选取原则并结合桥位处的地质条件,从PEER强震数据库中选取了100条地震波记录,图7-42为选取地震波记录的加速度反应谱,以及根据《公路桥梁抗震设计规范》(JTG/T 2231-01—2020)确定的5%阻尼比下的标准设计反应谱,包括重现期475年的E1地震作用和重现期2000年的E2地震作用下的设计反应谱。由图可知,设计反应谱介于考虑正负标准差的加速度反应谱曲线之间,并且平均加速度反应谱与E2目标反应谱十分接近,特别是在桥梁主要的两个振动周期范围内,这说明选取的地震波记录有利于激励桥梁的非线性响应。每组地震波记录只考虑其水平向分量,分别命名为垂直于断层的地震波(FN)和平行于断层的地震波(FP)。本书将每组地震波记录的不同分量(FN和FP)视为两组不同的地震波,因此,共计有200条地震波用于算例的易损性分析,不同周期下选取地震波记录的谱加速度分布如图7-43所示。

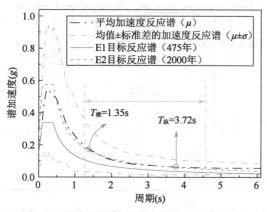
图7-42 选取地震波记录的加速度反应谱和规范设计反应谱

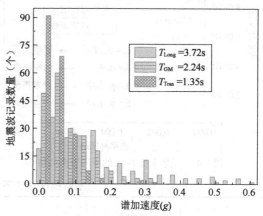
图7-43 不同周期下选取地震波记录的谱加速度分布图

7.2.3.2 地震动指标评价

将建立的地震波库输入有限元分析模型进行大量非线性时程分析后,选择合适的IM是易损性分析的关键步骤。大量研究表明,PGA为适用性相对最佳IM,尤其是在建立中小跨径梁桥这类一阶自振周期相对较短的结构易损性曲线时,然而,对于自振周期较长的柔性结构,采用PGA建立PSDM会增加分析结果的离散性;$SA(T_1,3\%)$在较广的周期范围内均表现出最好的效果,但当桥梁双向周期差异较大,或者需对多个不同周期的桥梁进行易损性对比分析时,可能难以确定SA对应的周期。算例大跨径斜拉桥纵向和横向动力特性差异明显,即$SA(T_{Tran}=1.35s)$远大于$SA(T_{Long}=3.72s)$,为解决该问题,可将纵向的自振周期和横向的自振周期的几何均值T_{GM}作为结构的自振周期,因此,算例模型的地震动强度指标为$SA(T_{GM},5\%)$。

7.2.3.3 损伤状态

算例主要探讨下塔柱、过渡墩、支座和横向限位装置的易损性。选择转角延性比($\mu_\theta=\theta/\theta_y$)作为混凝土桥塔和过渡墩的损伤指标,其中,$\theta$表示结构的最大转角响应。桥塔截面1—1的弯矩-曲率(M-ϕ)曲线如图7-44所示,4种损伤状态下的截面转角θ分别对应曲线的4个特征点(A点、B点、C点和D点),其中θ_{y1}为屈服曲率ϕ_{y1}对应的截面转角。按相同方法确定其他混凝土构件的损伤指标,结果如表 7-14 所示。对于盆式橡胶支座,选择相对位移作为其损伤指标。由图 7-45 可知,支座在正常使用极限状态下的最大允许位移应作为轻微损伤下的极限值;支座中心线与底板端部的间距应作为严重损伤下的极限值,并取该间距值的半数作为中等损伤下的极限值;当支座中心线超过了墩帽边缘,则认为支座完全破坏。

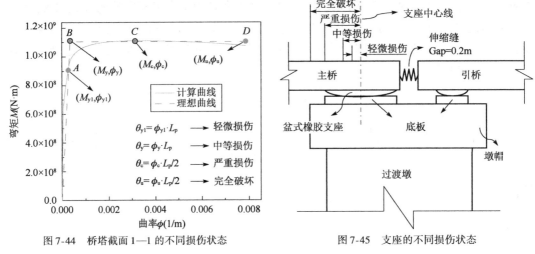

图 7-44 桥塔截面 1—1 的不同损伤状态　　图 7-45 支座的不同损伤状态

不同损伤状态下各构件的损伤指标 表 7-14

构件	EDP	损伤状态			
		轻微损伤	中等损伤	严重损伤	完全破坏
桥塔截面 1—1	$\mu_{\theta 1L}(\mu_{\theta 1T})$	1.00(1.00)	1.52(1.50)	5.46(4.92)	13.64(12.31)
桥塔截面 2—2	$\mu_{\theta 2L}(\mu_{\theta 2T})$	1.00(1.00)	1.71(1.51)	3.75(3.09)	9.37(7.73)
桥塔截面 3—3	$\mu_{\theta 3L}(\mu_{\theta 3T})$	1.00(1.00)	1.85(1.55)	3.29(2.17)	8.21(5.41)
桥塔截面 4—4	$\mu_{\theta 4L}(\mu_{\theta 4T})$	1.00(1.00)	1.58(1.58)	6.13(6.13)	14.52(14.52)
支座	$\delta_{BL}(\delta_{BT})$	0.10(0.10)	0.225(0.225)	0.45(0.45)	0.60(0.60)
挡块	$\delta_{RT}(—)$	0.15(—)	0.2(—)	0.25(—)	0.30(—)

7.2.4 构件易损性曲线

基于云图法建立桥塔截面、支座和挡块的易损性曲线,如图 7-46 所示。由图可知,支座的失效超越概率一般高于其他构件,因此中等跨径混凝土斜拉桥需要特别注意纵向超限位移。在 Gap 接触单元闭合后,挡块起到限制主梁位移的作用,从而降低了支座在横向上的失效超越概率。而事实上,限位装置在完全破坏状态下的失效超越概率确实高于其他构件。就纵向而言,桥塔截面 1—1 的失效超越概率仅次于支座,且桥塔在强震作用下只可能发生中等损伤,其中,当失效超越概率为 50% 时,桥塔截面 1—1 达到轻微损伤和中等损伤状态的谱加速度(SA)分别达到了 0.39g 和 0.64g。然而,桥塔截面在横向上的失效超越概率明显高于其在纵向上的失效超越概率,其中,当失效超越概率为 50% 时,桥塔截面 1—1 在横向上达到轻微损伤和中等损伤状态的谱加速度(SA)分别达到了 0.23g 和 0.33g,该值相较于纵向分别降低了 41% 和 48%。

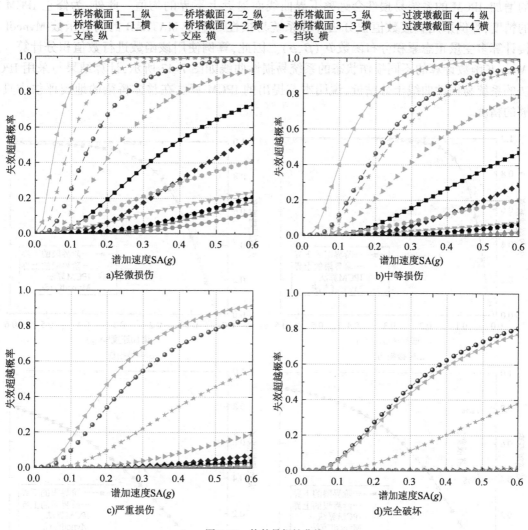

图 7-46 构件易损性曲线

7.2.5 系统易损性曲线

本节使用 IPCM 算法计算桥梁的系统易损性。为进行比较,同时采用一阶界限估计法计算系统易损性的上界和下界。由图 7-47 可知,在轻微损伤下,系统易损性的界限区间很大,此时上界值可作为系统易损性的近似值。与已有的研究成果类似,界限区间的带宽随损伤程度的增加而加宽。当界限区间的带宽过大时,界限估计法不再适用于系统易损性的计算。例如在严重损伤状态下,当谱加速度 SA 等于 $0.2g$ 时,系统易损性的上、下界值分别是 72% 和 46%。为获得更精确的系统易损性,有必要替换传统的界限估计方法。相较于界限估计法,采用 IPCM 算法的系统易损性结果更准确。由图 7-47 可知,基于 IPCM 算法的系统易损性曲线介于界限估计法的上下界间,且更贴近下界曲线,特别是在损伤程度较低的轻微损伤和中等损伤中。这说明在较低损伤状态下,桥梁构件具有较高的正相关性。但随着界限区间或损伤程度的增加,IPCM 的系统易损性会远离下界曲线而逼近上下界的均值。此外,为修正 IPCM 算法的精度,算例采用直接数值积分法计算系统易损性。基于 MATLAB 的内置函数 Mvncdf 可直接计算多变量正态累积分布函数 $\Phi_n(\boldsymbol{\beta},\boldsymbol{\rho})$。因此,算例使用该函数进行数值积分计算。采用 Mvncdf 函数计算的不同损伤状态的系统易损性曲线如图 7-47 所示,计算结果与采用 IPCM 算法的系统易损性曲线十分贴近,说明本节提出的 IPCM 算法在整体桥梁的地震评估中具有足够的精度。

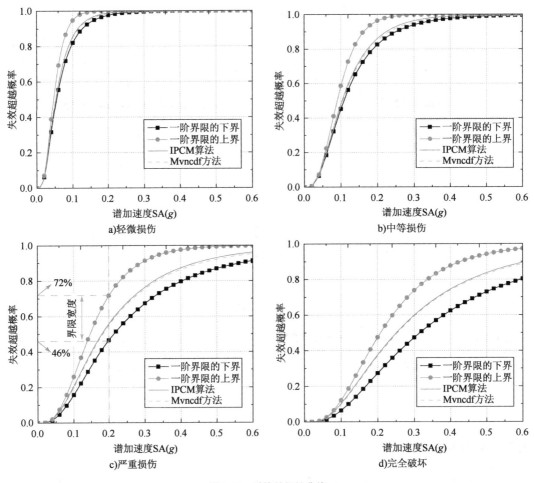

图 7-47 系统易损性曲线

7.2.6 基于系统易损性的合理抗震体系

本节运用前文的系统易损性曲线探讨斜拉桥合理抗震体系的设计。斜拉桥有三种典型的结构体系:漂浮体系、半漂浮体系和固结体系,其主要区别在于主梁和桥塔间的纵向约束。算例的结构体系采用半漂浮体系,即主梁和桥塔通过具有纵向刚度的弹性索连接。弹性索的主要功能是减小主梁在地震作用下的纵向位移,因此其纵向刚度的选择与地震作用有关。确定弹性索的合理刚度是关键的设计问题。在确定刚度后，工程师才能根据需求设计合适的限位装置。

反应谱分析法曾用于确定弹性索的合理刚度。根据该方法，算例需要采用纵向刚度 $K = 3 \times 10^4 \text{kN/m}$ 的弹性索。然而反应谱分析法是一种确定性分析，其无法考虑地震动的 Record-to-Record 不确定性。此外，相较于反应谱分析法，考虑弹性索的桥梁模型可通过非线性时程分析获得更准确的地震响应。因此算例采用基于时程分析且考虑地震不确定性的易损性分析方法来确定弹性索的合理刚度。为得到合理刚度，算例假设弹性索的纵向刚度是介于 $1.0 \times 10^3 \sim 5.0 \times 10^3 \text{kN/m}$ 之间的变量。

不同弹性索刚度下桥塔截面1—1和支座在不同损伤状态下的易损性指数如图7-48a)所示，其中也包括漂浮体系和固结体系对应的构件易损性指数。本节主要研究桥梁的纵向受力特点，并选择平均值 $SA(T_{GM}, 5\%)$ 作为易损性分析的地震动强度指标。易损性指数指的是构件或系统失效超越概率达到50%时的 IM 值，根据易损性理论可知易损性指数可大致说明失效超越概率，较大的易损性指数一般对应较小的失效超越概率。由图7-48a)可知，在悬浮体系(TFS)下，桥塔易损性指数达到最大值，因此该体系是桥塔的最佳体系，但此时支座易发生严重损伤，而固结体系(TRS)可最大限度地降低支座的失效超越概率，但又会增加桥塔的失效超越概率。弹性索可以平衡这两个主要构件的失效超越概率，当 $K = 3 \times 10^4 \text{kN/m}$（原始设计方案）时，桥塔在轻微损伤状态下的易损性指数明显高于支座在完全破坏状态下的易损性指数，这说明原始方案宁愿支座发生不可接受的相对位移，也要保证桥塔的安全。随着弹性索刚度提升，支座在各损伤状态下的易损性指数均呈现增加趋势，而桥塔的易损性指数却显著降低，尤其在 $1.0 \times 10^3 \sim 1.0 \times 10^5 \text{kN/m}$ 之间。为明确弹性索刚度的作用，图7-48b)和图7-48c)以中等损伤为例，比较了桥塔截面1—1和支座在不同结构体系下的易损性曲线。同样地，较小的弹性索刚度对桥塔截面1—1有显著的影响，但当刚度大于 $1.0 \times 10^5 \text{kN/m}$ 时，其影响会有所降低。通过比较支座和桥塔的构件易损性可知：算例的原始设计偏保守，因此算例认为 $K = 1.0 \times 10^5 \text{kN/m}$ 是更佳的刚度选择。

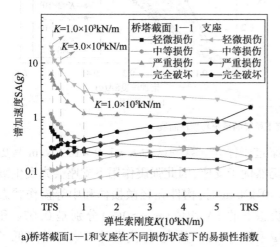
a)桥塔截面1—1和支座在不同损伤状态下的易损性指数

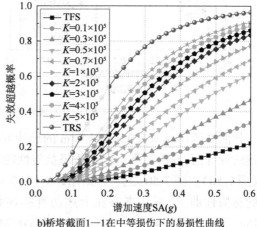
b)桥塔截面1—1在中等损伤下的易损性曲线

图 7-48

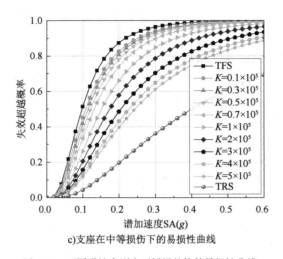

c)支座在中等损伤下的易损性曲线

图 7-48 不同弹性索刚度下桥梁的构件易损性曲线

图 7-49 是不同弹性索刚度下桥梁在中等损伤和严重损伤状态下的系统易损性曲线。由图 7-49 可知漂浮体系是最易损伤的结构体系,因为支座损伤是桥梁破坏的决定性因素。而固结体系也并不安全,虽然该体系的支座失效超越概率最低,但桥塔却成了最易损伤的构件。如果采用固结体系,混凝土桥塔的损伤将成为桥梁破坏的决定性因素,而这是桥梁设计所不允许的。因此漂浮体系和固结体系都是不可接受的方案。

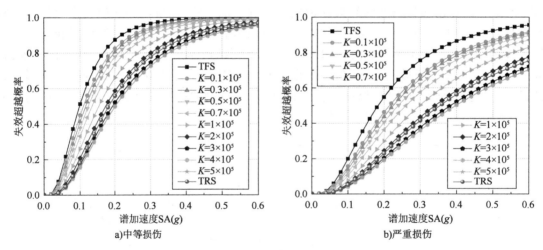

a)中等损伤　　　　　　　　　　　　　b)严重损伤

图 7-49 不同弹性索刚度下桥梁的系统易损性曲线

如前文所述,$K = 3.0 \times 10^4 \text{kN/m}$ 的设计方案过于保守。算例认为 $K = 1.0 \times 10^5 \text{kN/m}$ 是更合理的设计值,理由如下:首先,桥塔抗震性能仍然优于支座,因此强震作用下支座会先发生破坏(图 7-50)。图 7-50 是弹性索刚度 $K = 1.0 \times 10^5 \text{kN/m}$ 时,构件在轻微损伤和中等损伤状态下的易损性曲线,可知支座在上述两种损伤状态下的 SA 均值($p_f = 50\%$)分别是 $0.07g$ 和 $0.15g$,远小于桥塔截面 1—1 的 SA 均值($0.24g$ 和 $0.37g$)。其次,替代设计方案显著降低了系统易损性,并和固定体系的系统易损性曲线十分贴近。图 7-51 比较了原始设计方案($K = 3 \times 10^4 \text{kN/m}$)和替代设计方案($K = 1 \times 10^5 \text{kN/m}$)的系统易损性曲线,替代设计方案的抗震性能明显优于原始设计方案。最后,弹性索的刚度取值处于合理区间内,满足桥塔和主梁锚固区的局部应力要求。因此,对于大跨径斜拉桥的系统易损性和构件易损性,刚度 $K = 1 \times 10^5 \mathrm{kN/m}$ 的结构体系可能是最优的设计方案。

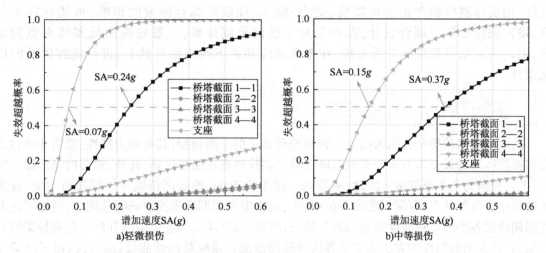

图7-50 替代设计方案的构件易损性曲线($K = 1 \times 10^5 \mathrm{kN/m}$)

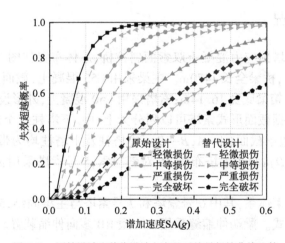

图7-51 原始设计和替代设计方案的系统易损性曲线比较

7.2.7 小结

相较于确定性的反应谱分析方法,易损性分析考虑了地震动的不确定性,能够很好地评估双塔三跨式斜拉桥的抗震性能和指导抗震体系的优化设计;双塔三跨式斜拉桥中构件的失效超越概率很大程度上取决于抗震体系的选择,其中,在漂浮体系中,支座最易出现损伤,而在固结体系中,桥塔失效超越概率较高,因此,在针对该类桥型的抗震设计中,应重点关注抗震体系的选取与优化;通过在梁、塔之间布置弹性索来减震的斜拉桥结构,其易损性函数和弹性索刚度显著相关,因此理应存在一个最优刚度的结构体系,在算例桥梁中,当弹性索刚度取为 $1 \times 10^5 \text{kN/m}$ 时,能较好地均衡桥塔、支座及系统失效超越概率,抗震性能较原始设计方案有较大提升,为纵向合理抗震体系。

算例桥梁仅分析了采用弹性索斜拉桥纵向抗震体系的抗震性能及其设计参数的优化设计,而实际斜拉桥考虑结构规模、受力、施工、经济等综合因素的影响,可能存在多种纵、横向限位装置的耦合设计,尤其是对于横向抗震体系,一般较纵向抗震体系更为复杂,但均可采用易损性的分析方法,在考虑地震动的不确定性基础上,进行抗震体系的优化设计。

7.3 高墩多塔斜拉桥易损性评估

高墩多塔斜拉桥是我国西南地区跨越地形常见的一类桥型,其在动力特性、墩塔非线性效应和抗震体系的设置等方面与常规双塔三跨式斜拉桥存在明显区别,此外,随着桥梁跨度的增加,主梁的损伤也不可忽略。因此,本节以一座主跨380m的超高桥墩多塔斜拉桥为例,首先阐述其结构布置特点、有限元建模方法;其次,在考虑长周期地震波影响的基础上,讨论了此类长周期桥梁各类地震动强度指标的典型特征;然后,基于动力响应包络图分析了此类桥梁的易损截面,并采用易损性的方法建立了各构件易损截面和系统易损性曲线;最后,探讨了塔梁连接方式对结构抗震性能的影响规律。

7.3.1 桥梁基本情况

算例桥梁为一座四塔预应力混凝土双索面斜拉桥,总体布置如图7-52所示,跨径布置为 $(165+3 \times 380+165)\text{m}$,桥梁全长1470m。主梁采用C55混凝土,截面为单箱四室截面,梁高3.2m,箱梁顶宽27.5m,箱梁底宽16.14m;索塔采用C50混凝土,外形设计为"纤腰"且"镂空"的新型双曲线外形。根据截面形式索塔可以划分为上、中、下塔柱三个部分,桥面以上的部分为上塔柱,采用空心八边形截面($A—A,B—B$),中塔柱及下塔柱均为带凹槽的双肢曲线收腰形薄壁截面($C—C,D—D$);每个索塔布置46对斜拉索;5号索塔采用扩大基础,6~8号索塔采用群桩基础。

斜拉桥采用混合约束体系,其中6号索塔和7号索塔与主梁固结,5号索塔和8号索塔与主梁之间采用半漂浮形式。梁端伸缩缝采用960型RB多向伸缩装置。

7.3.2 有限元分析模型

采用OpenSees建立算例桥梁非线性动力有限元模型。由于高墩多塔斜拉桥特殊的结构形式,主梁在地震作用下有可能发生不同程度的损伤,因此,为充分考虑各构件的损伤,主梁及索塔均采用非线性梁单元模拟,截面为纤维截面,其中非约束混凝土及约束混凝土均采用基于Mander本构的单轴混凝土模型,纵向钢筋采用双折线本构。

拉索采用桁架单元模拟。此外,为考虑拉索松弛和屈服,拉索材料采用理想的弹塑性模型,拉索弹性模量根据Ernst公式等效以考虑拉索垂度效应,拉索的初始索力通过施加初应力实现。

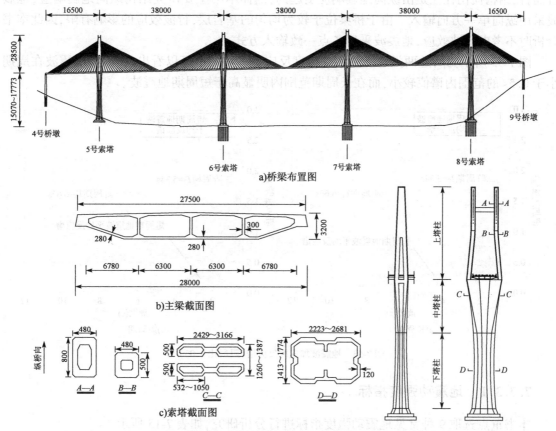

图 7-52 桥梁总体布置图(尺寸单位:cm)

拉索与主梁、索塔的连接均采用刚性连接。6号和7号索塔与主梁之间采用刚性连接,5号和8号索塔与主梁耦合竖向位移。梁端设置带有Gap的弹性单元模拟梁端碰撞。各索塔塔底均采用弹性嵌固法来模拟桩-土相互作用。全桥采用瑞利阻尼,阻尼比取为3%。为考虑恒载对结构地震响应的影响,时程分析前先进行非线性静力分析,分析过程中考虑梁柱效应。

对模型进行动力特性分析,分析结果表明结构一阶振型为纵向振动,周期为6.66s;结构二阶振型为横向振动,周期为5.34s。

7.3.3 地震动及损伤指标

斜拉桥属于长周期结构,在含有长周期成分的地震作用下,容易产生较大的地震响应。而目前我国规范反应谱并未考虑长周期地震动的影响,这在一定程度上会低估长周期结构的地震响应。因此,本书直接从PEER强震数据库中筛选了2组共计80条地震波:第一组地震波包含长周期成分,第二组地震波不包含长周期成分,两类地震动按照傅里叶谱的分布特征进行区分。为充分考虑地震波的随机性,所选地震波的特性参数涵盖较广的范围,其中震级从5.9到7.6,PGA从$0.06g$到$1.23g$,PGV从16cm/s到187cm/s,PGD从7cm到324cm。对于斜拉桥而言,结构损伤往往是由纵向地震响应引起的,因而本书主要研究结构纵向地震响应,地震波采用纵向单一方向输入。由于桥梁位于较为均匀的基岩层,行波效应的影响有限,因此本书分析时不考虑行波效应,地震波采用各点一致输入方式。

图7-53所示为所选两类地震波的加速度反应谱。从图中可以看出,长周期地震波在周期小于0.5s的范围内谱值较小,而在长周期范围内明显高于短周期地震波。

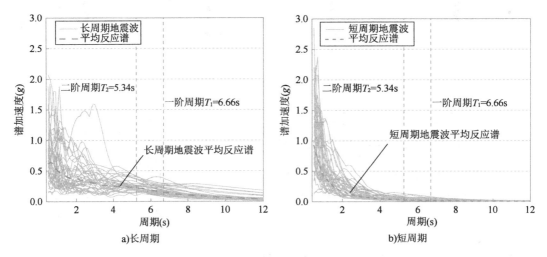

图7-53 地震波加速度反应谱(阻尼比0.03)

7.3.3.1 地震动强度指标

本书重点选取9种常见地震动强度指标进行分析研究,如表7-15所示。

所选取的地震动强度指标　　　　　　表7-15

地震动强度指标		描述
地震波峰值型	PGA	地震波峰值加速度
	PGV	地震波峰值速度
	PGD	地震波峰值位移
反应谱峰值型	PSA	加速度反应谱峰值
	PSV	速度反应谱峰值
	PSD	位移反应谱峰值
特定周期谱值型	EPA	有效峰值加速度
	SA_{T1}	一阶周期对应谱加速度
	SA_{T2}	二阶周期对应谱加速度

2.3.2节提出了评价地震动强度指标效果的标准,如效率性、实用性、适用性、充分性和可计算性等。本书针对以上9种地震动强度指标,选取梁端位移、斜拉索应变、塔顶位移、塔底弯矩4类能够反映斜拉桥响应特点的工程需求参数,建立相应的概率性地震需求模型,结合效率性、实用性、适用性三个方面对各指标的合理性进行评价。由于篇幅所限,图7-54仅示出主梁纵向位移与各地震动强度指标的对数线性回归分析结果。表7-16中列出不同构件需求参数

与各地震动强度指标的回归分析参数,其中 b、β 和 ξ 分别反映了地震动强度指标的实用性、效率性和适用性。

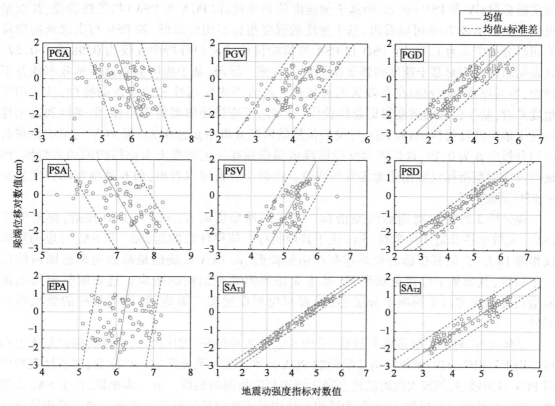

图 7-54 主梁纵向位移与各 IM 对数线性回归分析

不同构件需求参数与各地震动强度指标回归分析参数　　　　　表 7-16

IM	梁端位移				斜拉索应变				6号索塔塔顶位移				6号索塔塔底弯矩			
	a	b	β	ξ	a	b	β	ξ	a	b	β	ξ	a	b	β	ξ
PGA	1.77	-0.39	0.88	2.28	-4.85	-0.25	0.85	3.48	2.85	-0.58	1.32	2.28	17.00	-0.18	0.51	2.89
PGV	-4.40	0.96	0.79	0.82	-10.62	1.06	0.65	0.61	-4.50	1.10	1.31	1.19	13.48	0.61	0.44	0.72
PGD	-3.60	0.88	0.46	0.52	-9.22	0.83	0.40	0.48	-4.45	1.11	0.94	0.85	14.15	0.51	0.26	0.51
PSA	3.60	-0.57	0.83	1.46	-3.37	-0.41	0.82	2.03	5.66	-0.87	1.24	1.43	17.98	-0.28	0.49	1.74
PSV	-6.55	**1.16**	0.75	0.65	-13.03	**1.29**	0.61	0.47	-6.38	1.21	1.30	1.07	12.20	**0.72**	0.42	0.58
PSD	-4.99	0.98	0.32	0.32	-10.41	0.90	**0.30**	**0.33**	-6.13	1.22	0.85	0.70	13.35	0.57	0.18	0.32
EPA	-1.79	0.21	0.94	4.49	-7.46	0.19	0.87	4.62	-3.39	0.46	1.40	3.04	15.10	0.14	0.54	3.88
SA_{T1}	-4.54	0.96	**0.13**	**0.13**	-9.81	0.84	**0.30**	0.36	-5.76	**1.24**	**0.69**	**0.55**	13.64	0.55	**0.13**	**0.24**
SA_{T2}	-4.95	0.97	0.31	0.32	-10.50	0.92	0.36	0.39	-6.03	1.20	0.85	0.71	13.34	0.57	0.17	0.29

注:表中加粗的数字表示评价效果最好的 IM。

首先观察地震波峰值型和反应谱峰值型两类指标。从图7-54可以看出,对于这两类指标而言,基于位移的强度指标(PGD和PSD)与各类工程需求参数相关性最好,基于速度的强度指标(PGV和PSV)次之,而基于加速度的强度指标(PGA和PSA)相关性较差,甚至呈现负相关。从表7-16可以看出,基于速度的强度指标实用性最好,如PSV与主梁纵向位移的回归分析中b为1.16,而PSD和PSA与梁端位移的回归分析中b仅为0.98和-0.57。这表明结构响应对基于速度的强度指标更加敏感。然而,基于速度的强度指标效率性并不理想,容易导致响应预测存在较大的离散性。综合考虑实用性和效率性的特性,从适用性角度来看,基于位移的强度指标总体较优。另外,反应谱峰值型的实用性、效率性和适用性均优于地震波峰值型,例如PSV与梁端位移的回归分析中β为0.75,而PGV与梁端位移的回归分析中β为0.79,这是因为反应谱峰值型指标在一定程度上考虑结构的动力特性,而地震波峰值型指标仅能描述地震波的特性。由以上分析可以看出,前6种地震动强度指标中PSD更加合适。

现分析3种特定周期谱值型指标。从实用性角度而言,SA_{T1}与PSD接近,都略低于PSV。从效率性及适用性来看,SA_{T1}优于其他指标。值得注意的是,SA_{T2}和SA_{T1}对应的周期仅相差1s左右,但其指标的效果却存在明显降低,而EPA反映的是高频周期范围内的反应谱特性,其效果下降得更加明显,基本无法预测此类结构的响应。这表明特定周期谱值型指标的优劣对于周期十分敏感,随着对应周期远离自振周期,该类指标的效果明显降低。

总体而言,对于高墩多塔斜拉桥,采用SA_{T1}的效果最好,PSD次之,这两类指标基本上都可用于易损性分析;常规结构常采用的PGA基本无法预测此类结构的响应;尽管地震响应对PGV较为敏感,但较大的离散性会降低结构相应预测的精度。进一步来说,由于SA_{T1}需要事先确定结构的自振周期,因而较为适用于结构形式确定且进行单一方向的地震易损性评估的情况;而当结构需要进行设计优化,或者需要进行多方向的易损性分析时,往往难以确定一个固定的结构周期,此时选择PSD则更加合适。

根据这一原则,本书选择SA_{T1}作为易损性分析的地震动强度指标。

7.3.3.2 损伤状态与损伤指标

定义结构损伤状态是建立损伤程度和抗力关系的关键。HAZUS-MH将桥梁健康状态划分为无损伤、轻微损伤、中度损伤、严重损伤和完全破坏5级。考虑到大跨斜拉桥发生完全破坏的概率非常小,而实际工程中也不能接受该结构完全破坏。因此,算例仅研究轻微损伤、中度损伤和严重损伤三种损伤状态,即只考虑重要构件(桥墩、拉索、主梁和支座等)在以上3种损伤状态下的损伤指标。

常用于描述钢筋混凝土桥塔的损伤指标主要有3类:构件层次的变形指标、截面层次的曲率指标和材料层次的应变指标。由于构件变形不能考虑高阶振型的影响,而复杂截面很难确定材料的应变,因此算例采用截面层次的曲率延性比($\mu_\theta = \varphi/\varphi_y$)作为桥塔的损伤指标。桥塔不同损伤状态对应的截面内力和变形如图7-55a)所示:(1)当钢筋首次屈服时,截面的混凝土开始剥落,结构的耐久性受到影响,但仍然能正常使用,对应轻微损伤;(2)当结构出现塑性铰,刚度明显降低,正常使用功能受到较大影响,对应中等损伤;(3)当弯矩达到峰值时,截面强度开始退化,构件无法正常使用,对应严重损伤。

梁式桥主梁的损伤通常可以忽略不计。但对于斜拉桥,纤细的主梁可能会产生损伤。过去较少有文献对主梁的损伤指标进行定义。由于斜拉桥主梁和桥塔均为压弯构件,可以借鉴桥塔损伤指标的定义方法,将曲率延性比作为主梁的损伤指标。由于主梁采用弹性单元,因此只考虑图7-55b)所示的两种损伤状态。

斜拉桥拉索设计由应变控制,因此一般可采用应变作为拉索的损伤指标。但因拉索长度不同,拉索定义的应变损伤指标也会不同。为此,算例采用应变比($a_c = \varepsilon/\varepsilon_g$)来描述拉索的损伤状态,其中 ε 和 ε_g 分别为地震荷载和恒载作用下的拉索轴向应变[图7-55c)]。拉索张拉力一般控制在极限承载力的40%左右。因此,当 $a_c = 2$ 时地震荷载下索力增加一倍,将其定义为轻微损伤;当 $a_c = 2.5$ 时拉索达到极限承载力,此时拉索发生屈服,无法正常使用,对应为严重损伤;另假设两者的均值 $a_c = 2.25$ 对应中等损伤。

主梁的纵向位移可能会导致支座系统的损伤,损伤情况取决于支座和盖梁的尺寸大小。因此,支座系统的损伤指标可定义为主梁的纵向位移。参考图7-55d)定义支座系统的损伤状态:伸缩缝闭合或相邻主梁发生碰撞,定义为轻微损伤;主梁与支座发生脱离,定义为中等损伤;主梁发生落梁,定义为严重损伤。

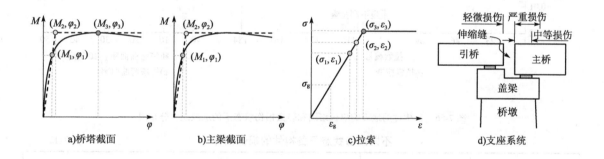

图7-55　各类构件的损伤指标描述

各构件包含多个截面或组件,而不同截面或组件的内力状态存在差异。例如桥塔或主梁的不同截面的应力水平会存在差异,拉索间的应变水平也会存在显著差异。而构件易损性分析应取最不利的截面或组件的地震响应。为找到最不利拉索以及主梁和桥塔的最不利截面,需要确定构件的承载能力分布和地震响应包络图。

地震作用下主梁弯矩包络图、斜拉索应变包络图和桥塔弯曲曲率包络图分别如图7-56a)~c)所示,图中虚线表示地震响应包络图的均值,点状线表示轻微损伤状态对应的构件承载能力分布。由图7-56a)可知,地震响应在主梁中跨2L/5处取最大值,而且主梁的承载能力随纵向轴力的变化而变化。对比主梁承载能力分布和地震响应包络图的均值可知,主梁701m处的截面最易发生损伤。由图7-56b)可知,轴向应变在92号拉索处取最大值,因此将其作为最不利拉索。由图7-56c)可知,桥塔整体的弯矩分布受高阶振型和桥塔双曲线外形的影响,桥塔中下部区域截面存在较大弯矩,较塔底截面更易发生损伤。因此,选择距主梁高程123.2m处的桥塔中下部截面为最不利截面。不同损伤状态下各构件的损伤指标如表7-17所示。

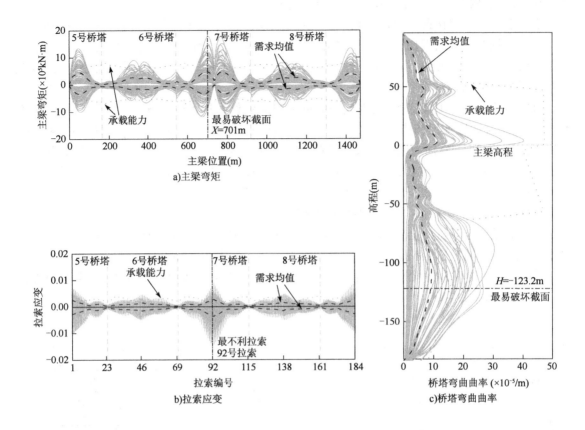

图 7-56 各构件的地震响应包络图和轻微损伤状态下的承载能力分布图

不同损伤状态下各构件的损伤指标 表 7-17

构件	损伤指标	损伤状态		
		轻微损伤	中等损伤	严重损伤
主梁	弯矩	560000kN·m	720000kN·m	—
支座系统	位移	96cm	135cm	169cm
拉索	应变比	2.00	2.25	2.50
桥塔	曲率延性比	1.00	1.29	4.94

7.3.4 构件易损性曲线

建立构件易损性曲线需要采用非线性时程分析方法计算各构件在地震作用下的最大地震需求,再通过线性回归建立概率性地震需求模型,各构件 PSDM 回归系数如图7-57所示。最终结合 7.3.3 节定义的构件损伤指标计算构件在各损失状态下的易损性曲线。

7 基于易损性曲线的桥梁抗震性能评估实例

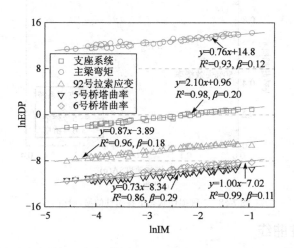

图 7-57 各构件的概率性地震需求模型

3 种损伤状态下各构件的易损性曲线如图 7-58 所示。为对比不同构件的失效超越概率，采用均值 SA_{T1} ($p_f=50\%$) 描述构件间的相对易损性。3 种损伤状态下，支座系统 SA_{T1} 均小于其他构件的平均谱加速度，这说明斜拉桥的损伤主要由支座系统控制。在图 7-58 中，桥塔的失效超越概率明显小于支座系统，这可能是因为主梁在柔性桥塔下的纵向位移会增大，导致支座系统更易发生损伤；同时柔性桥塔具备较强的变形能力，降低了桥塔失效超越概率。如图 7-58 所示，桥塔与支座系统失效超越概率的差距随损伤程度加深而扩大。柔性桥塔的变形取决于主梁在桥塔刚性约束下的位移，因此主梁也会因较大的纵向位移而发生严重损伤，如图 7-58 所示。并且主梁和桥塔的纵向位移增大了拉索的失效超越概率。对比边桥塔（5 号桥塔）和中桥塔（6 号桥塔），中桥塔会因固定约束而承担更大的内力，因此图 7-58 中 6 号桥塔的失效超越概率相较于 5 号桥塔更大。

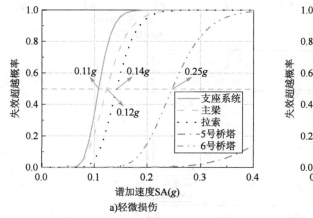
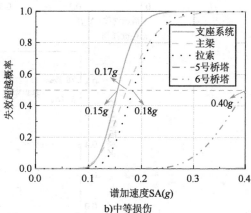

图 7-58

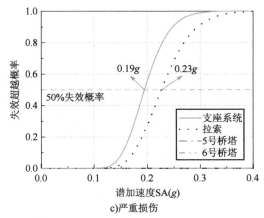

图 7-58　3 种损伤状态下各构件的易损性曲线

7.3.5　系统易损性曲线

采用 IPCM 算法计算斜拉桥的系统易损性,3 种损伤状态下的系统易损性曲线如图 7-59 所示。为说明不同构件间的损伤相关性和差异性,本节还采用了一阶界限估计法计算系统失效超越概率。由图 7-59 可知,IPCM 算法的系统易损性曲线贴近一阶界限的下界,说明不同构件间的损伤相关程度较低。此外,一阶界限的界限宽度也说明不同构件在 3 种损伤状态下的损伤差异性较为显著。

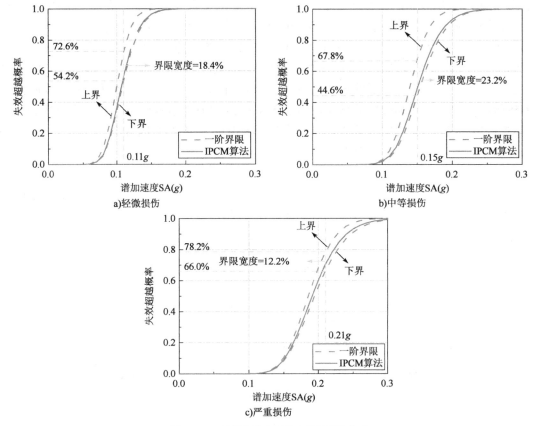

图 7-59　3 种损伤状态下的系统易损性曲线

7.3.6 塔梁连接方式的影响

改变塔梁连接方式可以改善斜拉桥桥塔的内力分布。因此,确定合理的塔梁连接方式是斜拉桥设计中的重点。如果选择塔梁固结,桥塔和主梁将作为整体参与受力;如果塔梁分离,塔梁间会产生较大的相对位移。对于以上两种极端情形,算例建立了对应结构体系的有限元模型:固结体系和漂浮体系。本节主要探讨塔梁连接方式对高墩斜拉桥易损性的影响。

在3种损伤状态下,固结体系和漂浮体系对应的构件和系统易损性曲线如图7-60所示。塔梁连接方式对不同构件的影响存在明显差异且对支座系统的易损性影响很小,但是主梁和拉索的易损性对塔梁连接方式十分敏感,其中,漂浮体系下主梁和拉索的失效超越概率更低(图7-60)。桥塔的失效超越概率与塔梁连接方式显著相关,这是由于塔梁连接方式影响了斜拉桥的纵向刚度,桥塔的地震响应在不同约束条件下会存在明显差异,进而导致不同约束体系下桥塔 PSDM 的斜率不同,桥塔地震响应的差距会随着地震动强度指标的增加而增加,因此,如图7-60所示,结构损伤越严重,塔梁连接方式影响越明显。对比图7-58中混合体系下的桥塔易损性,采用一致约束条件的结构体系有利于平衡不同桥塔间的失效超越概率,而不一致约束条件会导致桥塔间失效超越概率的差异。

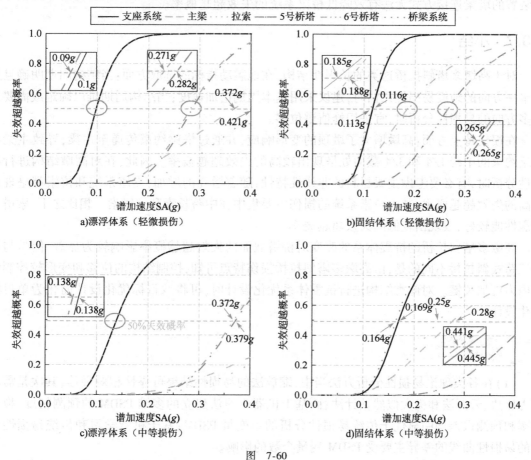

图 7-60

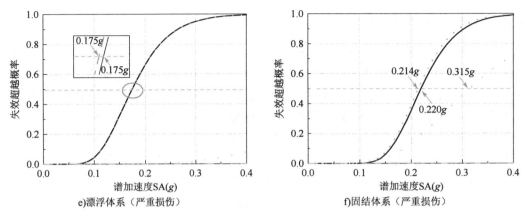

图7-60 3种损伤状态下固结体系和漂浮体系对应的构件和系统易损性曲线

随着桥塔高度的增加和桥塔刚度的减小,桥塔会产生较大的纵向位移,这导致塔梁连接方式无法有效控制主梁的纵向位移,因此,支座系统成为最易损伤的构件,如图7-58和图7-60所示。同时由于柔性桥塔具备较强的变形能力,桥塔的失效超越概率相对较低,因此未考虑减隔震装置的塔梁连接方式无法有效降低桥梁系统的失效超越概率。

7.3.7 小结

对于高墩多塔斜拉桥这类的长周期结构,在地震动指标的选取方面:当结构周期明确且进行单一方向的地震易损性评估时,建议采用基本周期谱加速度;当结构周期难以确定或需要进行多方向的易损性分析时,宜采用峰值谱位移。

在损伤特点方面:高墩增大了墩顶的变形响应,并通过塔梁约束传递至主梁,导致主梁在缺乏约束的中跨1/4和3/4截面处呈现出较高的失效超越概率。因此,在对高墩结构进行易损性分析时,有必要考虑主梁材料的非线性特性;随着墩高的增加,支座系统和拉索都呈现出较高的失效超越概率,其中拉索系统的损伤主要集中在中跨长索和端锚索。相比之下,索塔的抗震性能较好,表现出较低的失效超越概率。

高墩多塔斜拉桥的抗震体系的改变对桥塔截面的失效超越概率影响较为显著,但是与双塔三跨式斜拉桥不同的是,由高墩多塔斜拉桥损伤特点可知,控制结构的位移和变形较控制索塔内力更加关键。对此类结构进行抗震体系优化设计时,可将双目标优化设计简化为单目标优化设计。

7.4 本章结语

(1)在各类理论易损性分析方法当中,缩放法的易损性结果可靠性相对最佳,其次是需求能力比法、云图法和极大似然估计法;而基于机器学习法建立的多维PSDM的预测精度、拟合效率和预测误差均明显优于传统易损性分析的单变量PSDM;基于机器学习和传统易损性分析的易损性曲线的差异主要受PSDM变量个数的影响。

(2)针对斜拉桥这类长周期桥梁,当结构周期明确且进行单一方向的地震易损性评估时,建议采用基本周期谱加速度 SA_{T1}，当结构周期难以确定或需要进行多方向的易损性分析时，宜采用峰值谱位移 PSD。

(3) 大跨径斜拉桥的抗震体系设计尤为关键，而易损性分析方法考虑了地震动的不确定性，能够很好地评估大跨径斜拉桥的抗震性能和指导抗震体系的优化设计。

(4) 综合双塔三跨式斜拉桥和高墩多塔斜拉桥的损伤特点可知，两类桥型的支座失效超越概率均相对较高，而不同点在于，前者桥塔截面失效超越概率也相对较高，因此在进行抗震体系优化设计时，需综合支座和桥塔两类关键构件的失效超越概率进行多目标优化，以获得合理抗震体系；而后者桥塔截面失效超越概率相对较低，但主梁的损伤不可忽略，因此，控制结构的位移和变形较控制索塔内力更加关键，可将抗震体系多目标的优化简化为单目标的优化设计。

8 考虑时变效应的桥梁结构地震易损性分析

桥梁在服役过程中往往会遭受恶劣环境的影响,导致材料及结构的性能不断退化。氯离子侵蚀引起的钢筋锈蚀,是钢筋混凝土结构退化最显著的影响因素。国内外学者很早就针对钢筋锈蚀问题开展了一系列的理论及试验研究,对氯离子侵蚀及钢筋锈蚀机理已经基本达成共识。然而,氯离子扩散及钢筋锈蚀过程中表现出的显著的不确定性,使得传统确定性分析方法难以准确描述钢筋锈蚀过程的特征。因此,学者们开始从概率的角度探究钢筋的锈蚀规律。锈蚀率作为锈蚀分析中的重要指标,对钢筋及混凝土材料的力学性能有决定性作用。在以往的研究中,无论是锈蚀率概率分布模型的选取还是分布参数的确定,均存在较大差异。因此,在对退化桥梁进行抗震性能研究前,有必要先对钢筋锈蚀及材料退化规律进行研究。

本章详细阐述了氯离子侵蚀过程、钢筋锈蚀机理及保护层混凝土锈胀机理,总结了现有的钢筋及混凝土退化模型。在此基础上,结合地震易损性分析方法,针对一致及非一致两类侵蚀环境,建立考虑桥墩退化的桥梁时变地震易损性分析流程,计算得到各构件及桥梁系统的时变易损性曲线。

8.1 氯离子侵蚀过程与作用机理

8.1.1 氯离子侵蚀过程

桥梁在使用过程中,外界氯离子会通过多种方式侵入混凝土结构内部。对不存在宏观裂缝的混凝土而言,扩散是氯离子侵入的最主要方式。扩散是离子在混凝土内由高浓度向低浓度迁移的过程。概括来说,氯离子在混凝土中的扩散可分为三个阶段(图 8-1):①扩散阶段。在该阶段,外界环境的氯离子向混凝土内部扩散,混凝土内的氯离子浓度逐渐升高,直到钢筋表面的氯离子浓度达到临界值,钢筋的碱性钝化膜遭到破坏,钢筋开始锈蚀。②锈蚀阶段。该阶段的钢筋逐渐锈蚀。随着锈蚀产物增加,混凝土保护层因钢筋锈胀而产生裂缝,裂缝进一步加速钢筋锈蚀。随着裂缝不断扩展,保护层混凝土剥落。③退化阶段。

保护层混凝土剥落使得钢筋完全暴露在空气中,该阶段的材料性能显著降低,导致结构的性能明显退化。

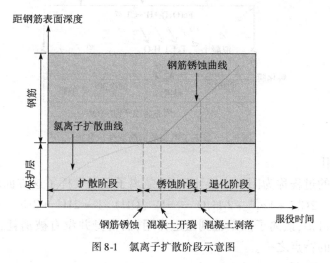

图 8-1 氯离子扩散阶段示意图

影响氯离子扩散的因素主要包括扩散系数、氯离子临界浓度、表面氯离子浓度及混凝土保护层厚度。其中,扩散系数与结构的材料组成、内部孔结构的特征与数量、水化程度以及外界环境因素(如温度、掺合料的数量和种类、养护龄期等)有关。此外,氯离子临界浓度越低,表面氯离子浓度越高,保护层混凝土越薄,越容易发生锈蚀。

8.1.2 钢筋锈蚀机理

正常情况下,钢筋混凝土结构内部呈现弱碱性。钢筋表面在碱性环境中形成一层致密的钝化薄膜(简称钝化膜),可起到保护钢筋的作用。氯离子的侵蚀作用使得钢筋表面环境的碱性减弱,钝化膜遭到破坏,钢筋开始发生电化学锈蚀。氯离子侵蚀致使钢筋锈蚀主要经历以下4个过程:

(1)破坏钝化膜

混凝土中的钢筋不会腐蚀,是由于其内部存在较强的碱性环境,pH 值在 12.6 以上,钢筋表面可形成致密的钝化膜。如果要保证钝化膜的稳定性,则混凝土需要一直处于高碱性环境。试验结果显示:当 pH < 11.5 时,钝化膜即出现不稳定状态;当 pH < 9.88 时,部分钝化膜开始受到破坏。氯离子进入混凝土内部并到达钢筋表面,当其吸附于局部钝化膜处时,可使 pH 值迅速降低。细微观测试验表明,氯离子有局部酸化作用,可使钢筋表面的 pH 值降低至 4 以下,呈弱酸性,进而破坏钢筋的钝化膜。

(2)形成"腐蚀电池"

氯离子对钢筋表面钝化膜的破坏最先发生在局部,使这些部位露出铁基体,与其他完好的钝化膜区域之间形成电位差,铁基体作为受腐蚀阳极,阴极则是大面积的钝化膜区。腐蚀电池作用导致钢筋表面产生点蚀,由于是大阴极(钝化膜区)对应小阳极(钝化膜的破坏点),坑蚀现象发展十分迅速,如图 8-2 所示。这便是氯离子侵蚀对钢筋表面产生以"坑蚀"为主的破坏的原因。

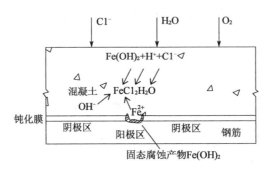

图 8-2 氯离子引起的钢筋坑蚀示意图

(3) 去极化作用

加速阳极反应的过程称为阳极去极化反应,氯离子正是发挥了这方面的功能,反应式为

$$2Cl^- + Fe^{2+} + 2H_2O \longrightarrow Fe(OH)_2 \downarrow + 2H^+ + 2Cl^- \tag{8-1}$$

由化学反应式可知,氯离子只是起到搬运作用,而自身并没有被消耗,这种循环的破坏正是氯离子侵蚀作用的特点之一。

(4) 导电作用

混凝土中的电解质溶液要具有良好的通路,钢筋才会发生锈蚀。当混凝土内部含有大量的氯离子时,则会进一步强化离子通路,降低电阻,加快钢筋腐蚀的速度。同时,氯盐中还存在 Na^+、Ca^{2+} 等阳离子,也使得电阻降低。

8.1.3 保护层混凝土锈胀机理

钢筋的锈蚀过程中,铁元素在经过一系列的化学反应后总量保持不变,而主要的反应产物氧化铁的体积与被锈蚀部分钢筋相比较大,随着铁锈越来越多,保护层混凝土因受到铁锈向外膨胀产生的锈胀力而开裂。这个过程主要分为3个阶段:

(1) 自由膨胀阶段。铁锈开始产生并填充钢筋与混凝土之间的孔隙,混凝土尚未受到锈胀力作用[图 8-3a)]。

(2) 混凝土受力阶段。孔隙被铁锈完全填充后,膨胀的铁锈进一步挤压混凝土,保护层承受拉应力作用[图 8-3b)]。

(3) 保护层开裂阶段。随着保护层承受的拉应力超过其极限值,混凝土从与铁锈接触部位开裂,并逐渐发展至保护层表面[图 8-3c)]。

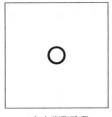
a) 自由膨胀阶段

b) 混凝土受力阶段

c) 保护层开裂阶段

图 8-3 保护层混凝土锈胀开裂示意图

8.2 氯离子扩散模型及钢筋锈蚀模型

初始锈蚀时间是钢筋开始发生锈蚀的时间,是钢筋锈蚀过程中的重要时刻。通常,初始锈蚀时间可以根据钢筋表面氯离子浓度来判断。因此,预测钢筋的初始锈蚀时间需要明确氯离子在混凝土中的扩散规律。目前,氯离子在混凝土中的扩散被认为符合 Fick 第二定律。

8.2.1 Fick 第二定律

Fick 第二定律可以很方便地将氯离子扩散浓度、扩散系数与时间联系起来,直观地体现出结构的耐久性。考虑到 Fick 第二定律的简洁性及与实测结果具有很好的吻合度,它现已成为预测氯离子在混凝土中扩散过程的经典方法。由于钢筋混凝土结构在服役初期一般没有明显裂缝,且内部与环境中的氯离子含量存在浓度差,因此通常认为氯离子从浓度高的外部环境向混凝土内部扩散过程符合 Fick 定律,并且是深度方向的一维行为。Fick 第一定律对氯离子扩散过程的流量计算式为

$$J_{\mathrm{Cl}} = -D_{\mathrm{F}} \cdot \frac{\partial C_{\mathrm{f}}}{\partial x} \tag{8-2}$$

式中:J_{Cl}——垂直扩散面方向上的氯离子流量,kg/(m²·年);
  D_{F}——Fick 第一定律扩散系数;
  C_{f}——自由氯离子浓度,kg/m³;
  x——距混凝土表面距离,mm。

由质量守恒定律有:

$$\frac{\partial C_{\mathrm{t}}}{\partial t} = -\frac{\partial J_{\mathrm{Cl}}}{\partial x} \tag{8-3}$$

式中:C_{t}——混凝土孔隙中自由氯离子浓度与混凝土结合氯离子浓度的总和,kg/m³;
  t——时间,年。

基于一些经验的假定,Fick 第二定律能够很好地与实测结果相吻合。假定结构内孔隙分布均匀,在混凝土中氯离子的扩散符合一维行为,浓度梯度只沿暴露表面至钢筋表面方向变化,则结合上述两式可得到 Fick 第二定律:

$$\frac{\partial C_{\mathrm{Cl}}}{\partial t} = \frac{\partial}{\partial x}\left(D_{\mathrm{Cl}}\frac{\partial C_{\mathrm{Cl}}}{\partial x}\right) \tag{8-4}$$

式中:C_{Cl}——氯离子的浓度,一般是以混凝土中氯离子的质量百分比计算,kg/m³;
  D_{Cl}——Fick 第二定律的氯离子扩散系数。

8.2.2 常用的氯离子扩散模型

依据不同的假设条件,按照 Fick 第二定律可得到不同的模型。以下将介绍两种常用的氯离子扩散模型。

(1) 经典扩散模型

该模型假定混凝土表面氯离子浓度保持不变。相应初始条件及边界条件可写为

$$C_{Cl}(x,0) = 0 \tag{8-5}$$

$$C_{Cl}(\infty,t) = C_0, C_{Cl}(0,t) = C_s \tag{8-6}$$

式中：C_0——氯离子初始浓度，kg/m³；

C_s——混凝土表面氯离子浓度，kg/m³。

由初始条件和边界条件可得到微分方程的解为

$$C(x,t) = C_0 + (C_s + C_0)\left[1 - \text{erf}\left(\frac{x}{\sqrt{4D_{Cl} \cdot t}}\right)\right] \tag{8-7}$$

式中：$C(x,t)$——t 时刻 x 深度处的氯离子浓度，kg/m³；

D_{Cl}——氯离子扩散系数，mm²/年；

$\text{erf}(z)$——误差函数，如式(8-8)所示。

$$\text{erf}(z) = \frac{2}{\sqrt{\pi}}\int_0^z \exp(-z^2)\,\text{d}z \tag{8-8}$$

Collepardi 基于该定律建立了氯离子扩散模型。在任意时刻，距混凝土表面 x 深度处的氯离子浓度可按式(8-9)表示：

$$C(x,t) = C_s\left[1 - \text{erf}\left(\frac{x}{2\sqrt{D_{Cl} \cdot t}}\right)\right] \tag{8-9}$$

式中：$\text{erf}(\cdot)$——误差函数。

(2) Duracrete 模型

经典扩散模型形式简洁、应用方便，已成为氯离子扩散的经典计算方法。然而，该模型假定氯离子在混凝土中的扩散速率保持恒定。事实上，混凝土作为一种水硬性材料，水化过程与时间有关。随着时间的推移，混凝土水化越充分，混凝土中的孔隙率越小，混凝土抗侵蚀能力也越强，因而氯离子在混凝土中的扩散速度随时间推移而降低。许多学者考虑不同因素的影响，建立了更加完善的修正模型。在众多氯离子扩散模型中，认可度较高的是 Duracrete 模型。Duracrete 模型是在经典扩散模型的基础上，考虑了氯离子扩散时变特性，同时综合考虑了材料、外界环境等因素的影响，提出的改进的氯离子扩散模型：

$$C(x,t) = C_s\left[1 - \text{erf}\left(\frac{x}{2\sqrt{k_e k_t k_c D_0 t_0^n t^{1-n}}}\right)\right] \tag{8-10}$$

式中：k_e——环境影响的修正系数；

k_t——试验方法的修正系数；

k_c——养护条件的修正系数；

D_0——混凝土龄期为 t_0 时的参考氯离子扩散系数，通常由标准氯离子加速扩散试验确定，一般 t_0 取 0.0767 年(28d)；

n——时间衰减系数。

在稳定环境下，混凝土结构在服役一定时间后，其表面氯离子基本达到饱和，氯离子浓度趋于恒定值，不会发生较大的波动，并且相对整个桥梁服役期而言，表面氯离子浓度达到饱和的时间较短。因此，Duracrete 模型中假定混凝土表面氯离子浓度不随时间变化：

$$C_s = A_{cs}(w/c) + \varepsilon_{cs} \tag{8-11}$$

式中：w/c——水胶比；

A_{cs}、ε_{cs}——分别为与环境相关的系数。

氯离子临界浓度 C_{cr} 直接决定了钢筋开始锈蚀的时间。它依赖于水泥的类型、混凝土的组分与质量、水灰比、孔隙水的 pH 值、环境温湿度、铝酸三钙的含量、钢筋表面特征以及钢筋表面的有效氧气含量和电极电位等因素。由于影响因素繁多，目前对于氯离子浓度临界值尚无统一的结论。Duracrete 模型考虑了湿度及水灰比的影响，定义了临界浓度的取值，如表 8-1 所示。

不同参数的分布情况　　　　　　　　　　　　表 8-1

参数	湿度	水灰比	分布状态	均值（kN/m³）	标准差
C_{cr}	饱和	0.3	正态分布	2.3	0.2
	饱和	0.4	正态分布	2.1	0.2
	饱和	0.5	正态分布	1.6	0.2
	大气,干湿交替,潮湿	0.3	正态分布	0.5	0.1
	大气,干湿交替,潮湿	0.4	正态分布	0.8	0.1
	大气,干湿交替,潮湿	0.5	正态分布	0.9	0.15

氯离子的扩散使得钢筋表面的氯离子浓度升高。一旦氯离子浓度达到临界值 C_{cr}，钢筋就开始锈蚀，锈蚀时间 T_{cor} 可按式(8-12)计算：

$$T_{cor} = \left\{ \frac{d_c^2}{4k_e k_t k_c D_0 t_0^n} \left[\mathrm{erf}^{-1}\left(\frac{C_s - C_{cr}}{C_s} \right) \right]^{-2} \right\}^{\frac{1}{1-n}} \tag{8-12}$$

式中：d_c——混凝土保护层厚度，mm。

8.2.3 钢筋锈蚀速率模型

钢筋锈蚀速率是指单位时间内钢筋截面的锈蚀深度，用于定量描述锈蚀过程。目前，大多采用电化学方法测试钢筋锈蚀电流密度 i_{cor}（μA/cm²），从而估算钢筋锈蚀速率，即根据钢筋锈蚀电流密度计算模型得到钢筋锈蚀速率模型。

关于钢筋混凝土构件钢筋锈蚀问题，已开展了大量研究工作，提出了多种不同的模型，其中包括锈蚀速率不随时间变化的恒定模型和随时间减小的模型。钢筋锈蚀速率模型一般考虑的主要因素包括钢筋表面氯离子浓度、混凝土保护层厚度、混凝土电阻率、温湿度、水灰比等。接下来将介绍几种较常采用的模型，并对几种模型的计算结果进行比较，得到其中的差异性。

（1）蒋德稳经验模型

蒋德稳等人在人工气候环境下，考虑了环境大气温度、环境相对湿度、水灰比、混凝土保护层厚度等因素，对混凝土内钢筋锈蚀速率的影响进行了试验研究，利用数学回归法建立了钢筋锈蚀速率的经验公式，用于一般自然气候条件下的混凝土内钢筋锈蚀速率的预测，即

$$i_{cor} = 0.866 \left(\frac{\theta}{30}\right)^{1.128} \left(\frac{\mathrm{RH}}{50}\right)^{2.665} \left(\frac{d_c}{10}\right)^{-0.455} \left(\frac{w/c}{0.44}\right)^{0.386} \tag{8-13}$$

式中：i_{cor}——钢筋锈蚀电流密度，μA/cm²；

θ——环境温度,℃;

RH——环境的相对湿度,%。

(2)《混凝土结构耐久性评定标准》(CECS 220—2007)建议模型

考虑渗透型氯离子腐蚀环境下普通硅酸盐混凝土,我国《混凝土结构耐久性评定标准》(CECS 220—2007)中给出了建议模型:

$$\ln i_{cor} = 8.617 + 0.618\ln C_{sl} - \frac{3034}{T+273} - 5 \times 10^{-3}\rho + \ln m_{Cl} \tag{8-14}$$

$$C_{sl} = C_{s0} + (C_s - C_{s0})\left[1 - \text{erf}\left(\frac{d_c \times 10^{-3}}{2\sqrt{D_{Cl} \cdot T_{cor}}}\right)\right] \tag{8-15}$$

式中:T——钢筋处温度,℃;

ρ——混凝土电阻率,$k\Omega \cdot cm$;

m_{Cl}——局部环境影响系数;

C_{sl}——钢筋表面氯离子浓度,kg/m^3;

C_{s0}——初始氯离子浓度,kg/m^3。

(3) Kim 模型

Kim 考虑混凝土保护层厚度、水灰比、时间对钢筋锈蚀电流密度的影响,在相对湿度为80%、温度为20℃时,得到的计算公式为

$$\lambda = 0.0116 i_{cor}(t) \tag{8-16}$$

$$i_{cor}(t) = i_{cor}(0) \cdot 0.85 t^{-0.29} \tag{8-17}$$

$$i_{cor}(0) = \frac{37.8(1-w/c)^{-1.64}}{d_c} \tag{8-18}$$

式中:w/c——水灰比;

λ——钢筋锈蚀速率。

kim 模型考虑的是保护层混凝土未开裂时的情况,当保护层混凝土锈胀开裂时,钢筋锈蚀加快,因此 Sung 等建议钢筋锈蚀速率按式(8-19)计算:

$$\lambda = 2.5 \times 0.0116 \times i_{cor}(t) \tag{8-19}$$

(4) Liu 和 Weyers 模型

Liu 和 Weyers 在模拟自然环境条件的基础上,制备了 7 组共 44 个不同的试件,在室外的干湿交替环境下进行 5 年的试验,总共进行了 2927 次检测,并对结果进行统计分析,得出的最佳模型是将锈蚀率与混凝土温度、电阻、氯离子浓度和暴露时间关联起来的模型。得到的回归结果如式(8-20)所示:

$$\ln 1.08 i_{cor} = 8.617 + 0.618\ln C_{sl} - 3034/T - 0.000105c + 2.32 t^{-0.215} \tag{8-20}$$

式中:c——混凝土电阻,Ω。

(5)指数模型

刚开始锈蚀时,速率较大,随着时间的推移,速率以指数关系减小,如式(8-21)所示:

$$i_{cor}(t) = i_0 e^{-at} \tag{8-21}$$

式中：i_0——初始钢筋锈蚀速率，$\mu A/cm^2$；

a——锈蚀常数。

由试验数据结果拟合求得 $a = 1.1 \times 10^{-3}/d$，则钢筋年锈蚀速率为

$$\lambda = 0.0116 i_0 e^{-0.402t} \tag{8-22}$$

(6) 钢筋锈蚀速率模型的比较

针对以上介绍的几种钢筋锈蚀速率模型，采用统一的材料成分组成及截面布置形式，分别建立各模型锈蚀速率随时间变化的规律并进行对比分析。各模型参数取值如表8-2所示。

钢筋锈蚀速率模型参数取值 表8-2

编号	模型	参数取值
1	蒋德稳经验模型	$\theta = 25℃, RH = 80\%, d_c = 50mm, w/c = 0.4$
2	《混凝土结构耐久性评定标准》（CECS 220—2007）建议模型	$C_{sl} = 0.154\% \times 2300 kg/m^3, T = 25℃, m_{Cl} = 5.0,$ $\rho = 11.1 \times (1.8 - 3.6) + 10 \times (0.8 - 1)^2 + 4$
3	Kim模型/修正的Kim模型	$w/c = 0.4, d_c = 50mm$
4	Liu 和 Weyers 模型	$C_{sl} = 0.154\% \times 2300 kg/m^3, T = 25℃, c = 1500\Omega$
5	指数模型	$i_0 = 37.8(1 - w/c)^{-1.64}/d_c, w/c = 0.4, d_c = 50mm, a = 1.1 \times 10^{-3}/d$

根据表中数据，将计算求得的锈蚀速率绘于同一坐标系中进行比较，如图8-4所示。由计算结果可以看出：①对于不考虑钢筋锈蚀速率随时间变化的模型，《混凝土结构耐久性评定标准》（CECS 220—2007）建议模型得到的计算结果较蒋德稳经验模型偏大。②对于考虑钢筋锈蚀速率随时间变化的模型（Kim模型、Liu 和 Weyers 模型、指数模型），三者计算结果变化规律相同，钢筋锈蚀速率均在开始锈蚀的几年内迅速降低，并趋于稳定值。然而，不同之处在于指数模型计算值较小，第10年后基本等于0；Liu 和 Weyers 模型计算结果比 Kim 模型计算值略大，且差值基本保持一致。另外，蒋德稳经验模型计算结果与 Liu 和 Weyers 模型趋于平稳时计算结果相近。

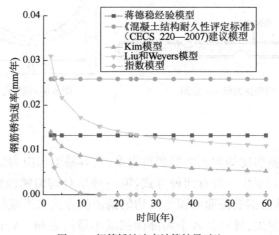

图8-4 钢筋锈蚀速率计算结果对比

8.2.4 钢筋锈蚀深度

一般来说,钢筋锈蚀形态包括均匀锈蚀和非均匀锈蚀(坑蚀),如图 8-5 所示。均匀锈蚀主要表现为钢筋的直径减小,而在氯离子侵蚀作用下,钢筋除了发生均匀锈蚀以外,更主要的是产生非均匀的坑蚀。坑蚀对钢筋的损伤比均匀锈蚀要严重得多,其是导致钢筋受力性能退化的主要原因。

8.2.4.1 均匀锈蚀

图 8-6 为钢筋均匀锈蚀示意图,从图中很容易得到,t 时刻钢筋截面剩余面积可由式(8-23)计算:

$$A(t) = \frac{\pi D(t)^2}{4} \tag{8-23}$$

$$D(t) = \begin{cases} D_0 & t \leq T_{cor} \\ D_0 - 2\lambda(t - T_{cor}) & T_{cor} < t \leq T_{cor} + (D_0/2\lambda) \\ 0 & t > T_{cor} + (D_0/2\lambda) \end{cases} \tag{8-24}$$

式中:λ——钢筋锈蚀速率,反映了单位时间内钢筋的锈蚀深度,$\mu A/cm^2$;

D_0——钢筋的初始直径,mm;

$D(t)$——t 时刻钢筋的剩余直径,mm。

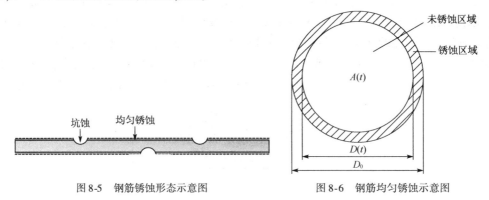

图 8-5 钢筋锈蚀形态示意图　　图 8-6 钢筋均匀锈蚀示意图

8.2.4.2 坑蚀

坑蚀对钢筋造成的损伤比均匀锈蚀要严重得多,其容易引起应力集中,加快钢筋锈蚀。计算坑蚀引起钢筋截面面积变化一般有两种方式:第一种是对均匀锈蚀情况下的钢筋截面面积变化进行修正,但仍然认为钢筋截面面积是以均匀锈蚀的方式来折减的;第二种是直接考虑坑蚀引起的钢筋截面面积损失,计算其各个局部面积减小量的总和。Val 等人的研究表明,坑蚀的几何形状可以近似地简化为一个四边形,如图 8-7 所示,利用该简化图形可以预测坑蚀面积。

Mark G. Stewart 认为坑蚀深度可由式(8-25)计算:
$$p(t) = R\lambda \tag{8-25}$$
式中:R——坑蚀系数。

由式(8-25)求得钢筋坑蚀最大深度后,可通过图 8-7 所示的几何关系,计算求得钢筋坑蚀截面宽度 b 和钢筋坑蚀面积 A:

$$b = 2p(t)\sqrt{1-\left[\frac{p(t)}{D_0}\right]^2} \tag{8-26}$$

$$A_{\text{pit}}(t) = \begin{cases} A_1 + A_2 & p(t) \leqslant \dfrac{D_0}{\sqrt{2}} \\ \dfrac{\pi D_0^2}{4} - A_1 + A_2 & \dfrac{D_0}{\sqrt{2}} < p(t) \leqslant D_0 \\ \dfrac{\pi D_0^2}{4} & p(t) > D_0 \end{cases} \tag{8-27}$$

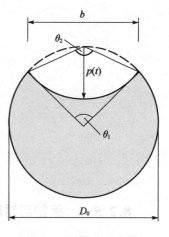

图 8-7　钢筋坑蚀示意图

式中:$A_1 = 0.5\left\{\theta_1\left(\dfrac{D_0}{2}\right)^2 - b\left|\dfrac{D_0}{2} - \dfrac{[p(t)]^2}{D_0}\right|\right\}, A_2 = 0.5\left\{\theta_2[p(t)]^2 - b\dfrac{[p(t)]^2}{D_0}\right\}$;

$\theta_1 = 2\arcsin\left(\dfrac{b}{D_0}\right), \theta_2 = 2\arcsin\left[\dfrac{b}{2p(t)}\right]$;

D_0——钢筋的初始直径,mm。

8.2.5　保护层锈胀计算模型

8.2.5.1　混凝土锈胀力

针对保护层锈胀开裂时的钢筋锈蚀深度的研究一般通过理论分析和试验统计两种方法进行。理论分析是通过混凝土在铁锈作用下的变形协调条件建立方程进行分析:

$$r + \delta_{\text{con}} = r_1 - \delta_{\text{rust}} \tag{8-28}$$

式中:r、r_1——分别为钢筋未锈蚀和锈蚀后的外轮廓半径,mm;

δ_{con}——混凝土在锈胀力作用下的变形,mm;

δ_{rust}——铁锈受锈胀力反作用的变形,mm。

混凝土锈胀力计算如图 8-8 所示。

赵羽习等根据相关文献的铁锈名义弹性模量和泊松比取值对其进行求解得:

$$q = \dfrac{\sqrt{(n-1)\rho+1}-1}{\dfrac{(1+\nu_c)(r+d_c)^2+(1-\nu_c)r^2}{E_c(2rd_c+d_c^2)} + \dfrac{n(1-\nu_r^2)\sqrt{(n-1)\rho+1}}{E_r\{[(1+\nu_r)n-2]+2/\rho\}}} \tag{8-29}$$

式中:q——锈胀力,MPa;

n——铁锈体积膨胀率,%;

ρ——钢筋锈蚀率,%;

ν_c、ν_r——分别为混凝土和铁锈的泊松比;

E_c、E_r——分别为混凝土和铁锈的弹性模量,MPa。

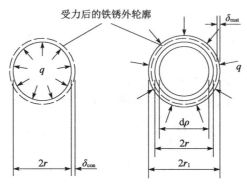

图 8-8 混凝土锈胀力计算示意图

8.2.5.2 保护层锈胀时间

在保护层开裂前,钢筋与外部环境被保护层混凝土阻隔,钢筋发生锈蚀反应所需的水和氧气以及构成电化学反应环境的氯离子只能通过渗透缓慢到达钢筋位置,钢筋锈蚀速率相对缓慢。一旦保护层混凝土开裂,氯离子、水及氧气等直接通过裂缝到达钢筋位置,进而大幅提高钢筋锈蚀速率,因此需要对保护层的锈胀开裂时间进行分析。

基于已有的计算模型对算例桥梁的保护层锈胀时间进行分析,需要明确两部分内容:一是钢筋尺寸的退化规律,二是临界钢筋锈蚀深度。具体介绍见下文。

8.3 材料性能退化模型

如上所述,氯离子侵蚀会减小钢筋的有效截面面积,改变钢筋的力学性能。同时,箍筋的劣化会降低核心混凝土的侧向约束,导致约束混凝土的强度和极限应变降低。此外,混凝土保护层的开裂剥落也将导致其力学性能劣化。为了充分考虑锈蚀钢筋混凝土构件的整体性能,应确定钢筋、非约束混凝土和约束混凝土的劣化性能。

8.3.1 钢筋退化模型

钢筋锈蚀以后,不仅仅造成截面面积减小,其力学性能也会发生变化,这是锈蚀钢筋的表面凹凸不平引起应力集中等造成的,故需要考虑锈蚀后钢筋强度的变化。氯离子侵蚀环境下钢筋的退化模型,一般通过对试验数据进行回归分析得到。

沈德建等根据氯离子侵蚀条件下的锈蚀钢筋屈服强度数据提出的氯离子侵蚀后的钢筋屈服强度模型如下。

对于光圆钢筋:

$$f_{ys} = \frac{1 - 1.54\rho_s}{1 - \rho_s} f_{y0} \tag{8-30}$$

对于螺纹钢筋:

$$f_{ys} = \frac{1 - 1.33\rho_s}{1 - \rho_s} f_{y0} \tag{8-31}$$

式中:f_{ys}——锈蚀后的屈服强度,MPa;

f_{y0}——锈蚀前的屈服强度,MPa;

ρ_s——钢筋截面锈蚀率。

张平生等根据钢筋混凝土构件内锈损钢筋的试验结果,研究钢筋锈蚀以后力学性能的变化规律,得到锈蚀钢筋的屈服强度降低,其降低程度与截面锈蚀率呈线性相关:

$$f_{ys} = f_{y0}(0.986 - 1.1992\rho_s) \tag{8-32}$$

钢筋锈蚀不仅会导致几何尺寸退化,还会影响其力学性能。许多学者研究表明钢筋的力学性能退化与钢筋锈蚀率的相关性显著,Du 等统计分析了大量锈蚀钢筋的试验数据,得到了锈蚀钢筋的屈服强度和极限强度计算模型:

$$f_{ys} = (1 - \beta_y \rho_s) f_{y0} \tag{8-33}$$

$$f_{us} = (1 - \beta_u \rho_s) f_{u0} \tag{8-34}$$

式中:β_y、β_u——分别为屈服强度和极限强度的折减系数;

f_{us}——锈蚀后的极限强度,MPa;

f_{u0}——锈蚀前的极限强度,MPa。

8.3.2 非约束混凝土退化模型

(1)基于裂缝宽度模型

Vecchio 和 Collins 通过保护层混凝土强度和延性的减小,来考虑混凝土出现裂缝和破碎的影响,他们给出的模型认为横向平均拉应力决定受压混凝土强度减少量,混凝土退化模型为

$$f_{cu}^{crack} = \frac{f_{cu}}{0.8 + 0.34\varepsilon_1/\varepsilon_{cu}} \tag{8-35}$$

$$b_f - b_0 = n_{bars}\omega_{cr} \tag{8-36}$$

$$\varepsilon_1 = (b_f - b_0)/b_0 \tag{8-37}$$

式中:f_{cu}——峰值应力,MPa;

ε_1——沿宽度方向的垂直于受压方向开裂的混凝土平均拉应变;

ε_{cu}——对应的峰值应变;

f_{cu}^{crack}——开裂混凝土强度,MPa;

b_f——开裂后梁截面宽度,mm;

b_0——没有出现锈蚀裂缝时截面宽度,mm;

n_{bars}——顶层钢筋数量,个;

ω_{cr}——裂缝总宽度,mm。

由于此方法是基于裂缝宽度来对混凝土本构关系进行修正,因此裂缝宽度计算的正确与否将直接影响修正结果的准确性。对于梁截面采用这种算法更合适,而对于桥墩,顶层钢筋数量 n_{bars} 是难以确定的参数,且梁与桥墩的受力情况不同。

(2)牛荻涛模型

牛荻涛等在总结国内外混凝土暴露试验和经年建筑物实测结果基础上,分析了海洋环境下混凝土强度的历时变化规律,利用统计回归方法提出了混凝土强度平均值和标准差的经时数学模型,如图 8-9 所示。

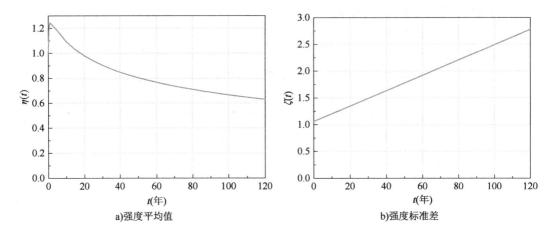

图 8-9 混凝土强度平均值和标准差的经时数学模型

$$\mu(t) = \eta(t) \cdot \mu_0, \sigma(t) = \zeta(t) \cdot \sigma_0 \tag{8-38}$$

$$\eta(t) = 1.2488\exp[-0.0347(\ln t - 0.3468)^2] \tag{8-39}$$

$$\zeta(t) = 0.0143t + 1.0624 \tag{8-40}$$

式中:μ_0、σ_0——分别为混凝土 28d 强度平均值和标准差;

$\mu(t)$、$\sigma(t)$——分别为 t 时刻的强度平均值和标准差;

$\eta(t)$、$\zeta(t)$——随时间变化的函数。

以上数据主要来源于日本,通过总结分析海洋环境下的实际建筑物,结合混凝土结构长期暴露试验结果,统计分析得到公式,其适用性有待考证。

8.3.3 约束混凝土退化模型

箍筋锈蚀后,其强度、延性、截面面积及对混凝土的约束作用均降低,随着箍筋锈蚀率的增大,约束混凝土应力-应变曲线中峰值应变和峰值应力均减小。本节通过约束混凝土本构关系的变化来考虑箍筋锈蚀的影响。根据文献研究,采用 Mander 应力-应变曲线模拟混凝土在箍筋锈蚀后的性能。对于圆形截面的约束混凝土,其核心混凝土的强度和极限应变的计算公式为

$$f_{cc}' = f_{c0}\left(2.254 \times \sqrt{1 + \frac{7.94 \times 0.5 K_e \rho_h f_{yh}}{f_{c0}}} - \frac{K_e \rho_h f_{yh}}{f_{c0}} - 1.254\right) \tag{8-41}$$

$$\varepsilon_{cu} = 0.004 + \frac{1.4\rho_h f_{yh}\varepsilon_u}{f_{c0}} \tag{8-42}$$

式中:f_{cc}'——约束混凝土峰值应力,MPa;

f_{c0}——非约束混凝土峰值应力,MPa;

K_e——有效约束系数;

ρ_h——箍筋锈蚀后的残余体积比,%;

f_{yh}——箍筋锈蚀后的屈服强度,MPa;

ε_u——箍筋锈蚀后的极限应变;

ε_{cu}——约束混凝土极限应变。

8.4 一致锈蚀作用下的服役桥梁时变易损性评估

8.4.1 分析流程

结合易损性分析及材料退化机理,建立一致锈蚀作用下的桥梁时变易损性分析基本流程,如图 8-10 所示。概括来说,分析流程包括以下几个关键环节:

(1)桥墩锈蚀分析。根据桥梁所在处的侵蚀环境,计算桥墩钢筋及混凝土材料劣化模型。

(2)服役桥梁时变模型建立。建立桥梁初始分析模型,根据桥梁服役时间,确定桥墩的劣化材料参数,更新桥梁分析模型。

(3)服役桥梁地震需求分析。选取合适数目地震波,对桥梁进行非线性时程分析,获得桥梁构件在不同地震作用下的地震响应峰值,通过概率性地震需求分析建立概率性地震需求模型,确定地震需求均值和地震动强度指标之间的关系,并计算得到地震需求对数标准差。

(4)服役桥梁抗震能力分析。通过对各类构件进行非线性静力分析,获得不同损伤状态下的构件抗震能力均值及对数标准差。

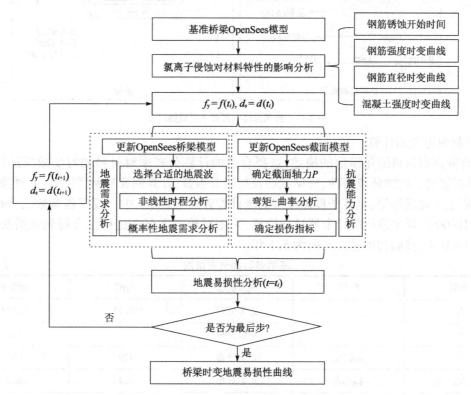

图 8-10 考虑氯离子侵蚀的地震时变易损性分析流程

(5)服役桥梁地震易损性分析。根据概率性地震需求模型和构件抗震能力,建立各类构件的地震易损性曲线。通过第 6 章的理论并结合各构件的地震易损性曲线进一步建立服役桥梁的系统易损性曲线。

8.4.2 算例

算例为某公路上一座典型的中等跨径混凝土连续梁桥。桥梁跨径布置为 $5\times 30\mathrm{m}$，桥梁结构总体布置及主要截面尺寸如图 8-11 所示。根据前述章节的模拟方法，采用 OpenSees 软件建立桥梁的非线性有限元动力模型。从 PEER 地震库中选取 100 条地震波用于分析。

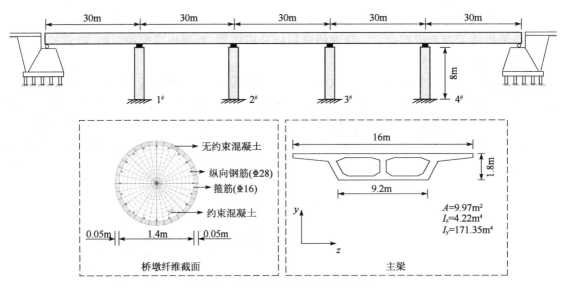

图 8-11 桥梁总体布置及主要截面尺寸

(1) 材料退化的计算

结合前面对材料退化模型的描述，选择合适的计算公式来对材料的时变效应进行考虑。随后，根据氯离子腐蚀环境条件、桥梁截面及材料等参数，计算钢筋初始锈蚀时间、锈蚀速率和钢筋混凝土变化规律等，氯离子侵蚀模型的统计参数列于表 8-3 中。按照各参数的分布情况，建立了 10000 组样本进行蒙特卡罗抽样计算，采用对数正态分布进行拟合得到纵筋初始锈蚀时间为 10.9 年，箍筋初始锈蚀时间为 5.1 年。

不同参数的分布情况 表 8-3

参数	单位	分布状态	均值	标准差
A_{cs}	—	正态分布	10.35	0.714
ε_{cs}	—	正态分布	0	0.58
D_c	mm²/a	正态分布	129	12.9
C_{cr}	kg/m³	正态分布	1.4	0.2
d_{steel}	mm	正态分布	50	5
d_{bars}	mm	正态分布	36	3.6
w/b	—	定值	0.4	—

(2) 时变易损性曲线

基于前文方法绘制桥墩易损性曲线。由前文可知,损伤状态包括以下4种:轻微损伤、中等损伤、严重损伤和完全破坏。分别对仅考虑箍筋锈蚀、仅考虑纵筋锈蚀和同时考虑纵筋和箍筋锈蚀情况进行比较分析。

图 8-12 为第 60 年的 3 种工况下的情况比较,由图可以看出:

①相同的地震波作用时,各种损伤状态下桥墩在仅考虑纵筋锈蚀和同时考虑纵筋和箍筋锈蚀工况下的易损性曲线均明显高于仅考虑箍筋锈蚀工况下的易损性曲线。

②在轻微损伤和中等损伤状态下,仅考虑纵筋锈蚀和同时考虑纵筋和箍筋锈蚀工况的易损性曲线几乎是重合的;在严重损伤和完全破坏状态下,同时考虑纵筋和箍筋锈蚀工况的失效超越概率比仅考虑纵筋锈蚀工况的失效超越概率略有增加,但增幅并不显著。

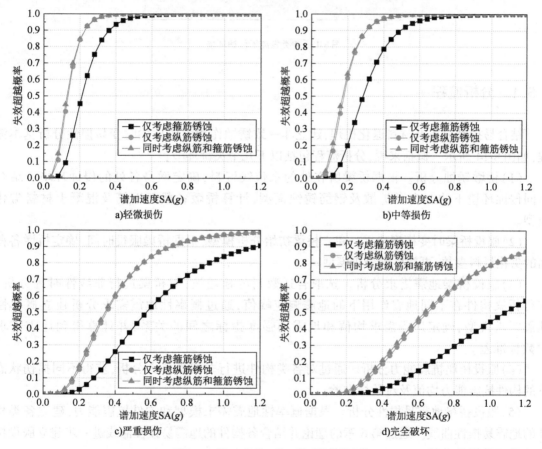

图 8-12　第 60 年的 3 种工况下的情况比较

8.5　非一致锈蚀作用下的服役桥梁时变易损性评估

涉水桥梁,尤其是近海桥梁,往往处于氯离子分布不均匀的复杂环境,其桥墩不同位置的退化情况随氯离子侵蚀环境(图 8-13)的变化而变化。针对此类桥墩的退化特征,本节建立了考虑非一致氯离子锈蚀作用下的近海桥梁时变易损性分析流程。

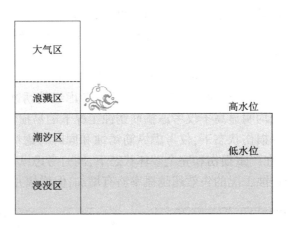

图 8-13 4 类氯离子侵蚀环境

8.5.1 分析流程

结合易损性分析及材料退化机理,建立非一致锈蚀作用下的桥梁时变易损性分析基本流程,如图 8-14 所示。概括来说,分析流程包括以下几个关键环节:

(1)桥墩锈蚀分析。根据桥梁所在处的水位线资料,确定墩身各处的侵蚀环境。结合不同侵蚀环境下的氯离子扩散及钢筋锈蚀模型,计算桥墩各截面钢筋及混凝土材料劣化模型。

(2)服役桥梁时变模型建立。建立桥梁初始分析模型,根据桥梁服役时间,确定桥墩各截面的劣化材料参数,更新桥梁分析模型。

(3)服役桥梁地震需求分析。选取合适数目的地震波,对桥梁进行非线性时程分析,获得桥梁构件在不同地震作用下的地震响应峰值,通过概率性地震需求分析建立概率性地震需求模型,确定地震需求均值和地震动强度指标之间的关系,并计算得到地震需求对数标准差。

(4)服役桥梁抗震能力分析。通过对各类构件进行非线性静力分析,获得不同损伤状态下的构件抗震能力均值及对数标准差。

(5)服役桥梁地震易损性分析。根据概率性地震需求模型和构件抗震能力,建立各类构件的地震易损性曲线。通过第 6 章的理论并结合各构件的地震易损性曲线进一步建立服役桥梁的系统易损性曲线。

8.5.2 算例

算例为某公路上一座典型的中等跨径混凝土连续梁桥。桥梁跨径布置为 4×30m,如图 8-15 所示。采用 OpenSees 软件建立桥梁的非线性有限元动力模型,对桥梁进行动力特性分析。从 PEER 地震库中选取 100 条地震波用于分析。

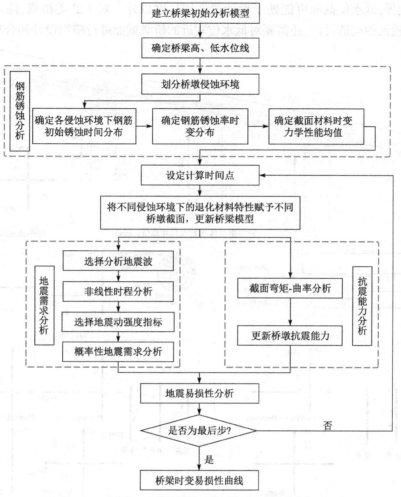

图 8-14 考虑非一致锈蚀作用下的桥梁时变易损性分析流程

根据图 8-14 的分析流程,对算例桥梁进行时变易损性分析。参照 HAZUS-MH 的建议,本书定义 4 种损伤极限状态(DS_1、DS_2、DS_3、DS_4)。根据以往桥梁震害特征,考虑桥墩、挡块、桥台及支座 4 类易损构件。其中,桥墩的损伤状态采用曲率延性比来表征,板式橡胶支座损伤状态采用剪切应变来描述,滑板橡胶支座采用支座位移作为损伤指标,挡块顶部采用变形作为损伤指标,桥台采用台后填土最大位移量作为损伤指标。考虑桥墩非一致锈蚀作用,分别建立 20 年、40 年、60 年、80 年、100 年 5 个服役时间点下各类构件时变易损性曲线。

图 8-16 所示为服役时间为 0 年和 100 年时桥墩中等损伤的时变易损性云图。从图中可以看出,对于未退化的桥墩而言,纵向易损位置主要发生在墩底,横向易损位置发生在墩顶及墩底,这和双柱墩曲率分布特征吻合。然而,对于退化桥墩而言,由于潮汐区桥墩截面抗震能力显著退化,桥墩易损位置的分布发生变化,低水位处的桥墩截面地震失效超越概率已经超过了墩底及墩顶。此外,桥墩的退化行为一方面会改变桥墩的损伤分布特征,另一方面会增大桥墩在地震作用下的损伤风险。值得注意的是,桥墩易损位置的改变,会导致地震作用下桥墩塑性铰出现位置的转移。在这种情况下,以往的墩顶位移以及桥墩等效刚度计算方法均可能产生一

定的误差。此外,低水位截面可能处于设计塑性铰长度以外。对于此类桥梁,除了需要重视墩顶、墩底塑性铰区的构造设计,还需要对低水位附近的桥墩截面进行精细设计和合理设防。

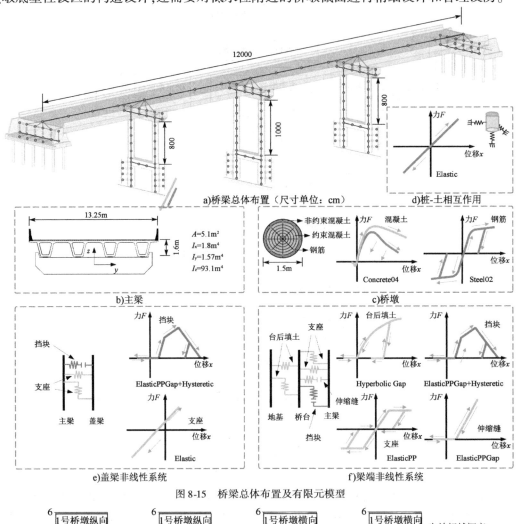

图 8-15 桥梁总体布置及有限元模型

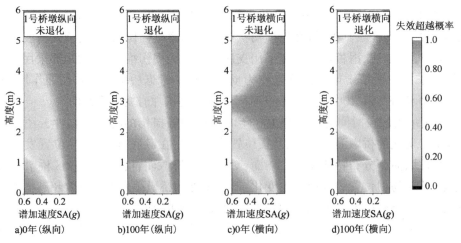

图 8-16 桥墩中等损伤时变易损性云图

图 8-17 所示为桥墩、支座、挡块及桥台 4 类桥梁关键构件在各服役期内完全破坏时对应的时变易损性曲线。其中,桥墩选择低水位截面。可以看出,随着服役时间增加,构件易损性呈现出不同程度的改变。对于桥墩而言,其易损性曲线随服役时间增加而不断升高,这表明在相同强度的地震动下,退化桥墩的完全破坏概率上升。相反,支座、挡块及桥台的易损性曲线随服役时间增加而降低,这表明在相同强度的地震动下,这些构件的完全破坏概率有所下降。呈现这种变化规律的原因可能是,随着服役时间增加,退化桥墩抗震能力逐渐降低,成为桥梁抗侧力系统中的薄弱环节,在地震中优先破坏,从而起到了"保险丝"的作用,限制了桥梁内部惯性力的大小,降低了其他构件的地震需求,从而减轻了其他构件的地震损伤。此外,由于桥墩的退化同时改变了自身的抗震能力和地震需求,而其他构件只有地震需求发生变化,因而桥墩退化对自身的完全破坏概率影响最为显著,而对其他构件的影响相对较小。

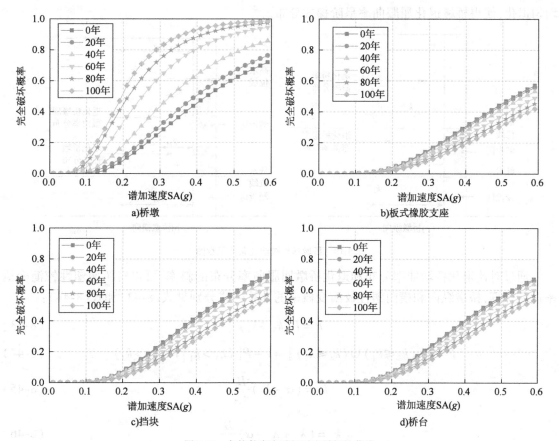

图 8-17 各构件完全破坏时变易损性曲线

8.5.3 桥墩塑性铰演变概率评估

由 8.5.2 节的分析可知,桥墩在非一致侵蚀环境下可能会出现塑性铰演变的现象。塑性铰的演变,无论是对桥墩弯曲抗震性能,还是对抗震计算和设计均有一定程度的影响。显然,明确桥墩在服役期内是否会发生塑性铰演变,对桥梁延性抗震设计十分关键。由于氯离子侵蚀及钢筋锈蚀的不确定性,桥墩各截面退化是一个随机性显著的过程。塑性铰是否演变和外界侵蚀环境、水位等都有重要关系。因此,从概率的角度描述塑性铰演变的可能性更为合理。考虑到双柱墩在纵向及横向的屈服机理不同,本节分别对桥墩纵向及横向塑性铰演变条件进行阐述,提出相应的塑性铰演变概率计算方法,并对算例桥梁的塑性铰演变概率进行评估。

大量的实验表明,退化桥墩的塑性铰区域可能出现在4个地方:①墩底截面;②墩顶截面;③低水位线截面;④高水位线截面。如图8-18所示,通过对比地震时退化桥墩曲率分布以及退化桥墩屈服曲率分布,就可以预知桥墩塑性铰演变的规律。对于双柱墩结构,可以将其简化为一个沿桥墩纵向的悬臂结构。因此,在桥墩达到退化屈服曲率之前,桥墩纵向退化曲率分布沿桥墩轴向呈线性关系,如图8-18a)所示。由于桥墩横向和纵向的曲率分布并不一致,就导致桥墩横向退化曲率分布沿桥墩轴向呈双折线关系,如图8-18b)所示。另外,桥墩各截面非均匀退化,使得桥墩退化屈服曲率呈阶梯式分布。

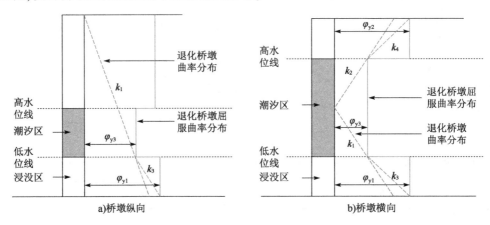

图8-18 桥墩塑性铰演变条件示意图

通过对比退化桥墩曲率分布和退化桥墩屈服曲率分布的斜率,可以对桥墩塑性铰演变概率进行计算,桥墩纵向和横向塑性铰演变概率的计算公式分别见式(8-43)和式(8-44):

$$P = P(k_3 \leqslant k_1) \tag{8-43}$$

$$P = P[(k_3 \leqslant k_1) \cup (k_4 \leqslant k_2)] = 1 - P[(k_3 > k_1) \cap (k_4 > k_2)] \tag{8-44}$$

$$k_1 = (\alpha - \lambda_s)\frac{H}{\varphi_{y3}} \tag{8-45}$$

$$k_2 = (\lambda_s + \lambda_t - \alpha)\frac{H}{\varphi_{y3}} \tag{8-46}$$

$$k_3 = \lambda_s \frac{H}{\varphi_{y1} - \varphi_{y3}} \tag{8-47}$$

$$k_4 = (1 - \lambda_s - \lambda_t)\frac{H}{\varphi_{y2} - \varphi_{y3}} \tag{8-48}$$

式中: α ——退化桥墩曲率分布反弯点以下的桥墩长度与桥墩总长的比值,对于双柱墩纵

向取值为 1,横向取值为 0.5;

λ_s——浸没区深度与墩高之比(浸没比);

λ_t——潮汐区深度与桥墩高度之比(潮汐比);

H——桥墩高度,m;

φ_{y1}、φ_{y2}、φ_{y3}——分别为截面 1(墩底截面)、截面 2(墩顶截面)、截面 3(最高或最低水位线截面)的屈服曲率,1/m。

于是式(8-43)和式(8-44)可以变换为

$$P = P[\alpha_{31} \leqslant (1 - \lambda_s)] \tag{8-49}$$

$$P = 1 - P\{[\alpha_{31} > (1 - 2\lambda_s)] \cap [\alpha_{32} > (2\lambda_s + 2\lambda_t - 1)]\} \tag{8-50}$$

式中:α_{31}——截面 3 和截面 1 的屈服曲率比,%;

α_{32}——截面 3 和截面 2 的屈服曲率比,%。

对 8.5.2 节算例进行研究,结果如图 8-19 所示。图 8-19a)反映了浸没比 λ_s 对桥墩纵向塑性铰演变概率的影响。从图中可知,随着浸没比的增大,演变概率下降。当浸没比大于 0.5 时,桥墩基本不会产生新的塑性铰。对比发现,1 号桥墩纵向塑性铰演变的概率最高,可达到 66%;2 号桥墩纵向塑性铰演变的概率最低,为 2.5%。由此可知,桥墩纵向塑性铰演变更加容易发生在浅水区域,且矮墩相对于高墩更有可能产生纵向塑性铰演变。

另外,图 8-19b)反映了浸没比 λ_s 和潮汐比 λ_t 对桥墩横向塑性铰演变概率的影响。当潮汐比恒定时,随着浸没比的增大,演变概率呈现先下降后上升的趋势。例如,当潮汐比恒定为 0.2 时,浸没比从 0.1 增长到 0.3,演变概率从 49.0% 减小到 9.9%,当潮汐比继续增长到 0.7 时,演变概率回弹到 33.2%。从图中数据可以看出,1 号桥墩最容易在横向出现新的塑性铰,出现概率为 15%,而其他桥墩在横向基本不会产生新的塑性铰。由此可知,桥墩横向塑性铰的演变不仅容易发生在浅水区域,而且容易发生在深水区域,但桥墩在纵向出现塑性铰演变的风险远高于横向。

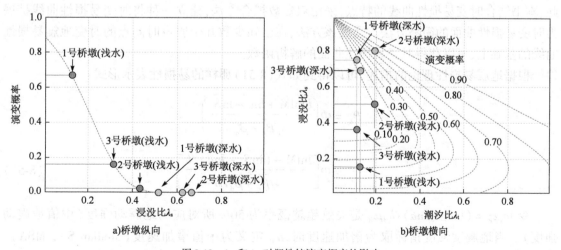

图 8-19 λ_s 和 λ_t 对塑性铰演变概率的影响

8.5.4 塑性铰演变对延性设计的影响

我国从1989年版的《公路桥梁抗震设计规范》开始便引入延性抗震设计思想。近年来，新建公路桥梁的桥墩抗震设计大多基于延性设计方法。延性设计通过对桥墩局部进行特殊设计，确保其具有较高的延性水平，以期桥墩部分截面在强震作用下进入塑性并形成塑性铰，从而为桥梁提供足够的耗能能力。塑性铰反映了结构或构件变形的能力，合理设计潜在塑性铰的出现位置，不仅能有效降低震害、预防结构的突然倒塌，还可减少震后修复的费用及时间。对于一般的梁式桥而言，塑性铰的区域往往选在弯矩较大的位置，如纵向的墩底及横向的墩顶及墩底。基于这种设计理念，许多研究和规范提出了简化方法及公式来计算桥墩等效刚度、变形需求等参数。对于新建桥梁而言，这些简化计算方法无疑是准确的。然而，对于非一致侵蚀环境下的服役桥梁而言，桥墩的塑性铰位置、数目等均可能发生一定的变化。对于这种情况，沿用传统的简化计算方法可能会导致不精确甚至错误的结果。因此，对于可能发生塑性铰演变的退化桥梁，需要根据桥墩实际塑性铰分布特征进行计算。此外，非一致侵蚀环境可能导致桥墩在墩身处产生塑性铰，而这些位置大多并未经过精细的抗震构造设计，这可能使得该处截面的延性水平无法满足延性需求，在地震作用下可能成为桥墩损伤的薄弱环节。因此，对于此类桥梁，除了需要重视墩顶、墩底塑性铰区的构造设计，还需要对高低水位线附近的桥墩截面进行精细设计和合理设防。

8.6 时变易损性曲线扩展方法

在时变地震易损性分析过程中，考虑到计算成本，往往会选取几个特定服役时间点进行易损性分析。然而，在实际情况下，有时需要获得逐年的失效超越概率。在这种情况下，少数几个服役时间点的易损性函数并不能满足需要。尽管采用差值的方法可以得到任何时间点的失效超越概率，但这种方法缺乏简明的函数关系式，在处理大量时间点时计算效率并不高。因此，本书结合时变易损性曲线的特点，采用双参数拟合方法，建立一种将时变易损性曲线扩展为时变易损性曲面的简易方法。通过该方法，在已知少数几个服役时间点的时变地震易损性曲线的基础上，可以获得时变易损性曲面的解析函数。

根据地震易损性理论的描述，可以得到如式(8-51)那样的易损性表示形式：

$$P_\mathrm{f} = \Phi\left(\frac{b\ln\mathrm{IM} + \ln a - \ln\overline{S}_\mathrm{c}}{\sqrt{\beta_\mathrm{c}^2 + \beta_\mathrm{d}^2}}\right)$$

$$= \Phi\left[\frac{\ln\mathrm{IM} - (\ln\overline{S}_\mathrm{c} - \ln a)/b}{\sqrt{\beta_\mathrm{c}^2 + \beta_\mathrm{d}^2}/b}\right] \tag{8-51}$$

令 $\ln\mu_\mathrm{R} = (\ln\overline{S}_\mathrm{c} - \ln a)/b$，$\mu_\mathrm{R}$ 是失效超越概率为50%所对应的地震动强度(中值地震动强度)。当地震动强度指标取为谱加速度时，μ_R 定义为中值谱加速度(Median SA，MSA)。令 $\beta_\mathrm{R} = \sqrt{\beta_\mathrm{c}^2 + \beta_\mathrm{d}^2}/b$，$\beta_\mathrm{R}$ 表示的是易损性曲线中的修正对数标准差。将 β_R 代入式(8-51)中得：

$$P_\mathrm{f} = \Phi\left(\frac{\ln\mathrm{IM} - \ln\mu_\mathrm{R}}{\beta_\mathrm{R}}\right) \tag{8-52}$$

由式(8-52)可以看出,决定易损性曲线形状的参数只有 μ_R 和 β_R 两项,如图 8-20 所示。换句话说,不同服役时间的易损性曲线的改变,本质上是 μ_R 和 β_R 的变化。显然, μ_R 和 β_R 是关于服役时间的函数。通过建立 μ_R 和 β_R 的时变模型,便可以得到地震时变易损性曲面的解析函数:

$$P_\mathrm{f}(\mathrm{IM},t) = \Phi\left\{\frac{\ln\mathrm{IM} - \ln[\mu_\mathrm{R}(t)]}{\beta_\mathrm{R}(t)}\right\} \tag{8-53}$$

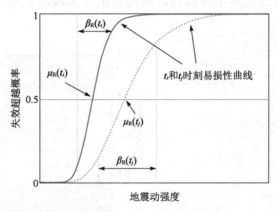

图 8-20 时变易损性曲线特征示意图

在已知地震动强度和服役时间的情况下,可以通过以上解析函数直接计算桥梁的失效超越概率。

图 8-21 给出了几种常见的 MSA 变化形式。其中,桥墩轻微损伤、中等损伤的 MSA 基本呈现出形式 1 的变化规律;除桥墩以外的构件基本呈现出形式 2 的变化规律;对于桥墩严重损伤及完全破坏的 MSA,基本呈现出形式 3 的变化规律。根据这几种变化形式的特征,本书采用四参数的 Logistic 函数对 MSA 时变规律进行拟合:

$$\mu_\mathrm{R} = \frac{A}{1 + Be^{Ct}} + D \tag{8-54}$$

式中: A、B、C、D——中值地震动强度的拟合参数。

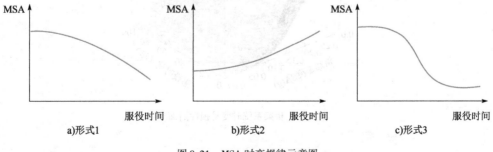

图 8-21 MSA 时变规律示意图

对于 β_R 而言,其基本呈现出图 8-21 所示的形式 1 和形式 2 的变化规律。本书采用二次函数对 β_R 进行拟合:

$$\beta_R = Et^2 + Ft + G \tag{8-55}$$

式中:E、F、G——修正对数标准差的拟合参数。

根据上述方法,结合 8.5 节的时变易损性曲线,建立不同构件及桥梁系统的时变易损性曲面。图 8-22 给出了 1 号桥墩纵向完全破坏状态下的时变易损性曲面及损伤概率云图。图 8-23 给出了桥梁系统时变易损性曲面。采用本书提出的简便方法建立的时变易损性曲面能够很准确地描述不同服役时间的易损性曲线时变特征。

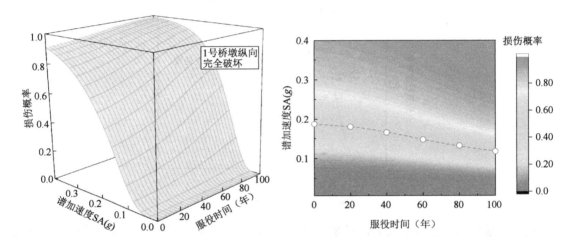

图 8-22　1 号桥墩纵向完全破坏状态下时变易损性曲面及损伤概率云图

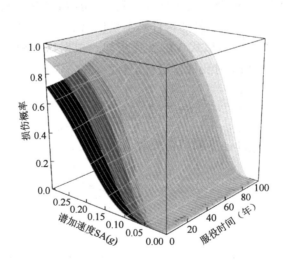

图 8-23　桥梁系统时变易损性曲面

8.7 本章结语

本章对氯离子侵蚀过程、钢筋锈蚀机理及保护层混凝土锈胀机理分别进行了详细介绍。结合现有研究,总结了钢筋、非约束混凝土及约束混凝土的力学性能退化模型。随后,结合地震易损性分析,针对一致及非一致两类氯离子侵蚀环境,分别建立桥梁时变地震易损性分析流程。在此基础上,提出了基于时变易损性曲线扩展获得时变易损性曲面的方法,并得到了以下结论:

(1) 纵筋锈蚀对桥墩损伤的影响明显大于箍筋,各种损伤状态下桥墩在仅考虑纵筋锈蚀工况下的易损性曲线明显高于仅考虑箍筋锈蚀工况下的易损性曲线,而在严重损伤和完全破坏状态下,同时考虑纵筋和箍筋锈蚀工况的失效超越概率比仅考虑纵筋锈蚀工况的失效超越概率略有增加。

(2) 非一致侵蚀环境下,退化作用不仅增加了桥墩的曲率需求和变形需求,还可能引起桥墩塑性铰的生成位置发生演变。塑性铰演变会减小桥墩的自由长度,降低桥墩的变形能力。在这种情况下,若地震需求分析时仅考虑一致环境作用,可能会高估退化桥墩的变形能力及变形需求。

(3) 随着桥墩不断退化,其地震失效超越概率不断升高,而其他构件的地震失效超越概率逐渐降低。桥墩退化不仅降低了其抗震能力,还会增大其地震需求,因而易损性变化程度较大,而其他构件仅仅是地震需求发生变化,因而易损性变化程度相对较小。由于桥墩和其他构件易损性变化规律不同,可能导致桥梁的最危险构件类型发生变化。此外,随着服役时间增加,桥梁系统各损伤状态下的易损性曲线间距明显减小,这在某种程度上意味着桥梁整体的延性水平下降,桥梁容易由低程度损伤发展为高程度损伤。

(4) 本书提供了一种计算桥墩塑性铰演变概率的方法。根据分析结果可知,浸没比越小,退化桥墩纵向塑性铰演变概率越大,因而桥墩纵向塑性铰演变更容易发生在浅水区域。相比之下,桥墩横向塑性铰演变概率受浸没区深度及潮汐区高度共同影响。桥墩横向塑性铰演变既容易发生在浅水区域,也易发生在深水区域。

(5) 本书提出的时变易损性曲线扩展方法能够基于几个特定服役时间点的离散时变易损性曲线扩展得到时变易损性曲面的解析函数。根据时变易损性曲面可以快速获得不同服役时间的现役桥梁在各地震动强度下的失效超越概率。

9 基于全寿命周期的服役桥梁抗震加固策略优化

如前所述,服役桥梁的抗震性能随服役时间延长而不断退化。为了保证桥梁在整个服役期内满足功能需求,需要对其进行有计划的加固。桥梁加固策略优化问题,始终备受决策者及工程人员重视。对于高烈度地区而言,由于地震破坏力巨大,桥梁结构对抗震性能的要求可能远高于正常使用性能。在这种情况下,从抗震的角度制定合理的加固策略,建立抗震加固策略优化方法,对确保退化桥梁在整个寿命周期内维持良好的抗震可靠性有重要意义。

本章首先简要介绍了常见的桥墩抗震加固措施。然后,阐述了退化桥梁抗震加固策略优化理论。根据桥墩抗震加固措施的机理,提出一种基于等效截面参数模型及抗震可靠度模型的桥梁抗震可靠度退化规律的计算思路。在此之后,分别介绍了等效截面参数模型的建立流程以及基于响应面理论(Response Surface Methodology,RSM)的抗震可靠度模型构建方法。在此基础上,以非支配排序遗传算法Ⅱ(Non-dominated Sorting Genetic Algorithm Ⅱ,NSGA-Ⅱ)为优化工具,建立了完整的退化桥梁多目标抗震加固策略优化流程。最后,对算例桥梁进行抗震加固策略优化分析。

9.1 桥梁抗震加固策略优化理论

9.1.1 常见的抗震加固方法

氯离子侵蚀作用主要是引起桥墩锈蚀,从而降低桥梁整体抗震性能。因此,退化桥梁抗震加固的对象往往也是桥墩。目前,常见的桥墩抗震加固措施有增大截面法、外包钢板法、碳纤维加固法(图9-1)。增大截面法通过在原构件基础上,再次浇筑混凝土并配筋,增大原有构件的混凝土面积及钢筋含量,从而提高被加固桥墩的抗震能力。外包钢板法是采用胶黏剂将钢板粘贴在桥墩表面,通过钢板与桥墩共同作用以提高桥墩的抗震性能。当用于提高桥墩截面的核心混凝土约束效果时,钢板可沿着桥墩圆周方向分段外包;当用于提高桥墩抗弯性能时,通常需要沿墩高整体外包。碳纤维加固法与外包钢板法的加固原理类似,通过黏结剂将抗拉强度极高的碳纤维材料粘贴在桥墩表面。在进行桥墩抗震加固时,一般沿桥墩圆周方向进行分段外包,以达到增大桥墩截面核心混凝土约束效果,提高截面延性的作用。

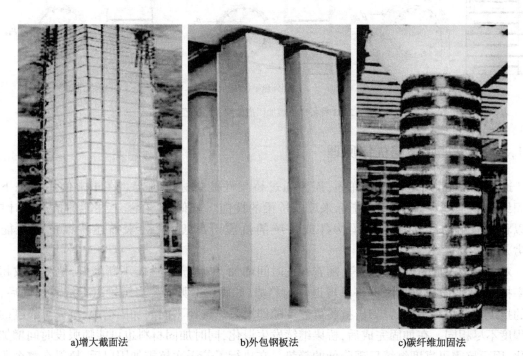

a)增大截面法　　　　　　b)外包钢板法　　　　　　c)碳纤维加固法

图9-1　常见的桥墩抗震加固措施

严格意义上来说,各类加固措施对桥墩抗震性能的改善机理十分复杂。然而,在实际工程运用中,往往通过一定的简化方法来近似地考虑各类抗震加固措施对桥梁性能的影响。Priestley 在 *Seismic Design and Retrofit of Bridges* 一书中详细阐述了各类抗震加固措施的原理。美国联邦公路局(Federal Highway Administration, FHWA)在《公路桥梁抗震加固手册》中给出了不同桥梁抗震加固措施的设计方法。Padgett 在其博士论文里采用易损性分析方法对不同抗震加固措施的加固效果进行评估。根据这些研究可知,无论是增大截面法还是外包钢板法,其实质是增加桥墩截面的纵筋、箍筋或混凝土截面尺寸。尽管碳纤维的力学性能与钢筋有所不同,然而,碳纤维和箍筋都是起到约束核心混凝土的作用。在这些研究中,碳纤维的约束效果与箍筋的约束效果采用了相同的计算理论。在这种情况下,碳纤维可以转化为具有相同约束应力的箍筋。因此,采用直接加固法加固后的桥墩截面可以视为由多层纵筋、箍筋组成的复合截面。图9-2 所示为3种桥墩抗震加固措施的加固机理示意图。对于增大截面法而言,可以视为在原桥墩截面基础上,增加了厚度为 t_r 的混凝土层、配箍率为 ρ_h' 的箍筋以及配筋率为 ρ_s' 的纵筋;对于外包钢板法而言,可以视为增加了配箍率为 ρ_h' 的箍筋以及配筋率为 ρ_s' 的纵筋;对于碳纤维加固法中的碳纤维,可以视为增加了配箍率为 ρ_h' 的箍筋。

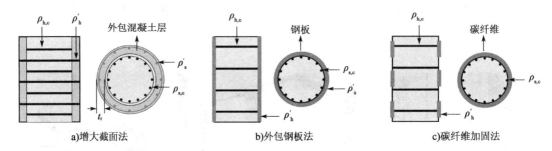

图9-2 3种桥墩抗震加固措施的加固机理示意图

9.1.2 抗震加固策略优化原理

通常来说,桥梁是否需要加固,需要通过桥梁性能指标来确定。在正常使用状态下的加固维护中,大多采用可靠度指标来反映桥梁的性能。相似地,在基于性能的抗震设计中,可以将易损性曲线转换成桥梁构件或系统的抗震可靠度指标,来描述桥梁抗震性能的优劣。

对于一个未加固的桥梁而言,随着服役时间增加,结构抗震性能不断降低,地震失效超越概率持续增大,抗震可靠度也将呈现退化的趋势,如图9-3所示。当桥梁进行抗震加固后,桥梁的抗震性能将有一定的提升,抗震可靠度随即增大。选择不同的加固措施,抗震可靠度的提升程度不尽相同。在加固完成后,桥梁继续发生退化,同时加固材料也可能随服役时间增加而劣化,因而抗震可靠度继续呈现降低的趋势。在执行了若干次抗震加固以后,桥梁在整个服役期内的抗震可靠度将呈现出波浪状。显然,加固次数越多、加固频率越高,整个服役期内的桥梁抗震可靠度将越高,对应的桥梁地震损伤风险就越低,但所需的加固费用也越高。相反,加固频率越低,加固费用越小,但桥梁的抗震可靠度将会越低,甚至会因为加固不及时,导致桥梁在地震下的损伤风险超过预期值。决策者既希望桥梁抗震加固的费用最小,又希望桥梁的抗震可靠度最高。显然,两者是一组相互矛盾的目标。在这种情况下,确定最优的抗震加固策略实质上是一个多目标优化的问题。

由于多目标优化问题存在多个互相矛盾的目标函数,因而无法像传统单目标优化问题一样,给出一个使所有目标函数均最优的唯一解。通常,多目标优化问题的最终解是一组由众多Pareto最优解组成的集合,如图9-4所示。Pareto最优解满足的条件是解得的任何一个目标函数的值,在不使得其他目标函数的数值变差的情况下,不可能继续得到改进。多目标优化问题的Pareto最优解集组成的曲面或曲线就称作Pareto前沿。由于多目标优化问题得到的是一组最优解集,决策者可以根据实际情况及偏好,从最优解集中挑选合适的解作为问题的最优解,这在很大程度上发挥了决策者的主观能动性,使得设计更加灵活、可控。

根据以上阐述,桥梁抗震加固策略优化的任务是确定桥梁在整个服役期内的加固次数、加固措施序列以及加固时间序列,使得桥梁按照该抗震加固策略加固后,整个服役期内抗震可靠度指标和总加固费用满足Pareto最优的要求。用数学模型可以表示为式(9-1)的形式:

$$\begin{cases} \text{var} & T, R \\ \min & C_{\text{TR}} = \sum_{i=1}^{n} e^{-\alpha T_i} C_{R,i} \\ \max & \min[\beta(t)] \\ \text{s.t.} & \min[\beta(t)] \leq [\beta], C_{\text{TR}} \leq [C_{\text{TR}}], n \leq [n], \cdots \end{cases} \quad (9\text{-}1)$$

式中：$T=(T_1,\cdots,T_i,\cdots,T_n)$、$R=(R_1,\cdots,R_i,\cdots,R_n)$——分别为加固时间序列及加固措施序列，其中 T_i 和 R_i 分别为第 i 次加固的时间及加固措施；

n——整个服役期内执行加固的总次数，次；

C_{TR}——总加固成本现值，元；

$C_{R,i}$——第 i 次加固的费用，元；

α——货币折现率；

$\beta(t)$——桥梁在服役时间的抗震可靠度指标，根据可靠度理论，由式(2-5)反算得到。

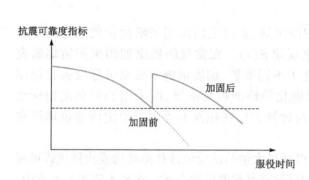

图 9-3　桥梁加固前后抗震可靠度变化规律　　　图 9-4　Pareto 最优解示意图

此外，根据实际工程情况，可以不设置或设置若干个约束条件，如最低容许可靠度指标 $[\beta]$、最大容许加固费用 $[C_{\text{TR}}]$、最大容许加固次数 $[n]$ 等。

基于上述的多目标优化数学模型，可以得到桥梁抗震加固策略优化的基本流程，如图9-5所示。可以看出，抗震加固策略优化是一个不断迭代的分析过程。分析时首先选择初始加固策略，确定每次加固的时间及加固措施，即加固时间序列 T 及加固措施序列 R。随后，计算采用该加固策略加固后的桥梁抗震可靠度退化规律。同时，计算该加固策略所需总加固费用现值。然后，判断抗震可靠度指标及总加固费用现值两个目标是否满足 Pareto 最优要求。如果不满足，结合优化算法更新加固策略，并再次进行分析。通过反复迭代，从而得到加固策略的 Pareto 最优解集。

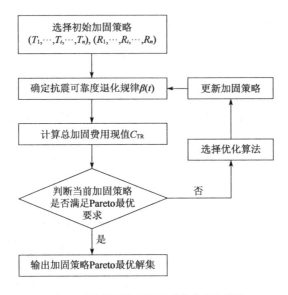

图 9-5 桥梁抗震加固策略优化基本流程图

9.1.3 加固策略优化的关键问题

由上述桥梁抗震加固策略优化基本流程图可知,实现抗震加固策略优化的关键问题是确定不同加固策略下的桥梁抗震可靠度退化规律 $\beta(t)$。在常规的桥梁加固维护策略研究中,已有学者通过统计分析及理论研究,建立了不同维护、加固措施下桥梁可靠度劣化规律的计算方法。然而,这些研究成果主要针对退化的桥面板及主梁,所采用的可靠度指标也是针对构件正常使用性能的,这些分析模型及计算方法往往并不适用于确定桥梁抗震可靠度退化规律。

事实上,由于抗震问题的特殊性,一般难以通过大量的试验统计获得结构或构件抗震可靠度。在这种情况下,采用数值分析方法确定桥梁抗震可靠度更加合适。在 8.4 节和 8.5 节中,我们通过时变地震易损性分析,建立了退化桥梁的抗震可靠度时变规律。同样地,在特定的加固策略下,通过时变地震易损性分析,可以建立抗震可靠度退化规律。

然而,抗震加固对桥梁抗震可靠度的影响是十分复杂的。抗震加固一方面提高了桥梁的抗震能力,另一方面改变了结构的地震需求,而地震需求的变化往往包含了不同构件的相互影响。在这种情况下,在同一服役时间,采用不同的加固措施,桥梁抗震可靠度的变化程度并不相同,而在不同的服役时间,即使采用相同的加固措施,桥梁抗震可靠度的变化程度也不尽相同。显然,加固桥梁的抗震可靠度退化规律不仅取决于结构自身的退化程度,还受加固措施、加固时间等多种因素的影响。在这种情况下,按照不同加固策略加固的桥梁,抗震可靠度退化规律都不同,如图 9-6 所示。换句话说,每种加固策略将对应一种桥梁抗震可靠度退化规律。

9 基于全寿命周期的服役桥梁抗震加固策略优化

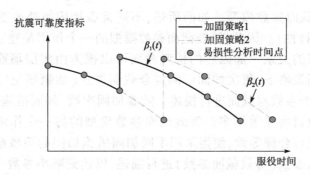

图 9-6 不同加固策略下抗震可靠度退化规律

理论上,针对可能存在的所有抗震加固策略,通过时变地震易损性分析,可以建立与之对应的抗震可靠度退化规律,如图 9-6 所示。然而,由于加固策略包含了不同的时间序列以及加固措施序列组合,因而待优化的加固策略数目是十分巨大的。如果采用这种常规的方法,意味着每个加固策略都进行一次时变地震易损性分析,而每次时变地震易损性分析又需要进行大量的非线性时程分析。显然,这种优化方法所需的计算量难以接受。近年来,有学者提出采用基于非线性静力法的易损性分析方法对桥梁进行抗震设计优化,这在很大程度上减小了易损性分析的计算量,为抗震加固策略优化提供了一种思路。然而,非线性静力法无法考虑桥梁结构中存在的各种复杂边界非线性问题,例如挡块的碰撞、伸缩缝的闭合等,在计算整体结构地震响应时,其精度难以得到保证。因此,有必要建立一种既能保留非线性时程分析精度,又能减小易损性分析计算量的桥梁抗震可靠度退化规律的计算方法。

9.1.4 抗震可靠度退化规律计算思路

对于上述常规的优化方法,每次时变易损性分析建立的抗震可靠度退化规律仅仅用于对应的抗震加固策略优化。显然,每次易损性分析得到的结果利用效率过低。若能在优化分析之前,通过有限次数的易损性分析,先确定不同抗震加固策略与抗震可靠度退化规律之间的关系,那么,对于任意的加固策略,根据这个关系便可以快速确定与之对应的抗震可靠度退化规律,从而实现抗震加固策略优化。

理论上,加固策略包含众多参数变量,如每次加固的时间以及每次采用的加固措施。显然,直接建立抗震可靠度退化规律与这些参数之间的函数关系存在极大困难。为此,本书提出一种基于等效截面参数模型及抗震可靠度模型来计算加固桥梁抗震可靠度退化规律的思路(图 9-7)。从图中可以看出,计算加固桥梁抗震可靠度退化规律包括两个步骤:

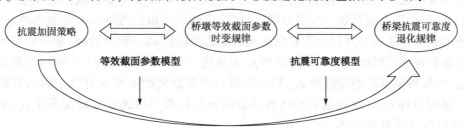

图 9-7 加固桥梁抗震可靠度退化规律计算思路

第一，建立等效截面参数模型。如前所述，不同抗震加固策略改变的是桥墩的截面参数（截面尺寸及钢筋特性）。因此，等效截面参数模型的一个作用是建立不同抗震加固策略与桥墩截面参数之间的关系。加固后的桥墩截面可以视为由多层箍筋及纵筋组成的复合截面。在不同的加固策略下，每次加固后的复合截面形式（如钢筋位置、钢筋层数）均会有所不同，需要通过多个参数对截面进行描述。随着加固次数、加固措施类型的增加，描述复合截面所需的参数数目将显著增多。等效截面参数模型的另一个作用是对每次加固后的退化桥墩复合截面进行合理等效，使得采用不同加固措施加固的桥墩截面和未加固桥墩截面均可以通过同一组参数（等效截面参数）进行描述，以达到减小参数个数的目的。在这种情况下，等效截面参数模型实际上描述了不同加固策略与桥墩等效截面参数时变规律之间的关系：

$$S(t) = F(T, R, t) \tag{9-2}$$

式中：S——桥墩等效截面参数向量。

第二，建立抗震可靠度模型。具有不同等效截面参数的桥墩意味着具有不同的抗震能力。显然，桥梁的地震失效超越概率或抗震可靠度指标和桥墩等效截面参数具有一定的关系。抗震可靠度模型的作用就是建立桥墩等效截面参数向量 S 与桥梁抗震可靠度指标 β 之间的函数关系：

$$\beta = G(S) \tag{9-3}$$

将式(9-2)和式(9-3)组合得：

$$\beta(t) = G[F(T, R, t)] \tag{9-4}$$

由式(9-4)可以看出，对于特定的抗震加固策略，通过等效截面参数模型可以确定相应的桥墩等效截面参数时变规律。对于每个服役时间下的等效截面参数，结合抗震可靠度模型，可以得到对应的桥梁抗震可靠度指标，进而确定加固桥梁抗震可靠度退化规律。

9.1.5 等效截面参数模型建立

对于单层配筋的截面而言，由于箍筋、纵筋在截面中的位置固定，因而通过配筋率、配箍率两个参数便可以描述截面钢筋布置特征。对于加固后的复合截面而言，每次加固材料中的纵筋及箍筋位置可能并不相同，因而采用上述参数并不能准确描述复合截面的钢筋布置特征。因此，本书根据截面屈服弯矩一致的原则，将加固后的多层纵筋按图9-8等效为单层纵筋，保证加固前的截面纵筋和加固后的等效纵筋至截面边缘的距离一致。这样，加固前后的桥墩截面的纵筋布置特征可以统一用等效配筋率 ρ_s 来描述。对于多层箍筋而言，可以按照复合箍筋计算方法，根据桥墩截面的配箍率 $\rho_{h,c}$ 和加固材料中箍筋的配箍率 ρ_h' 计算加固后截面平均配箍率 ρ_h。通过这种方式，加固前后的圆形桥墩截面参数都可以通过等效配筋率 ρ_s、平均配箍率 ρ_h 以及桥墩直径 D 来描述。

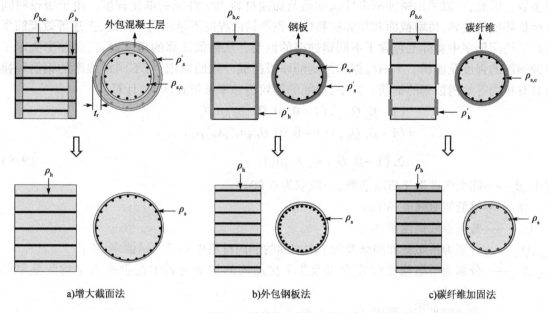

图 9-8 等效截面参数示意图

对于进行若干次加固的桥墩而言,在不考虑材料退化的情况下,加固后的等效截面参数时变规律呈现阶梯状特征,在两次加固之间为恒定值,在加固时发生突变,如图 9-9 所示。对于具体的加固策略,根据上述的平均配箍率、等效配筋率的确定方法,可以通过计算得到等效截面参数时变规律:

$$D(t) = F_1(T,R,t) \tag{9-5}$$

$$\rho_h(t) = F_2(T,R,t) \tag{9-6}$$

$$\rho_s(t) = F_3(T,R,t) \tag{9-7}$$

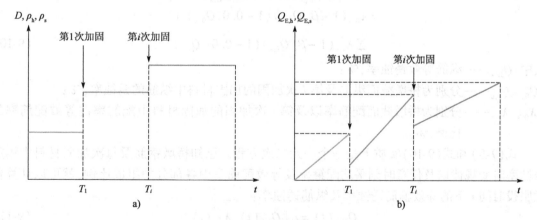

图 9-9 桥墩等效截面参数时变规律示意图

上述的三个等效截面参数仅仅描述了无锈蚀状态下的桥墩截面特性。事实上,桥墩的钢筋及加固材料中的钢筋、钢板,在服役过程中均可能发生不同程度的锈蚀。因此,等效截面参数中还需要考虑钢筋的锈蚀特性。根据第 8 章的理论可知,锈蚀率是决定材料性能退化的重要参数。因此,可以采用锈蚀率来反映钢筋及加固材料力学性能的退化程度。由于服役时间及所处环境的差异,桥墩截面和加固材料中的钢筋锈蚀程度不尽相同。因而,上述等效配筋率以及平均配箍率中实际上包含了不同锈蚀率的钢筋。从数值计算的角度而言,锈蚀率决定了锈蚀钢筋的强度及面积。本书根据锈蚀钢筋屈服荷载一致的原则,将不同锈蚀率的钢筋转换为具有相同等效锈蚀率的钢筋。其中,箍筋的等效锈蚀率可按式(9-8)计算:

$$\begin{aligned}&(1-\beta_y Q_{E,h})(1-0.01 Q_{E,h})f_{yh}\rho_h A_c \\ &= (1-\beta_y Q_{0,h})(1-0.01 Q_{0,h})f_{yh}\lambda_{0,h}\rho_h A_c + \\ &\sum_{i=1}^{n}(1-\beta_y Q_{i,h})f_{yh}\lambda_{i,h}\rho_h A_c\end{aligned} \tag{9-8}$$

式中:β_y——屈服强度退化折减系数,一般取为0.0049;

f_{yh}——箍筋屈服强度,MPa;

$Q_{E,h}$——箍筋等效锈蚀率,%;

$Q_{0,h}$、$Q_{i,h}$——分别为桥墩截面箍筋及第i次加固的加固材料中箍筋的锈蚀率,%;

$\lambda_{0,h}$、$\lambda_{i,h}$——分别为桥墩截面配箍率以及第i次加固的加固材料中配箍率占平均配箍率的比例,%;

ρ_h——截面的平均配箍率,%;

A_c——加固后桥墩截面面积,m²。

对式(9-8)进行简化,可以得到:

$$\begin{aligned}&(1-\beta_y Q_{E,h})(1-0.01 Q_{E,h})\\ &= \lambda_{0,h}(1-\beta_y Q_{0,h})(1-0.01 Q_{0,h}) + \\ &\sum_{i=1}^{n}\lambda_{i,h}(1-\beta_y Q_{i,h})(1-0.01 Q_{i,h})\end{aligned} \tag{9-9}$$

同样地,纵筋等效锈蚀率可以按式(9-10)计算:

$$\begin{aligned}&(1-\beta_y Q_{E,s})(1-0.01 Q_{E,s})\\ &= \lambda_{0,s}(1-\beta_y Q_{0,s})(1-0.01 Q_{0,s}) + \\ &\sum_{i=1}^{n}\lambda_{i,s}(1-\beta_y Q_{i,s})(1-0.01 Q_{i,s})\end{aligned} \tag{9-10}$$

式中:$Q_{E,s}$——纵筋等效锈蚀率,%;

$Q_{0,s}$、$Q_{i,s}$——分别为桥墩截面纵筋及第i次加固的加固材料中纵筋的锈蚀率,%;

$\lambda_{0,s}$、$\lambda_{i,s}$——分别为桥墩截面配筋率以及第i次加固的加固材料中配筋率占等效配筋率的比例,%。

式(9-9)和式(9-10)实质上是一个一元二次方程。已知桥墩钢筋及每次加固材料中钢筋锈蚀率时变规律以及任意时刻平均配箍率及等效配筋率中各部分的组成比例,就可以计算任意服役时间t下的等效箍筋锈蚀率及纵筋锈蚀率:

$$Q_{E,h}(t) = f_1[Q_{i,h}(t),\lambda_{i,h}(t)] \tag{9-11}$$

$$Q_{E,s}(t) = f_2[Q_{i,s}(t),\lambda_{i,s}(t)] \tag{9-12}$$

显然,加固材料锈蚀率和平均配箍率、等效配筋率是由加固策略决定的。本质上,等效钢筋锈蚀率同样是关于加固策略的函数:

$$Q_{E,h}(t) = F_3(T,R,t) \tag{9-13}$$

$$Q_{E,s}(t) = F_4(T,R,t) \tag{9-14}$$

汇总式(9-5)~式(9-7)以及式(9-13)~式(9-14),就得到完整的等效截面参数模型 $S(t)$。可以看出,对于圆形桥墩而言,等效截面参数包含了桥墩直径 D、等效配筋率 ρ_s、平均配箍率 ρ_h、箍筋等效锈蚀率 $Q_{E,h}$ 及纵筋等效锈蚀率 $Q_{E,s}$ 5 个变量。根据以上阐述,总结等效截面参数模型建立流程如图 9-10 所示。

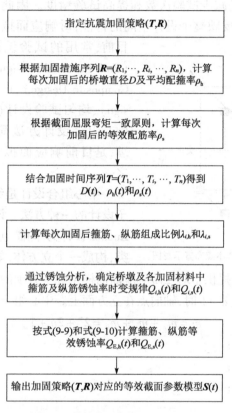

图 9-10 等效截面参数模型建立流程

9.2 基于响应面的抗震可靠度模型建立

如前所述,计算加固桥梁抗震可靠度退化规律还需要建立抗震可靠度模型,以确定等效截面参数 S 与桥梁抗震可靠度指标 β 之间的函数关系。根据 9.1.5 节内容,对于圆形桥墩,等效截面参数包含了 5 个变量,因而抗震可靠度模型是一个复杂的多维隐性函数,采用传统的解析方法往往难以准确描述此类函数。因此,本节通过响应面法来构建抗震可靠度模型。

9.2.1 响应面法基本原理

响应面法作为一种试验设计与数理统计相结合的方法,通过有限试验设计得到样本点,并采用回归拟合方法建立一个超曲面,通过这个超曲面来描述结构响应与设计变量之间复杂的隐性函数关系。理论上,任何复杂的函数关系均能通过响应面模型进行描述,并且能够很大程度上提高计算精度,减少计算量。构建响应面模型一般包含试验设计、响应面模型确定以及响应面适应性检验3个重要环节。

9.2.1.1 试验设计

试验设计是在整个设计空间内进行有限次数的抽样,使抽样点尽可能反映整个设计空间的特性。试验设计的作用是减少试验次数和提高试验精度。因此,选择合理的试验设计方法构造样本,使抽样点尽可能反映整个设计空间的特性,对响应面拟合的准确性是十分重要的。

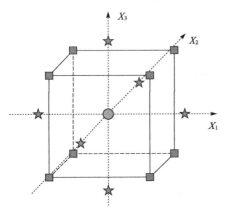

目前,常用的试验设计方法主要有全因子设计(Full Factorial Design)、中心组合设计(Central Composite Design)、正交试验设计(Orthogonal Design)、均匀试验设计(Uniform Design)等。其中,中心组合设计方法简单易行,所需的试验数合理,是目前响应面拟合最常用的试验设计方法之一。

中心组合设计是结合传统的插值节点和全因子设计的一种方法。该方法的样本点布置方式以Bucher设计为基础,包含中心点、轴线点和顶点3类,构成一个立方体,如图9-11所示。

图9-11 3因素中心组合设计样本点布置示意图

中心组合设计的轴线点提供了对二阶响应曲面模型纯平方项的估计。轴向点到中心点的距离通过系数 a 进行调整。当 $a=1$ 时,轴向点在立方面上。中心组合设计的试验次数可表示为

$$m = m_c + m_r + m_0 = 2^n + 2n + 1 \tag{9-15}$$

式中:m_c——顶点试验点数;
n——设计变量个数;
m_r——轴线试验点数;
m_0——中心试验点数。

9.2.1.2 响应面模型确定

响应面法的本质是利用一个简单的显式函数代替结构原先复杂的函数形式。通常,响应面函数与设计变量之间的关系可以用式(9-16)表示:

$$\boldsymbol{y} = \boldsymbol{\alpha x} + \boldsymbol{\varepsilon} \tag{9-16}$$

式中:$\boldsymbol{y} = [y_1, y_2, \cdots, y_n]^T$——结构响应向量;

$\boldsymbol{\alpha} = [\alpha_1, \alpha_2, \cdots, \alpha_n]^T$——待定系数矩阵;

$\boldsymbol{x} = \begin{bmatrix} x_{11} & x_{12} & \cdots & x_{1n} \\ x_{21} & x_{22} & \cdots & x_{2n} \\ \vdots & \vdots & & \vdots \\ x_{n1} & x_{n2} & \cdots & x_{nn} \end{bmatrix}$——$n$ 维独立设计变量;

$\boldsymbol{\varepsilon}$——服从期望为零的正态分布函数的随机误差。

目前已有的响应面模型主要分为多项式模型、神经网络模型、Kriging 函数模型和径向基函数模型。在构造响应面模型时,首先根据试验设计方法在空间内选取足够数目的样本点,然后根据实际情况选择响应面函数形式,最后运用最小二乘法原理对试验设计点的结果进行拟合,确定待定系数矩阵,最终建立响应面模型。

9.2.1.3 响应面适应性检验

为了检验选择的响应面函数是否能准确反映设计空间的函数特征,需要对响应面的拟合结果进行适应性检验。目前,通常采用的方法是利用统计学理论来检验响应面模型的效率性。以下为几类常见的误差统计评价指标。

误差平方和 SSE:

$$\text{SSE} = \sum_{i=1}^{m}(y_i - \hat{y}_i)^2 \quad (9\text{-}17)$$

均方根误差 RMSE:

$$\text{RMSE} = \sqrt{\frac{\text{SSE}}{m-n}} = \sqrt{\frac{1}{m-n}\sum_{i=1}^{m}(y_i - \hat{y}_i)^2} \quad (9\text{-}18)$$

平均误差 AE:

$$\text{AE} = \frac{1}{m}\sum_{i=1}^{m}|y_i - \hat{y}_i| \quad (9\text{-}19)$$

离差平方和 SSY:

$$\text{SSY} = \sum_{i=1}^{m}(y_i - \bar{y})^2 \quad (9\text{-}20)$$

式中:$\hat{y}_i$——样本的预测值;
y_i——样本的真实值;
$\bar{y}$——样本点的均值;
m——样本点数目;
n——设计变量个数。

这些指标从不同角度对"平均误差"进行描述。它们的值越小,说明采用预测模型描述试验数据具有更高的精度。除了上述误差统计评价指标以外,工程上还常用相关系数来反映拟合效果,如复相关系数 R^2 和修正的复相关系数 R_a^2:

$$R^2 = 1 - \frac{\text{SSE}}{\text{SSY}} \quad (9\text{-}21)$$

$$R_a^2 = 1 - \left(\frac{m-1}{m-n}\right)\frac{\text{SSE}}{\text{SSY}} \quad (9\text{-}22)$$

复相关系数 R^2 的值越接近 1,表明响应面模型误差的影响越小。然而,当响应面模型的设计变量个数增多时,复相关系数的值往往是逐渐增大并趋近于 1 的,此时复相关系数的值接近 1 并不能说明响应面模型的拟合精度高。因此,在样本较多的情况下采用修正的复相关系数更加合理。

9.2.2 抗震可靠度响应面模型建立方法

根据响应面基本原理,总结得到抗震可靠度响应面模型的建立步骤如下:

(1)根据实际工程情况,确定拟优化的所有加固措施序列$[R_1,\cdots,R_i,\cdots,R_m]$;

(2)针对每种加固措施序列,分别计算每次加固后的等效截面参数,统计各参数的上、下界,确定设计空间范围;

(3)综合考虑精度及计算量,选择合适的试验设计方法,生成足够数目的等效截面参数样本;

(4)根据等效截面参数样本,确定桥墩截面的尺寸、配筋特性以及各部分材料的力学特性,并将这些信息赋予桥墩截面,建立相应的桥梁分析样本;

(5)对各桥梁样本分别进行地震易损性分析,建立相应的地震易损性曲线;

(6)根据易损性曲线计算得到各桥梁样本的抗震可靠度指标;

(7)选择合适的响应面函数对各样本的抗震可靠度指标进行拟合,并保证响应面模型的适应性满足要求,最终得到抗震可靠度模型 $\beta = G(\boldsymbol{S})$。

图9-12所示为抗震可靠度响应面模型建立流程。

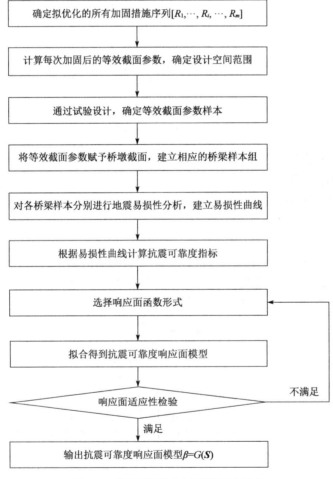

图9-12 抗震可靠度响应面模型建立流程

9.3 抗震加固策略优化流程

9.3.1 NSGA-Ⅱ算法简介

实现抗震加固策略优化分析需要选择高效的优化算法。目前多数优化问题往往采用广义进化算法,如遗传算法、粒子群算法、蚁群算法等。其中,遗传算法简单通用,适用范围广,具有较好的收敛性以及全局搜索性能,是一种较为成熟的进化算法。遗传算法采用适应度函数对随机样本的优劣进行评价,通过选择、交叉、变异等一系列操作来遗传适应度较高的样本,淘汰适应度较低的样本,从而实现最优解的搜索。传统的遗传算法主要用于求解单目标优化问题。1991 年 Goldberg 在传统遗传算法的基础上,将 Pareto 最优解的概念引入个体适应度计算中,根据个体间的 Pareto 支配关系对种群中的个体进行排序,使种群在优化过程中朝着 Pareto 最优解的方向进化。Srinivas 和 Deb 基于该思想,提出多目标优化的非劣排序遗传算法(Non-dominated Sorting Genetic Algorithms, NSGA)。在此之后,Deb 等通过引入快速非支配排序算法、精英策略并采用拥挤度和拥挤度比较算子,在 NSGA 的基础上提出 NSGA-Ⅱ算法,降低了 NSGA 算法的计算复杂度,保证了种群的多样性。

NSGA-Ⅱ的优化过程包含 3 个关键问题:

(1)快速非支配排序

对于最小化多目标问题,n 个目标分量 $f_i(i=1,2,\cdots,n)$ 组成向量 $f(\bar{x}) = [f_1(\bar{x}), f_2(\bar{x}), \cdots, f_n(\bar{x})]$,任意给定两个设计变量 $\bar{x}_u, \bar{x}_v \in U$。

① 当且仅当,对于 $\forall i \in \{1, \cdots, n\}$,都有 $f_i(\bar{x}_u) < f_i(\bar{x}_v)$,则 $\bar{x}_u$ 支配 $\bar{x}_v$;

② 当且仅当,对于 $\forall i \in \{1, \cdots, n\}$,有 $f_i(\bar{x}_u) \leqslant f_i(\bar{x}_v)$,且至少存在一个 $j \in \{1, \cdots, n\}$,使 $f_j(\bar{x}_u) < f_j(\bar{x}_v)$,则 $\bar{x}_u$ 弱支配 $\bar{x}_v$;

③ 当且仅当,$\exists i \in \{1, \cdots, n\}$,使 $f_i(\bar{x}_u) < f_i(\bar{x}_v)$,同时 $j \in \{1, \cdots, n\}$,使 $f_j(\bar{x}_u) < f_j(\bar{x}_v)$,则互不支配。

NSGA-Ⅱ中种群通过个体之间的支配与非支配关系进行排序以决定个体之间的优劣,这样就能保证整个算法不断搜索最优解集。

(2)拥挤度

为保持群体的分布性和多样性,避免算法局部收敛,在产生新群体时,通常将优秀并且密集程度比较低的个体保留下来并参与下一代进化。NSGA-Ⅱ提出了拥挤度的概念来评估种群在指定个体处的密集程度。如图 9-13 所示,第 i 个个体的拥挤度指的是包含个体 i 本身,但不包含周围其他个体的最小长方形的周长。在实际计算过程中,如果两个个体的非支配排序不同,则非支配排序较小的个体占优;如果两个个体的非支配排序相同,则拥挤度较大的个体占优。

(3)精英策略

精英策略就是在迭代过程中,将上一代的优秀个体保留至下一代的过程。具体来说,精英策略是对一个规模为 N 的父代种群 P 进行选择、交叉、变异等操作,生成同样规模的子代种群 Q,将父代种群 P 和子代种群 Q 合并成一个种群,并对该种群进行快速非支配排序以及拥挤度排序,从该种群中淘汰 N 个个体,最终获得一个新的规模为 N 的种群(图 9-14)。精英策略能使父代种群与其子代种群竞争从而得到下一代种群,这样容易得到更为优良的下一代,同时避免了父代优秀个体的流失。

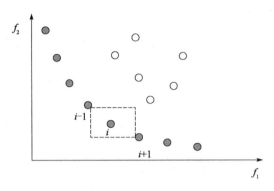

图 9-13　拥挤度示意图

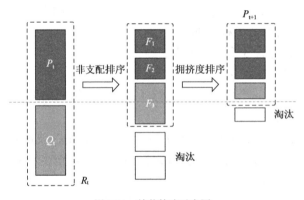

图 9-14　精英策略示意图

9.3.2　抗震加固策略优化步骤

根据 NSGA-II 优化算法的原理,结合前两节关于等效截面参数模型(图 9-10)及抗震可靠度模型(图 9-12)的计算流程,建立基于抗震可靠度的退化桥梁抗震加固策略优化的详细流程(图 9-15)。

整个流程包括两个模块,第一部分是优化模块,第二部分是目标函数的计算模块,其中又包括等效截面参数模型和抗震可靠度模型的计算。该流程包括以下几个关键步骤:

(1)确定拟优化的所有加固措施序列。

(2)根据 9.2 节响应面理论,建立抗震可靠度响应面模型。

(3)选择若干个随机加固策略作为初始种群,根据 9.1.5 节内容,建立各加固策略下的等效截面参数模型。

(4)结合(2)、(3)步建立的抗震可靠度响应面模型及等效截面参数模型,确定每个个体(对应某种加固策略)的抗震可靠度退化规律,并计算相应的总加固费用现值。

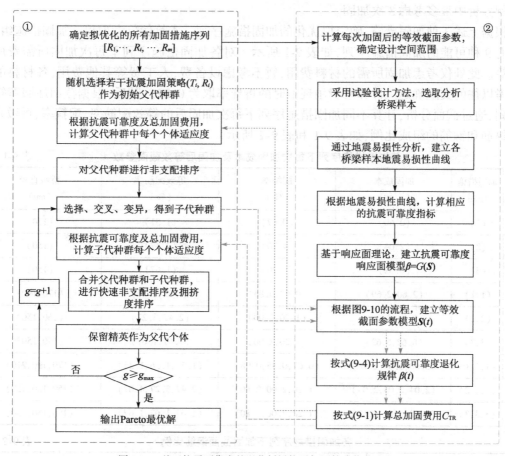

图9-15 基于抗震可靠度的退化桥梁抗震加固策略优化流程

(5)根据抗震可靠度及加固费用两个目标函数,确定个体适应度,进而反复执行进化操作。其中,每次生成的子代,都通过(2)、(3)步计算抗震可靠度退化规律及总加固费用现值,以确定子代个体的适应度。

(6)当进化次数达到设定最大次数时,输出加固策略Pareto最优解。

9.4 抗震加固策略优化分析

9.4.1 加固措施序列及等效截面参数计算

根据图9-15的流程,对8.5.2节的算例桥梁进行抗震加固策略优化。首先,确定各类加固措施。本书考虑增大截面法、外包钢板法以及碳纤维加固法3种加固措施,分别编号1、2、3。其中,增大截面法采用10cm厚的混凝土层对3个桥墩全高进行加固。混凝土内部布置48根直径12mm的HRB335纵向钢筋,布置直径12mm的HRB335箍筋,间距和原始桥墩一样取为8cm。外包钢板法采用厚3mm的Q345钢板对3个桥墩全高进行加固。由于碳纤维加固法一般只用于横向加固,因而采用分段外包的方式,在墩底、墩顶以及低水位线3个可能出现塑性铰的位置分别布置2层高度为1.5m的碳纤维。考虑到一般桥梁加固次数不宜过于频繁,本算例分析中最多考虑3次加固。

根据上述3种加固措施,确定拟优化的加固措施序列。本算例仅考虑单一加固措施组合,一共有9种可能的加固措施序列,如表9-1所示。对各加固措施序列下每次加固所需费用进行计算。此处仅考虑加固所需的材料费用,暂不考虑设备费、人工费等其他费用,各材料的单价参考以往的文献确定。计算总费用现值时的折现率取为0.02。随后,根据截面屈服弯矩一致原则,通过截面分析,计算不同加固措施序列下每次加固后的等效配筋率、配箍率、桥墩直径以及纵筋和箍筋的组成比例,如表9-1和表9-2所示。

各加固措施序列下每次加固成本及加固后等效截面参数　　　　表9-1

序号	加固措施序列	加固成本（万元）	配箍率（%）	等效配筋率（%）	桥墩直径（cm）
1	(1)	(2.60)	(0.67)	(1.51)	(170)
2	(2)	(2.04)	(1.20)	(2.47)	(150)
3	(3)	(6.62)	(1.20)	(1.67)	(150)
4	(1,1)	(2.60,2.69)	(0.67,0.85)	(1.51,1.36)	(170,190)
5	(2,2)	(2.04,2.04)	(1.20,2.00)	(2.47,3.27)	(150,150)
6	(3,3)	(6.62,6.62)	(1.20,2.00)	(1.67,1.67)	(150,150)
7	(1,1,1)	(2.60,2.69,2.78)	(0.67,0.85,0.98)	(1.51,1.36,1.23)	(170,190,210)
8	(2,2,2)	(2.04,2.04,2.04)	(1.20,2.00,2.80)	(2.47,3.27,4.07)	(150,150,150)
9	(3,3,3)	(6.62,6.62,6.62)	(1.20,2.00,2.80)	(1.67,1.67,1.67)	(150,150,150)

各加固措施序列下加固截面钢筋比例　　　　表9-2

序号	加固措施序列	箍筋组成比例*	纵筋组成比例*
1	(1)	(0.47,0.53)	(0.84,0.16)
2	(2)	(0.33,0.67)	(0.67,0.33)
3	(3)	(0.33,0.67)	(1.0,0.0)
4	(1,1)	(0.30,0.33,0.37)	(0.76,0.12,0.12)
5	(2,2)	(0.20,0.40,0.40)	(0.52,0.24,0.24)
6	(3,3)	(0.20,0.40,0.40)	(1.0,0.0,0.0)
7	(1,1,1)	(0.21,0.24,0.26,0.29)	(0.70,0.10,0.10,0.10)
8	(2,2,2)	(0.13,0.29,0.29,0.29)	(0.40,0.20,0.20,0.20)
9	(3,3,3)	(0.13,0.29,0.29,0.29)	(1.0,0.0,0.0,0.0)

注:* 括号中依次为原截面及各次加固材料的钢筋比例。

分别计算桥墩截面及加固材料锈蚀率时变规律。其中,桥墩截面及外包混凝土内的箍筋和纵筋锈蚀率时变规律可根据第8章的内容确定。根据锈蚀率时变特征,采用逻辑函数进行拟合[图9-16a)和图9-16b)]。考虑到第8章提供的钢筋锈蚀率计算公式是基于混凝土内钢筋建立的,并不适用于裸露的钢板,因此,在计算钢板锈蚀率时变规律时,参考以往的文献确定锈蚀率。根据锈蚀率时变特征,采用三次抛物线进行拟合[图 9-16c)]。由于碳纤维具有较好的耐久性,此处不考虑其退化作用。

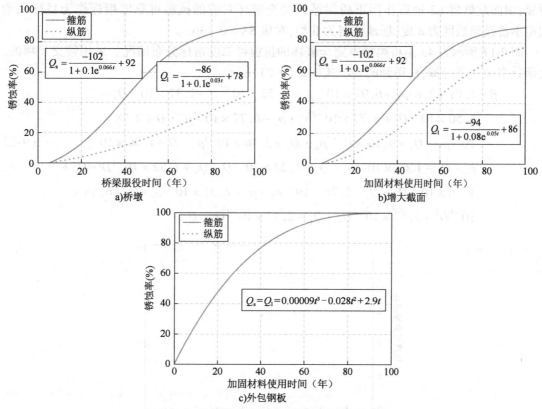

图 9-16　桥墩截面及不同加固材料锈蚀率时变规律
Q_s-箍筋锈蚀率; Q_l-纵筋锈蚀率

9.4.2　抗震可靠度响应面模型

对于本算例而言,抗震可靠度模型包含等效配筋率、平均配箍率、桥墩直径、箍筋等效锈蚀率以及纵筋等效锈蚀率 5 个参数,各设计参数界限如表 9-3 所示。采用中心组合设计方法建立 43 组分析样本,其中 a 取为 0.5。对各样本进行锈蚀分析,确定材料力学性能,将 43 组材料样本赋予桥墩截面,得到 43 组桥梁样本。对每组桥梁样本进行 100 次非线性时程分析,建立相应的易损性曲线。

响应面模型设计变量界限　　　　　表 9-3

界限类别	平均配箍率（%）	等效配筋率（%）	桥墩直径（cm）	箍筋等效锈蚀率（%）	纵筋等效锈蚀率（%）
下限	0.40	1.20	150	0	0
上限	3.00	4.10	210	90	60

从理论上来说,由不同损伤状态下的构件及桥梁系统易损性函数均可以得到相应的抗震

可靠度指标。根据之前所述,我国抗震设计规范要求,常规桥梁在 E1 地震作用下不应受损或者损伤轻微,在 E2 地震作用下应保证不发生倒塌。考虑到退化桥梁完全破坏可靠度降低最明显,因而此处将 E2 地震作用下桥梁系统完全破坏对应的抗震可靠度指标作为目标函数。假定本桥设防烈度为 8 度,场地类型为 II 类,对应 SA = 0.136g。

图 9-17 所示为 43 组桥梁样本完全破坏的抗震可靠度指标分布情况。采用带交叉项的二次函数多项式进行拟合,得到的多项式如式(9-23)所示:

$$\begin{aligned}\beta =& 1.01 + 3.68\rho_h + 6.92 \times 10^{-1}\rho_s - 1.52 \times 10^{-2}D - 1.37 \times 10^{-2}Q_h - \\ & 4.50 \times 10^{-3}Q_s + 6.77 \times 10^{-2}\rho_h \cdot \rho_s - 6.77 \times 10^{-4}\rho_h \cdot D + 2.28 \times \\ & 10^{-5}\rho_h \cdot Q_h + 9.10 \times 10^{-5}\rho_h \cdot Q_s + 3.46 \times 10^{-4}\rho_s \cdot D + 1.06 \times 10^{-4} \\ & \rho_s \cdot Q_h - 1.67 \times 10^{-3}\rho_s \cdot Q_s + 1.33 \times 10^{-5}D \cdot Q_h + 1.32 \times 10^{-5}D \cdot Q_s + \\ & 1.76 \times 10^{-5}Q_h \cdot Q_s - 5.76 \times 10^{-2}\rho_h \cdot \rho_h - 8.31 \times 10^{-2}\rho_s \cdot \rho_s + 6.58 \times \\ & 10^{-5}D^2 + 3.57 \times 10^{-5}Q_h \cdot Q_h - 2.47 \times 10^{-4}Q_s \cdot Q_s \end{aligned} \quad (9\text{-}23)$$

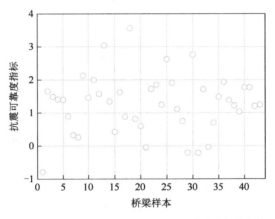

图 9-17 43 组桥梁样本完全破坏的抗震可靠度指标分布情况

结合响应面模型适应性检验方法,对响应面模型的准确性进行检验。表 9-4 所示为误差统计结果。从表中可以看出,各误差统计量以及离差系数均比较小,并且修正的复相关系数也十分接近 1,这表明响应面拟合优度良好。图 9-18a)所示为基于前文 43 组桥梁样本的抗震可靠度预测值(响应面预测)和实际值(非线性动力时程分析)之间相关性的对比。可以看出,两者比较吻合。为了进一步验证非样本数据的拟合效果,图 9-18b)给出了根据第 8 章时变易损性曲线计算得到的可靠度指标与响应面模型预测结果的对比,这些结果并不在 43 组拟合桥梁样本中。从图中可以看出,响应面模型的预测结果同样能够较好地反映桥梁抗震可靠度退化规律。以上结果表明,该响应面模型可以用来预测桥梁在 E2 地震作用下完全破坏状态对应的抗震可靠度。

回归方程误差统计结果　　表 9-4

统计项	标准差	均值	离差系数	SSE	RMSE	AE	SSY	R_a^2
统计值	0.09	1.28	6.9%	0.17	0.07	0.05	32.4	0.98

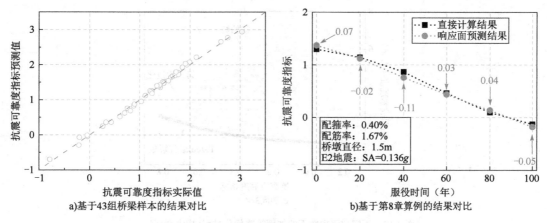

图 9-18 抗震可靠度指标预测值及实际值

9.4.3 加固策略优化结果分析

结合 NSGA-Ⅱ 优化算法,对桥墩抗震加固策略进行优化。其中,初始种群随机产生,种群规模取为 300 个,进化代数取为 50 代,交叉概率取为 0.9,变异概率取为 0.5,交叉分布系数及变异分布系数均取为 20。

以增大截面法为例,图 9-19 给出了不同加固次数下的加固策略优化过程。从图中可以看出,初始种群在解空间的分布很广泛,没有很强的规律性,表明初始种群的选择比较合理。由于加固 1 次的情况下,优化变量只有 1 个,因此初始种群呈现出线状分布。当进化进行到第 2 次以后,种群就已经很大程度上靠近 Pareto 前沿,这表明 NSGA-Ⅱ 优化算法的效率非常高,在少数几次进化后,就可能得到比较好的结果。值得指出的是,随着加固次数增加,优化的设计变量增多,优化的效率有所降低。因而,在实际分析中,应当根据加固次数合理选择进化次数。此外,最终优化得到的 Pareto 前沿光滑、连续,所求的 Pareto 最优解的覆盖范围广、分布均匀。这表明本书选取的种群规模及进化次数是足够的。

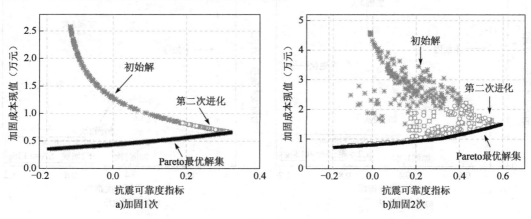

图 9-19

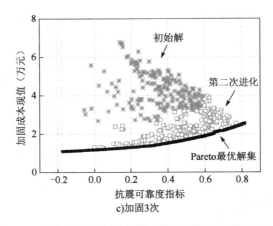

图 9-19　不同加固次数下的加固策略优化过程（增大截面法）

为研究优化得到的 Pareto 最优解集的特征,图 9-20 给出了 3 种加固措施在不同加固次数下(即不同加固措施序列)的 Pareto 前沿。总体而言,随着加固成本现值增加,抗震可靠度指标增大,不同加固次数下的 Pareto 前沿呈现阶梯状分布。无论采用何种加固措施,在一定的加固次数下,抗震可靠度指标及加固成本现值的变化范围均是有限的。其中,抗震可靠度指标的左界反映的是加固成本现值最低且抗震可靠度指标最小的情况,该情况对应的往往是加固在最后一年执行的特殊情形,此时的抗震可靠度指标与未加固桥梁的抗震可靠度指标一致,而加固成本现值则是最后一年的加固成本现值。抗震可靠度指标右界反映的是加固成本现值最高且抗震可靠度指标最优的情况。显然,随着加固次数增加,能够达到的最优抗震可靠度指标越高,因而 Pareto 前沿随加固次数增大而向右侧延伸。此外,由于各种加固措施的加固效果存在差异,因而即便是在相同的加固次数下,不同加固措施所能达到的最优抗震可靠度指标也并不相同。通过对比发现,若只进行 1 次或 2 次加固,采用碳纤维加固法能获得最优抗震可靠度;若进行 3 次加固,采用外包钢板法能获得最优抗震可靠度。

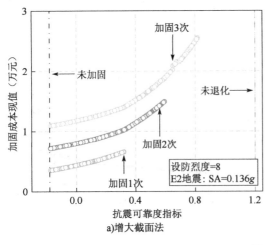

a)增大截面法

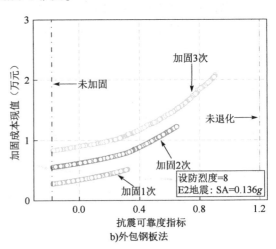

b)外包钢板法

图　9-20

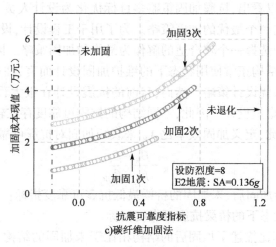

图 9-20　3 种加固措施在不同加固次数下的 Pareto 前沿

图 9-21 给出加固次数在 3 次以内，采用不同加固措施达到最优抗震可靠度对应的加固策略。从图中可以看出，外包钢板法对抗震可靠度的提升效果最为显著，而增大截面法的提升程度最小。这可能是由于钢板能在很大程度上提高桥墩配筋率及配箍率，从而弥补桥墩截面钢筋锈蚀引起的抗震性能降低；相比之下，本节采用的增大截面法的钢筋含量相对较低，对桥墩抗震能力的提高有限，并且外包混凝土增大了桥墩刚度，在一定程度上会增大结构地震需求，因此加固效果较差。观察各次加固的抗震可靠度指标变化程度可以发现，外包钢板法和增大截面法每次加固后的抗震可靠度指标提升效果基本一致，而碳纤维加固法随着加固时间推后，提升效果明显降低。这主要是因为碳纤维是用于横向加固，主要起到约束混凝土的作用，并不能弥补纵筋锈蚀对截面带来的削弱。当加固时间位于服役中后期时，纵筋锈蚀程度非常高，桥墩极易屈服，此时即使提高混凝土的约束效果，也并不能显著改善结构的抗震能力。对比加固后抗震可靠度指标退化规律可知，钢板最容易发生锈蚀，因而加固后的抗震可靠度指标降低最快，加固时间间隔也最短，并且随着加固次数增加，退化速度不断增加；其次是外包混凝土，加固后的退化速度基本和未加固截面的退化速度相当。由于碳纤维本身并不会发生退化，因而加固后桥梁抗震可靠度指标退化速度低于未加固的情况。

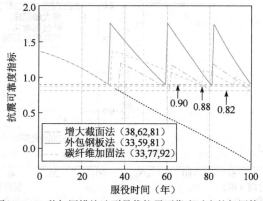

图 9-21　3 种加固措施达到最优抗震可靠度对应的加固策略

从以上分析结果可以看出,抗震加固策略多目标优化为设计人员和决策者提供了一个最优解集,但并未明确给出一个最优的加固策略。为了用于工程设计,设计人员需要根据实际条件和要求,从最优解集中选择一个较合适的解作为最终的加固策略。因此,最优策略的选择原则就显得很重要。对于结构正常使用状态下的维护加固设计而言,往往可以根据规范来确定目标可靠度,从而确定最优设计策略。然而,目前的抗震设计在很大程度上还属于定性设计,并未实现基于可靠度的定量设计。因此,不同结构的抗震可靠度存在较大差异,难以确定统一的目标可靠度指标。为此,定义加固效率比 λ_R 来表征加固对抗震可靠度的提升程度:

$$\lambda_R = \frac{\beta_R - \beta_{UR}}{\beta_0 - \beta_{UR}} \tag{9-24}$$

式中:β_R、β_{UR}——分别为加固后、未加固的桥梁最低抗震可靠度指标;
β_0——初始状态下的桥梁抗震可靠度指标。

可以看出,加固效率比描述了加固后的结构相比于未加固的结构在抗震可靠度指标上的提升比例。显然,加固效率比越接近1,表明退化引起的抗震可靠度降幅越小,加固效果越显著;相反,加固效率比越接近0,表明退化引起的抗震可靠度降幅越大,加固效果越不明显。由于加固效率比是一个相对变量,因而灵活性较强。设计人员可以根据实际工程需求,确定目标加固效率比,然后根据目标加固效率比,从 Pareto 解集中找到对应的加固策略及加固费用。

本节分别考虑加固效率比为 0.2、0.4、0.6 3 种目标,结合 Pareto 解集,确定了不同加固措施下的最优加固策略。图 9-22 所示为不同加固效率比下各种加固策略对应桥梁抗震可靠度指标退化规律。从图中可以看出,无论采用何种加固措施,要使加固效率比达到 0.2,需要进行至少 1 次加固;若要使加固效率比达到 0.4,则至少需要进行 2 次加固;若要使加固效率比达到 0.6,需要进行至少 3 次加固。观察各加固策略的加固时间可以看出,由于首次加固之前,结构抗震可靠度的降低仅由桥墩退化规律决定,因而 3 种加固措施下的首次加固时间都相同。相比之下,后续的加固时间则根据加固措施的不同而不同。以第 1 次和第 2 次加固时间间隔为例,钢板的加固时间间隔最短,而碳纤维的加固时间间隔最长。这是由于钢板锈蚀的速度最快,而碳纤维并不发生锈蚀。值得指出的是,加固时间间隔不仅受到加固材料锈蚀率的影响,还取决于加固后抗震可靠度提升程度。对于碳纤维而言,尽管材料不发生退化,但由于其加固效果随服役时间增长而不断降低,因而加固时间间隔也逐渐缩短。

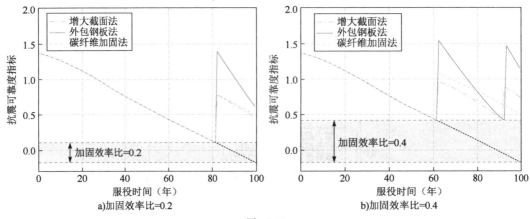

图 9-22

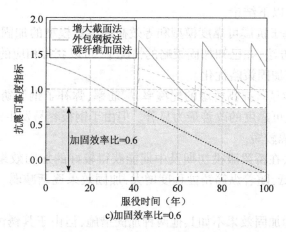

c) 加固效率比=0.6

图 9-22 不同加固效率比下 3 种加固措施对应的最优加固策略

为最终确定 3 种目标下的最优抗震加固策略,比较了 3 种目标在不同加固策略下对应的加固成本,如表 9-5 所示。尽管碳纤维表现出较好的加固效果,但由于材料单价较高,因此总费用是 3 种策略中最高的。相比之下,外包钢板的加固成本现值最低,在 3 种目标下均为最优加固策略。

不同目标下各抗震加固策略的加固成本 表 9-5

目标	λ_R	β_R	增大截面法		外包钢板法		碳纤维加固法	
			加固时间(年)	加固成本现值(元)	加固时间(年)	加固成本现值(元)	加固时间(年)	加固成本现值(元)
目标 1	0.2	0.13	(82)	5043	(82)	3957	(82)	12841
目标 2	0.4	0.44	(62,92)	11796	(62,93)	9079	(62)	19157
目标 3	0.6	0.75	(42,68,87)	23008	(42,71,93)	16136	(42,85)	41421

值得指出的是,本节为了分析对比不同加固措施的效果,分别给出了不同加固措施下的 Pareto 最优解集(图 9-20)以及最优加固策略(图 9-22),然后进行加固成本现值对比,确定最终加固策略。事实上,根据本书提出的优化方法,可以直接确定包含各类加固措施的 Pareto 最优解集,随后通过加固效率比可以直接获得最终加固策略。此外,本书的费用计算并未考虑材料成本以外的费用。而事实上,加固成本中的其他费用占有很大比例。在这种情况下,上述的分析结果可能并不能反映真实情况。如果已知实际的加固措施总费用,按照本书提出的分析框架,可以获得更加准确可靠的结果。

9.5 本章结语

本章首先针对氯离子侵蚀作用下桥梁抗震性能退化的问题,从抗震的角度阐述了桥梁加固策略多目标优化理论,提出基于抗震可靠度模型以及等效截面参数模型的桥梁抗震可靠度退化规律计算方法。然后,分别阐述了等效截面参数模型的确定原理以及基于响应面法的抗震可靠度模型的构建方法。在此基础上,结合 NSGA-II 多目标优化算法,建立了基于抗震可靠度的退化桥梁抗震加固策略优化的详细流程。最后,采用该方法对算例桥梁进行抗震加固策

略优化分析,并得到了以下结论:

(1)提出了一种基于抗震可靠度模型和等效截面参数模型的加固桥梁抗震可靠度退化规律计算方法。根据该方法,在已知加固策略的情况下,可以获得相应的桥梁抗震可靠度退化规律,从而实现桥梁抗震加固策略优化。

(2)外包钢板法能显著提高桥墩的配箍率、配筋率,弥补了钢筋锈蚀引起的桥梁抗震性能降低,因而对桥梁抗震可靠度的改善最为显著。但由于钢板容易发生锈蚀退化,因而采用该加固措施的加固时间间隔较短。

(3)碳纤维加固法在桥梁服役初期及中期能获得较好的加固效果,但由于其只能弥补箍筋退化引起的性能降低,随着纵筋锈蚀程度增大,加固效果逐渐减弱,并且加固时间间隔也快速缩短。

(4)增大截面法的加固效果不如其他两种加固措施,但由于其锈蚀退化速率小于钢板,若能提高混凝土内部的配筋率及配箍率,可能会具有较好的加固效果。

(5)本书提出了加固效率比的概念,通过一个相对的决策依据,让设计人员能够在确定目标加固效率比的基础上,从抗震加固策略 Pareto 最优解集中进一步选择最合理的抗震加固策略。

参 考 文 献

[1] 中华人民共和国交通运输部.公路桥梁抗震设计规范:JTG/T 2231-01—2020[S].北京:人民交通出版社股份有限公司,2020.

[2] CORNELL C A,KRAWINKLER H. Progress and challenges in seismic performance assessment[J]. PEER Center News,2000,3(2):1-3.

[3] MOEHLE J,DEIERLEIN G G. A framework methodology for performance-based earthquake engineering[C]. Vancouver:13th world conference on earthquake engineering,2004.

[4] ABRAMS D P. Consequence-based engineering approaches for reducing loss in mid-America[C]. Linbeck Distinguished Lecture Series in Earthquake Engineering:Challenges for the New Millennium,2002.

[5] 唐嘉豪.基于易损性的中小跨径梁桥合理抗震体系研究[D].长沙:湖南大学,2022.

[6] ATC-13. Earthquake damage evaluation data for California[R]. Redwood City:Applied Technology Council,1985:1-120.

[7] BASOZ N,KIREMIDJIAN A. Evaluation of bridge damage data from the Loma Prieta and Northridge,California earthquakes[R]. Multidisciplinary Center for Earthquake Engineering Research,1998.

[8] HWANG H,刘晶波.地震作用下钢筋混凝土桥梁结构易损性分析[J].土木工程学报,2004,37(6):47-51.

[9] ROSSETTO T,ELNASHAI A. Derivation of vulnerability functions for European-type RC structures based on observational data[J]. Engineering Structures,2003,25(10):1241-1263.

[10] WEN Y,ELLINGWOOD B,VENEZIANO D,et al. Uncertainty modeling in earthquake engineering[R]. Urbana:Mid-America Earthquake Center,University of Illinois at Urbana-Champaign,2003:1-152.

[11] 吴文朋.考虑不确定性的钢筋混凝土桥梁地震易损性研究[D].长沙:湖南大学,2016.

[12] KARIM K R,YAMAZAKI F. Effect of earthquake ground motions on fragility curves of highway bridge piers based on numerical simulation[J]. Earthquake Engineering & Structural Dynamics,2001,30(12):1839-1856.

[13] DITLEVSEN O. Narrow reliability bounds for structural systems[J]. Journal of Structural Mechanics,1979,7(4):453-472.

[14] NIELSON B,DESROCHES R. Seismic fragility methodology for highway bridges using a component level approach[J]. Earthquake Engineering & Structural Dynamics,2007,36(6):823-839.

[15] PANDEY M D. An effective approximation to evaluate multinormal integrals[J]. Structural

Safety,1998,20:51-67.

[16] 胡思聪.考虑氯离子侵蚀的桥梁地震易损性及抗震加固策略研究[D].长沙:湖南大学,2018.

[17] MAI C,KONAKLI K,SUDRET B. Seismic fragility curves for structures using non-parametric representations[J]. Frontiers of Structural and Civil Engineering,2017,11(2):169-186.

[18] SHOME N,CORNELL C,BAZZURRO P,et al. Earthquakes,records,and nonlinear responses[J]. Earthquake Spectra,1998,14(3):469-500.

[19] CORNELL C,JALAYER F,HAMBURGER R,et al. Probabilistic basis for 2000 SAC Federal Emergency Management Agency steel moment frame guidelines[J]. Journal of Structural Engineering,2002,128(4/6):526-533.

[20] MACKIE K,STOJADINOVIC B. Seismic demands for performance-based design of bridges[R]. Berkeley:Pacific Earthquake Engineering Research Center,2003.

[21] PAN Y,AGRAWAL A K,GHOSN M. Seismic fragility of continuous steel highway bridges in New York State[J]. Journal of Bridge Engineering,2007,12(6):689-699.

[22] ZHANG J,HUO Y. Evaluating effectiveness and optimum design of isolation devices for highway bridges using the fragility function method[J]. Engineering Structures,2009(31):1648-1660.

[23] BANERJEE S,SHINOZUKA M. Nonlinear static procedure for seismic vulnerability assessment of bridges[J]. Computer-Aided Civil and Infrastructure Engineering,2007,22(4):293-305.

[24] BOZORGNIA Y,ABRAHAMSON N A,ATIK L A,et al. NGA-West2 research project[J]. Earthquake Spectra,2014,30(3):973-987.

[25] MACKIE K,STOJADINOVIC B. Optimal probabilistic seismic demand model for typical highway overpass bridges[C]. Elsevier Science Ltd.:12th European Conference on Earthquake Engineering,2002.

[26] NIELSON B G. Analytical fragility curves for highway bridges in moderate seismic zones[D]. Atlanta:Georgia Institute of Technology,2005.

[27] LUCO N,CORNELL C A. Structure-specific scalar intensity measures for near-source and ordinary earthquake ground motions[J]. Earthquake Spectra:The Professional Journal of the Earthquake Engineering Research Institute,2007,23(2):357-392.

[28] HWANG H,LIU J B,CHIU Y H. Seismic fragility analysis of highway bridges[R]. Urbana:The University of Memphis,2001:82-110.

[29] FEMA. Multi-hazard loss estimation methodology,earthquake model,HAZUS-MH MR5 technical manual[M]. Washington,D. C.:Department of Homeland Security,Federal Emergency Management Agency,Mitigation Division,2011.

[30] SEAOC VISION COMMITTEE. Vision 2000:Performance based seismic engineering of buildings[M]. Sacramento:Structural Engineers Association of California,1995.

[31] HOSE Y D,SEIBLE F. Performance evaluation database for concrete bridge components and

systems under simulated seismic loads[R]. Berkeley:Pacific Earthquake Engineering Research Center,1999:1-124.

[32] DUTTA A,MANDER J. Rapid and detailed seismic fragility analysis of highway bridges[R]. New York:Multidisciplinary Center for Earthquake Engineering Research,2001.

[33] BUCKLE I G,FRIEDLAND I,MANDER J,et al. Seismic retrofitting manual for highway structures. Part 1 :Bridges[R]. New York:Multidisciplinary Center for Earthquake Engineering Research,2006.

[34] KIM S,SHINOZUKA M. Development of fragility curves of bridges retrofitted by column jacketing[J]. Probabilistic Engineering Mechanics,2004,19(1):105-112.

[35] CHOI E. Seismic analysis and retrofit of mid-America bridges[D]. Atlanta:Georgia Institute of Technology,2002.

[36] PADGETT J E,DESROCHES R. Bridge damage-functionality using expert opinion survey[C]. San Francisco:8th U. S. National Conference on Earthquake Engineering,2006.

[37] ZAKERI B,PADGETT J E,AMIRI G G. Fragility analysis of skewed single-frame concrete box-girder bridges [J]. Journal of Performance of Constructed Facilities,2014,28(3):571-582.

[38] 李立峰,吴文朋,黄佳梅,等.地震作用下中等跨径 RC 连续梁桥系统易损性研究[J].土木工程学报,2012,45(10):152-160.

[39] 徐略勤,李建中.基于转动刚体模型的钢筋混凝土挡块抗震强度预测[J].工程力学,2014,31(10):143-150.

[40] 郑凯锋,陈力波,庄卫林,等.基于概率性地震需求模型的桥梁易损性分析[J].工程力学,2013,30(5):165-171,187.

[41] SEED H B,WHITMAN R V. Design of earth retaining structures for dynamic loads[R]. Ithaca:Lateral Stresses in the Ground and Design of Earth-Retaining Structures,1970:103-147.

[42] 胡思聪,李立峰,王连华.高墩多塔斜拉桥地震动强度指标选择及易损性评估[J].中国公路学报,2017,30(12):50-59.

[43] DUNCAN J M,MOKWA R L. Passive earth pressures:Theories and tests[J]. Journal of Geotechnical and Geoenvironmental Engineering,2001,127(3):248-257.

[44] SHAMSABADI A,ROLLINS K M,KAPUSKAR M. Nonlinear soil-abutment-bridge structure interaction for seismic performance-based design[J]. Journal of Geotechnical and Geoenvironmental Engineering,2007,133(6):707-720.

[45] MUTHUKUMAR S,DESROCHES R. A Hertz contact model with non-linear damping for pounding simulation [J]. Earthquake Engineering & Structural Dynamics,2006,35(7):811-828.

[46] FEMA. Quantification of building seismic performance factors:FEMA-P695[R]. Washington,D. C.:Applied Technology Council,Federal Emergency Management Agency,2009.

[47] FEMA. Next-generation performance-based seismic design guidelines,program plan for new and existing buildings:FEMA-445[R]. Washington,D. C.:Applied Technology Council,Fed-

eral Emergency Management Agency, 2006.

[48] FEMA. Seismic performance assessment of buildings, volume 1-methodology[R]. Washington, D. C. : Applied Technology Council, Federal Emergency Management Agency, 2012.

[49] 吴文朋,李立峰,邵旭东,等.桥梁抗震设计实用建模方法比较分析[J].湖南大学学报(自然科学版),2013,40(9):19-24.

[50] ELLINGWOOD B R, KINALI K. Quantifying and communicating uncertainty in seismic risk assessment[J]. Structural Safety, 2009, 31(2): 179-187.

[51] 于晓辉.钢筋混凝土框架结构的概率地震易损性与风险分析[D].哈尔滨:哈尔滨工业大学,2012.

[52] 李杨海.公路桥梁支座实用手册[M].北京:人民交通出版社,2009.

[53] 李冲,王克海,李悦,等.板式橡胶支座摩擦滑移抗震性能试验研究[J].东南大学学报(自然科学版),2014,44(1):162-167.

[54] BERRY M, EBERHARD M O. Performance models for flexural damage in reinforced concrete columns[R]. Berkeley: Pacific Earthquake Engineering Research Center, College of Engineering, University of California, 2004.

[55] 王建民.基于概率的桥梁结构抗震性能研究[D].北京:北京交通大学,2006.

[56] PORTER K A, BECK J L, SHAIKHUTDINOV R V, et al. Investigation of sensitivity of building loss estimates to major uncertain variables for the Van Nuys testbed[R]. Berkeley: Pacific Earthquake Engineering Research Center, College of Engineering, University of California, 2002.

[57] HASELTON C B. Assessing seismic collapse safety of modern reinforced concrete moment frame buildings[D]. San Francisco: Stanford University, 2007.

[58] VAMVATSIKOS D, FRAGIADAKIS M. Incremental dynamic analysis for estimating seismic performance sensitivity and uncertainty[J]. Earthquake Engineering & Structural Dynamics, 2010, 39(2): 141-163.

[59] HOHENBICHLER M, RACKWITZ R. First-order concepts in system reliability[J]. Structural Safety, 1982, 1(3): 177-188.

[60] TANG L, MELCHERS R. Improved approximation for multinormal integral[J]. Structural Safety, 1986, 4(2): 81-93.

[61] DITLEVSEN O, MADSEN H O. Structural reliability methods[M]. New York: John Wiley and Sons, 1996.

[62] HUNTER D. An upper bound for the probability of a union[J]. Journal of Applied Probability, 1976, 13(3): 597-603.

[63] YUAN X, PANDEY M D. Analysis of approximations for multinormal integration in system reliability computation[J]. Structural Safety, 2006, 28(4): 361-377.

[64] COLLEPARDI M, MARCIALIS A, TURRIZIANI R. Penetration of chloride ions into cement pastes and concretes[J]. Journal of the American Ceramic Society, 1972, 55(10): 534-535.

[65] TANG L, UTGENANNT P, BOUBITSAS D. 钢筋混凝土结构的耐久性和服役寿命预测(英

文)[J]. 硅酸盐学报,2015,43(10):1408-1419.

[66] SUNG Y C,SU C K. Time-dependent seismic fragility curves on optimal retrofitting of neutralised reinforced concrete bridges[J]. Structure and Infrastructure Engineering, 2011, 7(10):797-805.

[67] LIU T,WEYERS R W. Modeling the dynamic corrosion process in chloride contaminated concrete structures[J]. Cement and Concrete Research,1998,28(3):365-379.

[68] 蒋德稳,李果,袁迎曙. 混凝土内钢筋腐蚀速度多因素影响的试验研究[J]. 混凝土,2004(7):3-4,11.

[69] 中国工程建设标准化协会. 混凝土结构耐久性评定标准:CECS 220—2007[S]. 北京:中国建筑工业出版社,2007.

[70] OH B H,KIM K H,JANG B S. Critical corrosion amount to cause cracking of reinforced concrete structures[J]. ACI Materials Journal,2009,106(4):333-339.

[71] STEWART M G,ROSOWSKY D V. Time-dependent reliability of deteriorating reinforced concrete bridge decks[J]. Structural Safety,1998,20(1):91-109.

[72] 赵羽习,金伟良. 钢筋锈蚀导致混凝土构件保护层胀裂的全过程分析[J]. 水利学报,2005,36(8):939-945.

[73] VAL D V,MELCHERS R E. Reliability of deteriorating RC slab bridges[J]. Journal of Structural Engineering,1997,123(12):1638-1644.

[74] 沈德建,吴胜兴. 海水浪溅下混凝土中锈蚀钢筋性能试验研究及仿真分析[J]. 工业建筑,2005,35(3):58-62.

[75] 张平生,卢梅,李晓燕. 锈损钢筋的力学性能[J]. 工业建筑,1995,25(9):41-44.

[76] DU Y G,CLARK L A,CHAN A H C. Residual capacity of corroded reinforcing bars[J]. Magazine of Concrete Research,2005,57(3):135-147.

[77] 牛荻涛,王庆霖,王林科. 锈蚀开裂前混凝土中钢筋锈蚀量的预测模型[J]. 工业建筑,1996,26(4):8-10,62.

[78] 杨威. 氯盐侵蚀下锈蚀RC框架结构时变地震易损性研究[D]. 西安:西安建筑科技大学,2013.

[79] JACOBS T L. Optimal long-term scheduling of bridge deck replacement and rehabilitation[J]. Journal of Transportation Engineering,1992,118(2):312-322.

[80] PRIESTLEY M J N,SEIBLE F,CALVI G M. Seismic design and retrofit of bridges[M]. New York:John Wiley and Sons,1996.

[81] FHWA. Seismic retrofitting manual for highway structures:Part 1-bridges[R]. Washington,D.C.:Applied Technology Council,Federal Emergency Management Agency,2006.

[82] PADGETT J E. Seismic vulnerability assessment of retrofitted bridges using probabilistic methods[D]. Atlanta:Georgia Institute of Technology,2007.

[83] 柳春光,张士博,柳英洲. 基于全寿命抗震性能的近海桥梁结构多目标优化设计方法[J]. 大连理工大学学报,2015(1):39-46.

[84] BOX G E P,WILSON K B. On the experimental attainment of optimum conditions[J]. Journal

of the Royal Statistical Society,1951,13(1):1-45.

[85] 潘丽军,陈锦权. 试验设计与数据处理[M]. 南京:东南大学出版社,2008.

[86] 窦毅芳,刘飞,张为华. 响应面建模方法的比较分析[J]. 工程设计学报,2007,14(5):359-363.

[87] HOLLAND J H. Outline for a logical theory of adaptive systems[J]. Journal of the ACM,1962,9(3):297-314.

[88] EBERHART R,KENNEDY J. A new optimizer using particle swarm theory[C]//Proceedings of the sixth international symposium on micro machine and human science. Nagoya:IEEE,1995:39-43.

[89] COLORNI A,DORIGO M,MANIEZZO V. Distributed optimization by ant colonies[C]//Proceedings of the first European conference on artificial life. Paris,1991,142:134-142.

[90] GOLDBERG D E. Genetic algorithms in search,optimization and machine learning[M]. Boston:Addison Wesley Longman Publishing Company,1989.

[91] SRINIVAS N,DEB K. Multiobjective function optimization using nondominated sorting genetic algorithms[J]. Evolutionary Computation,1995,2(3):221-248.

[92] DEB K,PRATAP A,AGARWAL S,et al. A fast and elitist multiobjective genetic algorithm:NSGA-II[J]. IEEE Transactions on Evolutionary Computation,2002,6(2):182-197.